Pia, Pio und ich

von

Franz Baake

Verlag „DIE SILBERSCHNUR“ GmbH

ISBN 3-923 781-20-2

1. Auflage 1988
Umschlagentwurf und Fotos von Pia und Pio Baake: Franz Baake
Druck: Fa. Strüder, Neuwied
Printed in Germany
Verlag „Die Silberschnur“ GmbH
D-5451 MELSBACH/NEUWIED, Gartenstr. 15a

Inhaltsverzeichnis

FÜR PADRE PIO DA PIETRELCINA

Plötzlich sah ich, daß der Mond zu verlöschen begann. Bis zu diesem Augenblick hatte er mich Stunde um Stunde mit unerhörter Helligkeit begleitet. Links von mir war er über die Höhenzüge des Gargano geglitten, eine himmlische Monstranz – doch gnadenlos und nackt, wie die unfruchtbaren Berge unter ihm, die mich an die dürre Gegend des Mount Palomar in Kalifornien erinnerten, aus der die Menschheit mit ihren großen Spiegelaugen einsam in die Unendlichkeit des Kosmos starrt.

Der Mond wechselte die Farbe wie ein glühendes Stück Eisen, das unter den Schlägen des Schmieds langsam erkaltet: Vorhin von geisterhaft weißer Glut, strahlte er eben noch in hellem Rot. Nun überzog sein Gesicht ein schmutziges, rostiges Braun.

Kurve um Kurve kletterte mein Käfer – die Italiener nennen ihn 'mulo', Maulesel – durch das trostlose Land, in dem ich Trost zu finden hoffte. Denn ich war auf dem Weg zu Padre Pio, jenem menschgewordenen Gebet, das in diesem öden Teil unserer Welt ein Zuhause gefunden hatte. Auf geheimnisvolle Weise war mir der Kapuzinermönch immer wieder begegnet: in abgegriffenen Büchern Berliner Antiquariate, hin und wieder in einer Pressemeldung – oder im Gespräch mit dem sonst nur in quantitativen Maßstäben denkenden Professor Joseph Banks Rhine, der mitten in den gesunden, entsetzlich langweiligen Wäldern Nordkarolinas an der Duke-Universität Parapsychologie lehrte und durch seine Untersuchungen auf dem Gebiet der Telepathie und Telekinese Weltruhm erlangt hatte. Rhine war damals schon alt – aber immer noch sehr grob. Seine Gesichtszüge verrieten so wenig Spiritualität wie seine schrecklichen Würfelmaschinen und anderen Zufallsgeneratoren.

Aber als er während einer Unterhaltung zögernd den Namen des wundertätigen Priesters nannte, geschah auch hier im Laboratorium Übernatürliches: Ein scheues Leuchten ließ die Augen des gefürchteten Statistikers sanft werden, in seiner Stimme begann unsichere Zärtlichkeit zu schwingen, überraschend griff er nach meiner Hand und bat mich, länger als geplant bei ihm zu bleiben.

Der Mond machte jetzt einen ganz kläglichen Eindruck: nur noch wenig und sehr ängstlich sah er aus dem Erdschatten hervor. Die Berge waren mit Ruß überzogen. Doch als ich aus meinem Cabrio nach oben sah, blitzten die Sterne und schienen fröhlich darüber, daß ihrem alten Widersacher die Macht genommen war, ihnen den Glanz zu stehlen.

Im Licht der Scheinwerfer eine Straßenkreuzung: nach Neapel oder San Giovanni Rotondo. Zum Grab Vergils, zum prächtigen Arm des Golfs bei Posillipo, in die Irrgärten hinter der Via Roma, in die Cafés der Galleria Umberto I., in die Elendsviertel von San Gennaro dei Poveri – oder zum winzigen Kloster des Mannes, der seit Jahrzehnten die Wundmale Christi trug, wie sie der Poverello, der Kleine Arme von Assisi, zum erstenmal empfing. Hier die Traurigkeit des Gargano – dort die liebliche La Verna in Umbrien: doch die gleichen Schmerzen im Bemühen, Gott etwas näherzukommen.

Nachdem ich Il Santo – dem Heiligen – begegnet war, wußte ich, daß Tochter und Sohn, die ich mir wünschte, Pia und Pio heißen würden.

Als nach einigen Jahren mein erstes Kind, eine Tochter, geboren wurde, erschien in einem Buch mein Gedicht

PIA

Gigantisch wie immer
glänzte die Sinfonie des Alls,
dröhnte der Akkord der Planeten,
kreiste der Sphärenton der Erde.
Aber als Gott heute
im grauen Morgen
durch die Myriaden
seiner Schöpfungen ging,
da begegnete ihm
eine kleine Welle
auf dem Fluß des Lebens:
Meine Tochter Pia war geboren.

1.

Als ich durch unseren langen Flur in die Küche gehen will, komme ich an Pias Zimmer vorbei. Die Tür ist auf, und ich sehe sie in ihrer Hängematte liegen – zusammengerollt wie ein Kätzchen. Im allgemeinen bin ich nicht gerade medial veranlagt – für sogenannte übersinnliche Erscheinungen leider eher blind und taub. Aber was Pia anbelangt, habe ich eine Art Sechsten Sinn entwickelt.

So sehe ich es ihr schon immer Tage vorher an, wenn sie krank wird. Auch jetzt spüre ich sofort irgendeine Veränderung. Schnell trete ich an die Hängematte, die quer durch den Raum aufgespannt ist.

Pia hat das Gesicht tief in die Arme vergraben – ich kann nur durch ihr krausgelocktes, kastanienbraunes Haar fahren. "Pialein, was ist?" „Nichts, Daddybüßchen," klingt es dumpf aus den Kissen. Ich bekomme fast täglich neue Kosenamen; vorgestern noch nannte sie mich Tschitschly – und davor war ich Wäbbuu. Sehnsüchtig und die zweite Silbe lang betonend, hatte sie diesen Namen durch die Wohnung gerufen – oft auch, wenn sie gar nichts von mir wollte –, und, so abwegig es klingen mag, ich hatte immer das Gefühl, im Wald zu sein und eine junge Hirschkuh schreien zu hören.

Als Pia gestern aus der Schule kam, konnte ich mit ihrem Bruder nicht zuhause sein und hatte – wie wir das immer taten – einen Zettel hingelegt. Von diesen kurzen Informationen habe ich schon einen großen Kasten voll gesammelt. Diesmal schrieb ich – unter Verwendung meines neuen Kosenamens:

> Es regnet grad ein bißchen,
> verblüht sind die Kroküßchen,
> doch von Daddybüßchen
> und Pio tausend Grüßchen.

Jetzt knie ich mich vor die Hängematte hin; von Pia strömt eine Wärme aus, wie von einem kleinen Ofen. Hat sie Fieber? Ich versuche, ihr Gesicht zu sehen.

„Schnuffelchen, es ist doch irgend etwas?"

„Nein, nein Büßchen."

„Doch", erwidere ich, „irgend etwas stimmt nicht. Bist du krank?" Ein Ohr sieht aus dem Haar hervor und glüht in zartem Rot.

„Ach, Büß!" klingt es jetzt ungeduldig.

Weiter ist nichts zu erfahren. Ich schaukle die Hängematte, wiege sanft meine Tochter und überlege. Da habe ich eine Eingebung.

„Hast du etwa deine Tage bekommen, mein blauer Himmel?"

Ein Brummen, eine ruckartige Bewegung mit dem Kopf – soll wohl ein Nicken sein.

„Pia," sage ich – nun war also das lang erwartete Ereignis eingetreten –, „dann müssen wir ja gleich eine Flasche Champagner trinken!" „Ach Pappi, mach doch nicht so'n Wind!" Aber dann fingert sie herum, sucht und fördert endlich einen Zettel zutage.

„Hier, geh in die Drogerie und besorg das!"

Ich sehe eine Liste, alles beginnt mit Mini...

Ich stürze davon. Vor dem Laden treffe ich Andrea: hübsch, schlank, blond und Kunststudentin. Sie hat Zeit und will mich begleiten.

Ich sage zu ihr: „Andrea, es ist besser, du kommst nicht mit in die Drogerie."

Sie sieht mich erstaunt an. Dann lacht sie: „Na sag mal, was willst du dir denn kaufen, daß ich nicht dabei sein soll? Jetzt komme ich gerade mit!" Weiß der Himmel, was sie sich denkt...

Im Laden stehen wir vor drei blutjungen Mädchen in weißen Kitteln; wahrscheinlich sind es Lehrlinge. Ich ziehe Pias Zettel aus der Tasche und trage ihre Wünsche vor. Die Verkäuferinnen sehen erst mich, dann Andrea verwundert an.

Die hat einen roten Kopf bekommen. Zwei der Mädchen gehen zu einem Regal, um das Verlangte zu holen. Ich höre gerade noch, wie die eine ihrer Kollegin zuflüstert: „Kann die dumme Gans sich das nicht selbst kaufen?" Beim Mittagessen erzähle ich den Kindern von Andreas Reinfall. Dann fahre ich – scheinbar ungeduldig und zornig – Pio an: „Und wann bekommst du endlich deine Tage? Du bist ja immerhin auch schon alt genug!"

Pio löffelt eine meiner berühmten Suppen – bestehend aus einer Büchse Bohnen, zwei Paar kleingeschnittenen Wiener Würstchen, dazu vier Packungen tiefgefrorenem Suppengrün – und murrt: „Weiß ich doch nicht!" Da beugt sich Pia blitzartig quer über den Tisch zu ihm hinüber und ruft:

„Überhaupt keine kriegst du!" Ungerührt löffelt Pio seine Suppe weiter und brummt: „Ist mir doch scheißegal!"

2.

Das für ihre kleine Tochter so große Ereignis hatte sie nicht mehr miterlebt – sie war drei Tage vorher endgültig ausgezogen. Während der letzten Jahre blieb sie zuerst Wochen – endlich Monate fort. Doch irgendwann war sie plötzlich wieder da. Jetzt aber hatten siebenundzwanzig Umzugskartons, vier Koffer und eine große, vollgepackte alte Truhe herumgestanden, waren abgeholt worden – und sie kündigte die Zeit ihrer Abreise an, nun für immer. Am späten Vormittag wollte sie uns verlassen.

Die Kinder waren in der Schule und wußten: Wenn sie nach Hause kämen, wäre Mammi nicht mehr da. Und diesmal würde sie nicht wiederkommen.

Ich wollte es vermeiden mitzuerleben, wie sie die Wohnung verließ, und war in die Stadt gefahren. Ich hatte getankt, alles mögliche eingekauft, in einem Antiquariat herumgesucht – nun saß ich im Wagen und wußte nicht mehr, was ich tun sollte. Und die Zeit verging einfach nicht. Doch ich wollte erst dann zurückfahren, wenn ich ganz sicher sein konnte, sie nicht mehr anzutreffen. So weit war es mit uns gekommen: Vorbei alles Glück – und auch die gemeinsame Freude an den von ihr einst innig ersehnten Kindern.

Trennungen von ihr waren für mich stets ein kleiner Tod gewesen, Bahnhöfe und Flugplätze kleine Friedhöfe für Sterben auf Zeit – und das Wiedersehen eine Ungewißheit hinter dem Horizont. Aber das Wunder geschah eben doch immer wieder: Der Augenblick kam, in dem man sich in den Armen lag. Und nach einigen Minuten taktvollen Abwartens die Frage der Kinder: Hast du uns etwas mitgebracht?

Als hätte ich Cholera und Kreissägen im Bauch, so saß ich im

Wagen – und der Vormittag kam nicht von der Stelle. Anrufe bei Freunden waren auch vergeblich: Sie waren nicht da oder hatten zu tun.

Die Zeit dehnte sich wie ein endloses Gummiband, an dem Trostlosigkeit und der Widerwille, weiter sinnlos durch die Gegend zu fahren, zerrten.

Nach einigen quälenden Stunden machte ich mich auf den Heimweg. Vielleicht war es meine Bestimmung, diesem Augenblick nicht ausweichen zu dürfen.

Ich setzte mich an den Schreibtisch und blätterte gedankenlos in diesen und jenen Papieren. Während sich die Minuten weiterschleppten, hörte ich ihre Schritte: im Flur, im Bad, in der Küche – wieder im Bad. Wann würden sie sich meinem Zimmer nähern, wann die Tür aufgehen und sie zum letzten Mal vor mir stehen?

...und dann legte sie ihren Schlüsselbund vor mich hin, die letzte Geste der Unwiderruflichkeit.

Ich blickte auf – sie sah bezaubernd aus: Sie hatte sich für den Weg in ihr neues Leben sehr schön gemacht.

Ich folgte ihr in den Flur, sie wandte sich um und hielt mir die Hand hin. Aber ich winkte ab. Sie griff nach Tasche und Koffer – dann schloß ich die Wohnungstür hinter ihr. –

Es war tatsächlich geschehen, was wir nur bei anderen, niemals bei uns für möglich gehalten hatten: Unsere Ehe war zu Ende. Wir würden nicht gemeinsam alt und grau werden, während Pia und Pio erwachsen würden und uns ihre Babies zum Hüten ins Haus brächten.

Das Elend lag in meiner Brust wie ein schwarzer Stein. Aber die Kinder würden gleich aus der Schule kommen – das Mittagessen mußte gekocht, der Tisch gedeckt werden. –

Pia und Pio sprachen kein Wort – schweigend aßen sie die erste von tausend Suppen, die ich ihnen in Zukunft kochen würde.

Während ich verstohlen ihre unbewegten Gesichter beobachtete, zerbrach ich mir den Kopf, wie ich ein Gespräch beginnen könnte. Das Übliche: Wie war's in der Schule? wollte mir nicht über die Lippen kommen. Zuerst hatte ich auf ihre Frage gewartet, ob Mammi nun wirklich für immer weggegangen sei – umsonst. Sollte ich anfangen, den Abschied ihrer Mutter zu schildern – oder könnte man ihn einfach übergehen? Da, als sie schon fast aufgegessen hatten, kam mir der erlösende Einfall.

„Wer von euch fährt in den nächsten Ferien zu Mammi?“ fragte ich.

Pia und Pio sahen mich groß an, antworteten aber nicht.

„Ich meine,“ fuhr ich fort, „wenn die Erwachsenen schon derart unzulänglich sind – oder, um mit euren Worten zu sprechen: behämmert –, daß sie nicht miteinander auskommen können, sollten die Kinder so wenig wie möglich damit zu tun haben. Also – wer fährt zu Mammi?“

Ihr hatte das größte Zimmer der Wohnung gehört, und sie hatte es sich mit viel Liebe, Mühe und Geschmack eingerichtet – vorwiegend lila.

Nach einigen Monaten kamen Pia und Pio zu mir und fragten, ob es nicht möglich sei, eine Tischtennisplatte aufzustellen.

„Aber wo denn?“ fragte ich entgeistert, „um richtig spielen zu können, braucht man sehr viel Platz.“

Die Kinder sahen sich, wie um sich gegenseitig Mut zu machen, an, und Pio stieß seine Schwester mit dem Ellenbogen aufmunternd in die Rippen. Mit einer Mischung aus Verlegenheit und Trotz sagte Pia endlich: „Na, in Mammis Zimmer.“

Diese Vorstellung ließ mich sofort wieder die Kreissäge in der Magengegend fühlen. Das Verlangen der Kinder würde das intime lila Reich ihrer Mutter unwiderruflich zerstören. Deshalb wollte ich diesen Wunsch unter allen Umständen ablehnen und suchte noch nach Worten, um den Grund dafür zu formulieren, als Pia die Angelegenheit zu ihren Gunsten mit der Frage entschied: „Oder willst du Mammis Zimmer etwa in alle Ewigkeit unberührt lassen – wie das Zimmer einer Toten?“

3.

Stechen – erstechen, drosseln – erdrosseln, schlagen – erschlagen, schießen – erschießen, drücken – erdrücken, hängen – erhängen, ziehen – erziehen...

Wie sollten Pia und Pio einmal erzogen sein? So wie ich? Bedurfte es nicht zweier verlorener Weltkriege, um wenigstens in den Schulen Deutschlands die Prügelstrafe abzuschaffen?

Ich hatte mir als erstes Kind eine Tochter gewünscht, weil ich unermeßlich zärtlichkeitsbedürftig bin und als Mann natürlich annahm, mit einem kleinen Mädchen könne man besser schmusen; zum anderen stellte ich mir auch die 'Erziehung' einfacher vor. Das war ein ganz fundamentaler Irrtum. Zwar machte meine Frau – als ich Pia einmal im Alter von wenigen Monaten mit schwindelerregender Innigkeit im Arm hielt – nachdenklich und stirnrunzelnd, vielleicht schon damals etwas eifersüchtig, die Bemerkung: „Du hältst sie wie eine Geliebte!" – doch fühlte ich später eine gleiche Art leidenschaftlichster Zuneigung für den Sohn. Wo sie auch waren, was immer sie taten: Nie waren die Kinder davor sicher, daß ihr Vater plötzlich über sie herfiel, um sie mit dem Gefühl einer mystischen Vereinigung zu packen, zu herzen und zu küssen. Auf dem Spielplatz, bei den Schularbeiten, später im Kreis von Freunden: Stets mußten die so Geliebten damit rechnen, von einem Augenblick auf den anderen in meinen Armen zu liegen: bewegungsunfähig, eingeschlossen wie Insekten von der fleischfressenden Pflanze Sonnentau.

Pio konnte noch nicht richtig sprechen, da bat er mich schon vor dem abendlichen Gute-Nacht-Kuss: „Gantsch tschart, gantsch tschart..." und ich versuchte, mir Zurückhaltung aufzuerlegen und 'ganz zart' zu sein.

Da ich es mir nun zum Prinzip gemacht hatte, meine Kinder nie 'körperlich zu züchtigen' – eine entwürdigende und gotteslästerliche Vorstellung, diese Engelsgesichter zu schlagen! –, mußte ich mir etwas anderes einfallen lassen.

Denn obwohl nach einem 'Santo' benannt, waren sie selbst doch keineswegs Heilige.

Was lag näher, als Angenehmes mit Sinnvollem zu verbinden. Angenehm war es für mich, sie mit fünfzig, hundert, ja fünfhundert Küssen zu bestrafen – sinnvoll war es für sie, lateinische Vokabeln zu wiederholen oder ihre Zimmer aufzuräumen, in denen es für mich häufig nur noch schmale Trampelpfade zu ihren Betten gab. Immer wieder erstaunten Besucher aufs höchste, wenn ich Pias oder Pios Frechheiten mit der Drohung begegnete: „Du bekommst gleich hundertfünfzig Küsse!"

Man machte mir – nachdem ich meine Handlungsweise langatmig zu erklären versucht hatte – die ernstesten Vorhaltungen und gab zu bedenken, diese Art von Züchtigung könne das Liebesleben der beiden gravierend beeinträchtigen und einen lebenslangen unüberwindbaren Widerwillen gegen das Küssen und Geküßtwerden zur Folge haben. Doch die spätere Entwicklung der Kinder zeigte das Gegenteil.

Pia ging noch nicht in die Schule, da entdeckte ich sie einmal in dem engen, uralten Gäßchen eines italienischen Dorfes, wo wir den Urlaub verbrachten. Sie hockte vor einem gelockten kleinen Jungen, einem wahrhaftigen Botticelli-Engel, der mit weinerlichem Gesicht auf einer Treppenstufe saß. Pia hielt ihn an beiden Ohren und küßte ihn hingebungsvoll. Sie drehte seinen Kopf in alle Richtungen und küßte Augen, Bäckchen, Mund, Stirn – bis das jämmerliche Geschrei des Undankbaren eine schwarzgekleidete dicke Frau herbeirief, die meine Tochter schimpfend und mit rudernden Armen – dazu machte sie sch! sch! sch! – schon von weitem wie ein Huhn zu vertreiben suchte. Dann nahm sie den erbärmlichen Amor auf den Arm, sprach beruhigend auf ihn ein, küßte ihn selbst laut schmatzend, daß es durch die Gasse hallte, und klapperte mit ihren Latschen in den kleinen Kramladen von Giustino und Concetta, unseren wunderbaren Freunden.

Ich versuchte, den Kindern die größtmögliche Freiheit zu lassen. Anordnungen gab es von mir nur, wenn ich eine Gefahr sah. Und auch dann setzte ich meinen Willen nicht blindlings durch. Kamen von Pia und Pio Proteste, bemühte ich mich, die beiden von der Notwendigkeit meiner Handlungsweise zu überzeugen. Ich stellte ihnen aber immer frei, das anstehende Problem auf andere, ihnen vielleicht angenehmere Weise zu lösen. Oft waren die von ihnen vorgebrachten Alternativen annehmbar. Hatte Pio sechsundzwanzig Fehler im Diktat, schlug ich ihm vor, täglich eine Seite Karl May abzuschreiben, da er ja sicher einsehen würde, daß etwas geschehen müsse. Weil ihm das nicht gefiel, bat ich ihn, sich zu überlegen, wie er seine orthographischen Kenntnisse auf andere Art verbessern könne. Nach einigen Stunden Bedenkzeit teilte er mir mit, er wolle täglich lieber fünfzig Seiten Karl May lesen. „Gut“, sagte ich, „versuchen wir es so.“

Übte mein Vater mit mir Latein und Griechisch, fürchtete und haßte ich ihn von ganzem Herzen. Beendete er endlich seinen Nachhilfeunterricht, machte ich drei Kreuze hinter ihm her und war froh, ihn nicht mehr zu sehen. Stundenlang ging ich ihm aus dem Weg.

Lernte ich mit Pia, machte ihr das auch keine Freude.

„Du würdest geliebt worden sein, überleg doch mal: Ist das Aktiv oder Passiv, Konjunktiv oder Indikativ, Perfekt oder Plusquamperfekt?“ Pia saß da und weinte bitterlich.

Aber wenn ich dann die Grammatik zuklappte und verkündete: „Schluß jetzt!“ – legte sie ihr tränennasses Gesicht an meine Wange und sagte zärtlich: „Vielen Dank, Pappi, daß du dir solche Mühe mit mir gibst.“ Gerührt brummte ich dann etwas Unverständliches und hatte einen salzigen Geschmack auf der Zunge.

Auch hier stellte ich Pia nicht unter einen unabänderlichen Zwang. Ich ließ ihr die Wahl, das traditionsreiche humanistische Evangelische Gymnasium Zum Grauen Kloster zu verlassen und eine mehr neusprachlich orientierte Schule zu besuchen.

Das lehnte sie aber aus verschiedenen Gründen ab – und so hatte sie sich selbst für das Lateinische und Griechische entschieden. Und da sie auch unter keinen Umständen sitzenbleiben wollte, war das Lernen mit mir nicht zu umgehen. Das leuchtete ihr ein.

Pia und Pio waren neun und elf Jahre alt, als wir zunehmend auf uns allein angewiesen waren. Das brachte große Umstellungen mit sich, und wir standen oft – da ich den ganzen Tag über für die Kinder dasein wollte, obwohl kein Geld vorhanden war – vor großen Schwierigkeiten. Wie konnte ich sie überwinden, ohne Pia und Pio zu belasten? Des Rätsels Lösung war, jedes Übel sofort in ein Fest zu verwandeln.

Wären die Kinder aus der Schule nach Hause gekommen und ich hätte gesagt: Wir müssen heute Nachmittag zum Jugendamt, die wollen euch mal sehen, ob ihr nicht ganz verkommen seid – hätte es sofort einen riesigen Protest gegeben. Für Pia wäre es unmöglich gewesen, eine Verabredung mit Anja abzusagen – und Pio hätte unter allen Umständen die Kugellager seines Rades einfetten müssen.

So begrüßte ich sie: „Ich habe heute nicht gekocht – wir gehen essen", – was begeisterte Zustimmung auslöste und eine hochwillkommene Abwechslung von meiner Einheitssuppe bedeutete. "Anschließend gehen wir ins Kino," fuhr ich fort, „und wenn ihr wollt, trinken wir irgendwo Kaffee oder essen Eis. Außerdem darf sich jeder eine Kleinigkeit kaufen – sagen wir für ungefähr zehn Mark." Nun gab es Jubel und Umarmungen.

„Leider," sagte ich, „müssen wir aber auch nochmal zu so einem Amt, sonst nehmen sie euch mir noch weg."

„Aber Pappi," tröstete mich Pia, „das macht doch nichts, das machen wir zwischendurch – davon lassen wir uns doch den schönen Tag nicht verderben..."

Irgendwann durchschauten die Kinder meine Taktik, und es dauerte nicht lange, bis sie angelaufen kamen und bettelten: „Pappi, gibt es nicht mal wieder etwas Schreckliches zu erledigen?"

Das gab es mehr als genug. So mußte irgendwann renoviert werden. Durch Pios Schießübungen mit Katapult und Pfeil und Bogen sahen die Wände seines Zimmers aus, als sei es der am härtesten umkämpfte Raum des Zweiten Weltkrieges gewesen.

Dicht bei dicht lagen Hunderte von Einschüssen, aus denen der Putz rieselte. Der einfache Befehl, die Löcher zuzugipsen und die Wände zu streichen, hätte Widerstand, Geschrei und Tränen zur Folge gehabt. So arrangierte ich ein Zwischending von Kostümfest und

Kindergeburtstag. Verkleidet als Hexen oder Gespenster stiegen Pia und Pio mit Farbtöpfen und Pinseln barfuß die Leitern auf und ab: In alte Bettlaken gehüllt und Handtücher um die Köpfe geschlungen, um sie vor der späteren Prozedur einer schmerzhaften Reinigung zu bewahren.

Auf einem Buffet stand alles, was ihr Herz begehrte: Coca-Cola, Brathähnchen, Pommes frites, Marzipan, Schokolade – und dazwischen gab es Pausen mit ausgesuchten Fernsehfilmen.

Verhaltenstherapeuten lächeln jetzt vielleicht überlegen und weisen darauf hin, daß mein Patentrezept ja nichts anderes sei, als das wohlbekannte 'operante Konditionieren' – und in der Ferne höre man die Pawlowschen Hunde mit ihren bedingten Reflexen bellen...

Aber einmal hatte Pio etwas getan, was weder mit Küssen, noch mit lateinischen Vokabeln bestraft werden konnte – und auch zu konditionieren gab es nichts. Ich weiß gar nicht mehr, worum es sich eigentlich handelte – aber es war mit großer Lieblosigkeit verbunden, und es gibt wenig, was mich tiefer und verletzender trifft, als Mangel an Liebe.

Deshalb versuchte ich immer, die Kinder davon zu überzeugen, daß große wissenschaftliche, künstlerische und andere Leistungen im Leben zwar ihren Wert hätten – es aber der Sinn des Daseins sei, sich in der Liebe zu üben. Und nun lebten Pio und ich schon Tage in ungeklärtem Streit miteinander. Unsere Unterhaltung beschränkte sich auf die notwendigsten Informationen. Es gab auch keinen Gute-Nacht-Kuß mehr.

Pia vermied es, Stellung zu nehmen. Als ich sie um Rat bat, wollte sie sich nicht äußern. Hier war also keine Hilfe in Form einer Vermittlung zu erwarten.

Manchmal stieß ich auf eine ganz unerwartete Solidarität zwischen den Geschwistern.

Weitere Tage vergingen in dieser bedrückenden Atmosphäre – und was das Schlimmste war: Pio mußte verreisen.

Unvorstellbar, mich im Bösen von meinem kleinen Blonden zu trennen. Was tun? Die Stunde der Abreise rückte näher und näher. Schweigend waren wir zum Bahnhof Zoo gefahren – und da standen wir nun auf dem nächtlichen, windigen Bahnsteig. Jede Minute mußte der Zug kommen. Pio sah mit undurchdringlicher Miene über die Gleise.

Was hätte mein Vater in dieser Situation getan? Wahrscheinlich würde er mich gemahnt haben: „Mein Sohn, du hast jetzt die letzte Gelegenheit, dich bei deinem Vater zu entschuldigen." Oder – mit bedeutungsvollem Ton in der Stimme: „Hast du mir nichts mehr zu sagen?"

Das war alles unmöglich. Andererseits war es aber sogar Pia, die mich wiederholt gebeten hatte: „Pappi, man darf Pios Trotz und Rechthaberei nicht immer nachgeben. Du bist viel zu gutmütig." Durch die Lautsprecher hallte blechern eine Frauenstimme, wir traten gehorsam von der Bahnsteigkante zurück, der Zug fuhr ein, Gedränge, Abteil suchen, Koffer im Gepacknetz verstauen... Abschied.

Wir standen uns stumm gegenüber. Jetzt mußte ich den Zug verlassen – draußen schrie der Schaffner schon das wohlbekannte 'Türen schließen!'

Ich hatte Herzklopfen, als ich mich plötzlich sagen hörte: „Pio, vergib mir, wenn ich dir in letzter Zeit Unrecht getan haben sollte."

Sein Kopf fuhr hoch, und er sah mich mit einem seltsamen Blick an. Dann warf er sich an meine Brust, schlang die Arme um mich und rief: „Du mir auch! Du mir auch! Verzeih du mir!"

Ich raste aus dem Abteil, sprang aus dem schon fahrenden Wagen, Pio winkte weit aus dem Fenster gelehnt – und ich hatte gerade noch Zeit, ihm einige Kußhände zuzuwerfen, was ihm sonst in der Öffentlichkeit immer sehr peinlich war. Jetzt warf er sie mir zurück, solange ich ihn sehen konnte. –

Als ich über den Kurfürstendamm nach Hause schlenderte, mußte ich wieder an meinen Vater denken – und an Bertolt Brecht. In einem seiner Songs heißt es: „Es geht auch anders – doch so geht es auch."

4.

'Heiß ich etwa Rippenbiest?' fragte Rumpelstilzchen die Königstochter, als sie seinen Namen raten sollte. Diese Bezeichnung schien Pia für ihren Bruder gerade recht, der zwar sportlich durchtrainiert, aber spindeldürr war und an dem man jede Rippe zählen konnte.

Doch im Laufe der Wochen wurde aus dem Rippenbiest die Kurzform Rippe, dem bald das zärtliche Riebi folgte, aus dem sich später das noch liebevollere Riebili entwickelte.

Obwohl er schon längst in dem entsprechenden Alter war, zeigte Pio doch nicht das geringste Interesse für Mädchen. Im Gegenteil: Wenn die Sprache auf das andere Geschlecht kam, redete er verächtlich von den dummen Weibern, mit denen man sich weder über Politik noch Wirtschaft unterhalten oder gar im Zweier vierzig Kilometer rudern könne. Auch irgendwelche Eitelkeiten waren bei ihm nicht zu entdecken – mit einer Ausnahme: Seine Hosen mußten auf den Millimeter genau die von ihm gewünschte Länge besitzen.

Aber plötzlich veränderte ein Ereignis von elementarer Gewalt Riebilis Einstellung. Seine Schulklasse wurde für einige Zeit nach Westdeutschland geschickt, wo Jungen und Mädchen ein Sozialpraktikum ableisten mußten. Die Arbeit bestand in der Pflege von alten, gebrechlichen Menschen und körperlich und geistig behinderten Jugendlichen in einem Heim. Die Aufsicht über die Schlafsäle der Schüler und Schülerinnen schien – besonders nachts – nicht allzu streng zu sein. Denn als Pio nach Hause kam, schimpfte er heftig und anhaltend auf eine Klassenkameradin, die Nacht für Nacht in aufdringlichster Weise in sein Bett gekommen sei.

Während Pia sich über den Zorn meines Sohnes vor Lachen schüttelte, erfüllten mich seine Auslassungen mit Sorge. Da für fast alle unsere Freunde und Bekannten der innige, mit viel Körperkontakt verbundene, kurz: verschmuste Umgang zwischen den Kindern und mir eine sonderbare Sache war, bekam ich oft die Warnung zu hören: Halte dich zurück, der Junge wird durch dich noch homosexuell... Nun mußte ich mir Riebes erboste Reden anhören und mich fragen, ob Freunde und Bekannte vielleicht Recht gehabt hätten. Denn welches männliche Wesen – vom Säugling bis zum Greis – wird denn wütend, wenn nachts ein siebzehnjähriges, bildhübsches Mädchen mit langen blonden Haaren zu ihm ins Bett kommt? Den warnenden Stimmen hatte ich immer entgegengehalten, daß nach psychologischen Erfahrungen strenge, dominierende Mütter für heranwachsende Jungen Ursache homosexueller Neigungen seien – nicht aber zärtliche Väter; doch jetzt war ich etwas verunsichert. Bis Pio eines Tages während des Mittagessens vor sich hinbrummte, es käme heute jemand, um mit ihm Physik zu machen.

„Seit wann kommt jemand, um mit dir Physik zu machen", fragte ich ihn erstaunt, „zu dir, der du in Physik immer eine eins hast. Willst du einem aus der Klasse Nachhilfeunterricht geben?"

Riebe murrte etwas Unverständliches vor sich hin – aber Pia, das Biest, rief triumphierend: „Sicher kommt Anke!"

„Anke?" fragte ich Pio, „besucht dich eine Anke?"

Wieder unverständliches Brummen. Aber da kein heftiges Abstreiten erfolgte – was sicher der Fall gewesen wäre, hätte sich Pia im Irrtum befunden –, mußte ich diese Äußerung als Zustimmung auffassen.

„Handelt es sich bei dieser Anke etwa um die kleine Blonde, die während des Sozialpraktikums immer so aufdringlich zu dir ins Bett gekommen ist?"

Pio fuhr mit dem Löffel in meiner Einheitssuppe herum und antwortete erneut mit nicht artikuliertem Gemurr.

„Natürlich ist es Anke, gib's zu!" schrie Pia. Und zu mir gewandt: „Pappi, du weißt nicht, was Rippe für ein Heuchler ist! Guck, was er für Huhnaugen macht!"

In der Tat hatte sich über Riebes Iris wieder jener seltsame, blinde

Schleier gelegt, die Nickhaut der Hühner, als er jetzt ergeben zur Küchendecke emporblickte. Es sah wirklich so aus, als ob sich eine zweite, unter dem eigentlichen Augenlid befindliche, weißliche Haut über seine Augäpfel geschoben hätte.

„Huhn! Huhn!“ schrie Pia, „Büßchen, sieh dir diesen widerlichen Heuchler an!“

Als Anke kam, hatte ich mich, um den Sohn nicht zu verunsichern, zurückgezogen. Aber es war noch keine Viertelstunde vergangen, da kam Pia in mein Zimmer gestürzt, um mir zu melden, Riebe habe sich eingeschlossen.

„Na und“, sagte ich – nahm diese Nachricht aber doch mit gewissem Interesse zur Kenntnis. Und dann – Pia hatte mich noch nicht verlassen – war Ankes Quieken, Lachen, Schreien und Stöhnen kaum zu überhören. Dazwischen vernahmen wir ab und zu Riebes Stimme. Sie klang wie ein tiefes Räh–Räh und erinnerte mich an die Rufe eines Enterichs.

Pia und ich sahen uns an.

„Meinst du“, fragte ich, „daß dein Bruder über Nacht ein so perfekter Liebhaber wurde, daß er in der Lage ist, bei dieser Anke die höchsten Lustgefühle zu wecken?“

Um Pias Mund spielte ein geringschätziges Lächeln, als sie erwiderte: „Ach Pappi, vielleicht kitzelt er sie auch nur... Aber ich sagte dir ja, Riebe ist ein großer Heuchler.“

Es war überraschend, wie sich Pio zum Kavalier entwickelte. Kein Weg war ihm zu lang, um Anke – wenn auch nur kurz – zu sehen. Er war Stunden unterwegs, um sie abzuholen oder nach Hause zu bringen. Und wenn er früher, falls er Pia und mich einmal beim Einkaufen begleitete, zeterte und lamentierte, wenn Pia auch im dritten Geschäft noch keinen passenden Bikini gefunden hatte, so lief er jetzt friedlich und lammfromm mit Anke durch nicht weniger als siebenundzwanzig Läden, um vielleicht doch noch einen Badeanzug zu entdecken, der ihrem Geschmack entsprach.

Nach Wochen erst begegneten mir die beiden auf unserem langen Flur, und ich konnte mir das Wunderkind ansehen. Riebe war sichtlich verlegen. Mit eckigen Bewegungen, den Kopf nach rechts, links, vorn und hinten schleudernd, stellte er mir die Kleine vor: „Ha, hmm, also – das ist Anke..." Dabei schlenkerte er mit Armen und Beinen wie eine Marionette.

Für die nächsten Sommerferien erbettelte sich diese Anke unter heiligen Schwüren, auch weiterhin 'nicht richtig' mit Pio schlafen zu wollen, von ihren Eltern die Erlaubnis, ihn die letzten drei Wochen in unserem alten Bauernhaus an der italienischen Riviera besuchen zu dürfen. Da auch ich diese Zeit mit Pia und Pio, die schon vorausgefahren waren, verbringen wollte – vorher war es mir nicht möglich, mich frei zu machen –, hatte ich das Vergnügen, mit Anke eine gemeinsame Bahnreise zu unternehmen. Und ein Vergnügen wurde es wirklich. Nicht nur, weil sie ein nettes und kluges Mädchen war, sondern auch noch aus einem anderen Grund. Da Anke verhindern wollte, bestohlen zu werden, trug sie nämlich alles, was an Papieren wichtig war, in einem Brustbeutel. Das hatte ich auch bei anderen schon gesehen und war insofern nichts Besonderes. Das Originelle bei Anke war aber, daß sie den Brustbeutel, wenn sie etwas aus ihm brauchte, nicht von oben her aus dem Ausschnitt des Hemdes hervorholte, sondern das T-Shirt mit beiden Händen am unteren Saum ergriff und es fast bis unter den Hals hochzog, um den Beutel öffnen und in ihn hineinlangen zu können. Da es heiß war und Anke unter dem T-Shirt nichts weiter trug, sah man nun bei jeder Fahrkarten- und Paßkontrolle den Brustbeutel auf ihrem wundervollen Busen ruhen. Dabei kam mir der lächerliche Gedanke, daß diese Art von Ledertasche hier ihren Namen mit besonderem Recht trug. Darüber hinaus aber überzeugte mich ein Blick auf Ankes Gesicht, daß sie in aller Unschuld handelte, die großen Augen der Beamten und Mitreisenden nicht bemerkte und fern aller Koketterie war.

Solange wir uns im kühlen Norden befanden, also von sexuelle Freizügigkeit gewohnten Westberlinern, gestrengen DDR-Menschen und prüden Schweizern kontrolliert wurden, hatte das Hochreißen des T-Shirts weiter keine Folgen. Doch nach Passieren der italienischen Grenze häuften sich die Kontrollen in steigendem Maße. Endlich wurde alle zehn Minuten die Tür des Abteils aufgerissen und nach unseren Fahrkarten, Platzkarten und Ausweisen gefragt. Vom Lokomotivführer über die Kellner des Speisewagens, bis zum Schaffner des letzten Waggons unseres sehr langen Zuges mußte die Meldung von

Ankes bezaubernden Brüsten weitergegeben worden sein – und ich bereute es jetzt, daß ich meine Begleiterin aus schändlichem und verachtungswürdigem Egoismus nicht auf die mit dem Hervorholen der Papiere verbundene Entblößung aufmerksam gemacht hatte. Ich empfand meinem Sohn gegenüber ein schlechtes Gewissen und empfahl Anke nun, ihre Dokumente doch mir zu geben, damit sie sich das dauernde Hervorkramen ersparen könne. Und damit hörten dann die Kontrollen langsam auf.

Anke fragte mich dann, wie Pio sie wohl begrüßen würde. Ich war etwas überrascht und meinte, doch sicher mit einem Kuß – vielleicht nur auf die Wange, fügte ich vorsichtig hinzu. Sie aber erwartete nur einen schlichten Händedruck...

Sie bekam nicht einmal den. Pio perpendikelte um sie herum, rährähte irgendwas von 'schön, daß du da bist', nickte dazu unaufhörlich mit dem Kopf und ruderte mit den Händen, als gälte es, eine Regatta zu gewinnen. Im Haus angekommen, schloß er sich sofort mit ihr ein.

Vielleicht war Riebili durch Pia und mich vorgeschädigt, denn wir hatten ihn oft geärgert oder reingelegt. So hatte er – etwa im Alter von zehn Jahren – als Schularbeit einmal aufbekommen, Sprichwörter zu sammeln. Deutsch hatte ihn nie interessiert, und so kam er zu mir und bat mich, ihm einige zu nennen.

Ich erklärte mich einverstanden unter der Bedingung, daß er niederschriebe, was ich ihm diktieren würde.

Nach 'Morgenstund hat Gold im Mund' und dergleichen mußte er dann aufschreiben: Großer Busen – kein Verstand, geht man schnell von Hand zu Hand.

Am nächsten Tag wurde er im Unterricht tatsächlich aufgefordert, seine Sprichwörter vorzulesen. Das tat er mit todernster Miene – und löste, nach einigen Augenblicken entsetzten Schweigens, einen Sturm der Entrüstung aus.

„Aber Pio!“ rief die Klassensprecherin schockiert. Und der Deutschlehrer erklärte mir später, er sei vor den Mädchen und Jungen blutrot geworden. Von meinem Sohn als dem Kleinsten von allen, der kaum über die Schulbank schauen könne, habe er dieses 'Sprichwort' am allerwenigsten erwartet.

Viel übler aber spielte ihm seine Schwester mit. Als Pio sich später mit Sexualkunde auseinanderzusetzen hatte, kam er einmal zu ihr und bat sie um die Beschreibung der weiblichen Genitalien. Pia begann ihm zu erklären, daß Frauen vierundzwanzig äußere und vierundzwanzig innere Schamlippen hätten. In diese seien insgesamt zwölf Klitorisse eingebettet.

Als Riebili nun der Klasse diesen Unsinn vortrug, erhob sich ein so furchtbares Geschrei der Mädchen und Gelächter der Jungen, daß die Lehrer aus den benachbarten Räumen herbeieilten, um sich nach der Ursache des Tobens und Lärmens zu erkundigen. Man fiel über meinen Kleinen her und beschimpfte ihn schrecklich. Doch Pio begegnete den Vorwürfen mit gelangweilter Miene und machte Huhnaugen. Ihm war die ganze Aufregung – selbst dann, wenn seinerseits ein Irrtum vorlag – unverständlich. Zuhause beschwerte er sich dann aber bei mir über Pias falsche Informationen. Doch ich mußte ihn darauf aufmerksam machen, daß er alles seiner eigenen Faulheit zu verdanken habe.

Eine ähnliche Katastrophe löste Pio bereits im Alter von vier Jahren aus. Er war ein bildschönes Kind mit blonden Locken und großen dunklen Augen – auch damals schon ungewöhnlich ernsthaft. Jedenfalls rief mich eines Tages Cornelia an, eine junge Architektin, die Pio zum Vorzeigen in den riesigen Saal ihres Arbeitsplatzes mitgenommen hatte, wo zahllose Kollegen und Kolleginnen an großen Zeichentischen tätig waren. Mit sich überschlagender Stimme schilderte sie mir, alle hätten sich sofort entzückt auf Pio gestürzt, ihn mit Süßigkeiten gefüttert – und dann habe ihn eine technische Zeichnerin gefragt, was ihm denn auf der Welt das Liebste sei. Todernst habe Pio geantwortet: 'Der Gott'.

Verblüfft habe die Zeichnerin ihm klarzumachen versucht, daß es keinen Gott gäbe. Pio habe erwidert: 'Doch!'

'Nein', hätte die Kollegin gerufen, 'es gibt keinen, zeig ihn mir doch mal, hast du ihn vielleicht schon gesehen oder angefaßt?' Daraufhin habe Pio ruhig entgegnet: 'Du bist fett wie eine armenische Nutte!' Die Kollegin hätte fast der Schlag getroffen, sie sei unter dem tosenden Gebrüll der anderen davongerannt.

Was ich meinem Sohn beibringen, wie ich ihn erziehen würde? „Nun", erwiderte ich, „diese Frau wird es sich jedenfalls in Zukunft überlegen, die Existenz Gottes zu bestreiten oder gar einem kleinen Jungen seinen Kinderglauben auszureden."

Irgendwann muß Pio dabeigewesen sein, als einer meiner Freunde, Osteuropaspezialist, von einer dicken Frau sagte, sie sei fett wie eine armenische Nutte... Was damals bei ihm eine lässige Redensart war, wurde plötzlich für meinen kleinen Pio eine himmlische Waffe zur Verteidigung seines himmlischen Vaters.

Lange übelgenommen hat mir Pio auch folgende Gemeinheit: Wir standen inmitten einer größeren Anzahl von Menschen, meist älteren Frauen, an einer Straßenkreuzung und warteten darauf, daß die Ampel von Rot auf Grün umschalten würde. Ich hatte meinen rechten Arm um Pios Schultern gelegt, als mir plötzlich einer meiner boshaften Gedanken kam, denen ich nicht oft widerstehen kann.

Blitzschnell legte ich meine Hand auf Pios Mund und hielt ihn fest zu. Dann begann ich, laut mit ihm zu schimpfen: „Es geht einfach so nicht weiter! Du kannst nicht über jedes Mädchen herfallen. In den letzten Tagen waren nicht weniger als neun Mütter bei mir, die sich über dich beschwert haben. Die kleine Claudine hast du aufs Bett geworfen und fast vergewaltigt, der Petra hast du an die Brust gegriffen, der Irene hast du Kaugummis versprochen, wenn sie sich ausziehen würde..."

Entsetzt drehten sich die Leute nach uns um – ich aber sprach zornig weiter auf Pio ein: „Sabine hast du neulich abends an die dunkelste Stelle des Parks gelockt..."

Vergeblich versuchte Pio, meine Hand von seinem Mund wegzuziehen, und von seinen Verteidigungsreden hörte man nur ersticktes Lallen.

Die alten Frauen um uns herum aber riefen: „Unerhört, die Jugend wird immer verdorbener, noch so klein und macht seinem Vater schon solche Sorgen; seht euch diesen winzigen Knirps an, eine tüchtige Tracht Prügel wäre das beste..." Und dabei drohten sie Pio mit der Faust, machten die Gebärde des Überknielegens, funkelten böse mit strengen Blicken und rannten dann, als die Ampel auf Grün geschaltet hatte, ständig weiter schimpfend über die Straße.

Mein über alles geliebter Sohn aber sah mich voller Nachsicht an und sagte kopfschüttelnd: „Was ist das für ein verrückter Vater!"

So hatte Riebili viel unter uns zu leiden – aber nur aus lauter Liebe. Wir hatten ihn buchstäblich zum Fressen gern.

Als ich einmal nach Hause kam, hörte ich ihn – noch an der Wohnungstür – schreien: „Hau ab, du Schwein! Laß los, du alte Sau!"

Ich eilte in sein Zimmer und fand ihn dort auf der Tischtennisplatte unter seiner Schwester liegen, die sich auf ihn gewälzt hatte und merkwürdige Manipulationen an ihm vornahm.

„Pia, was machst du mit deinem Bruder!" rief ich.

„Ach Pappi", entgegnete sie keuchend, während Pio unter ihr mit Armen und Beinen strampelte, „ich suche nur nach seinen erogenen Stellchen!" –

„Du mußt dich von den Kindern abnabeln, sonst ergeht es dir schlecht, wenn sie dich einmal verlassen...Du mußt anfangen, wieder dein eigenes Leben zu leben, du bist zu abhängig von Pia und Pio..." So und ähnlich mehrten sich besorgte Stimmen aus meiner Umgebung, je älter die beiden wurden. Aber ich hatte mir zum Prinzip gemacht, gewisse Probleme erst dann anzugehen, wenn sie wirklich eintrafen. Die Erfahrung lehrte mich, daß unendlich viele Befürchtungen grundlos waren und sich nie realisierten. Wie hatte man mich auch gewarnt, als ich die Sorge für die Kinder übernahm: „Ja, jetzt mit neun und zehn Jahren, da mag es dir leicht fallen, sie zu erziehen – aber warte ab, bis sie fünfzehn und sechzehn sind und in die Pubertät kommen..." Na, Pia und Pio kamen in die Pubertät, kamen dann auch wieder aus ihr heraus – und was gab es an erzieherischen Schwierigkeiten? Gar keine.

Im Gegenteil: Die Kinder wurden zu meinen verläßlichsten Freunden, und unser Vertrauen, unsere Offenheit zueinander blieben unbegrenzt. Nur Innigkeit und Liebe schienen stetig zuzunehmen und sich mit dem Älterwerden durch wachsendes Verständnis füreinander zu vertiefen. Natürlich empfand ich es schmerzlich, wenn es Umstände und Gelegenheiten mit sich brachten, daß Pia und Pio immer häufiger allein verreisten. Aber ich hielt dann den Kontakt auf meine Weise aufrecht.

So verbrachte Pio einmal die Sommerferien auf einem winzigen Bauerndörfchen in den ligurischen Bergen. Ich dachte unentwegt an ihn – und irgendwie mußte ich die Intensität meiner Gefühle ins Praktische umsetzen. Da ich meinem Sohn nicht zehnmal täglich schreiben konnte: „Ich hab dich lieb“, fand ich einen anderen Weg, das gleiche auf verschlüsselte Weise zu tun.

Ich glaube nicht, daß er das jemals begriffen hat, er empfand mein Vorgehen wahrscheinlich nur wieder als eine neue Bosheit seines exzentrischen Vaters. Ich kramte nämlich aus Truhen und Schubladen alles an hübschen Mädchenfotos heraus, was sich da im Laufe der Jahre angesammelt hatte: von meiner Tätigkeit als Filmregisseur her oder aus privaten Aktivitäten. Diese bemalte ich mit roten Herzen und anderen Liebessymbolen – und dann mußte mir Pia helfen, auf italienisch leidenschaftliche Texte zu verfassen. So beschrieben wir – in immer verstellten, verschiedenen Handschriften – etwa sechzig zu Postkarten umfunktionierte Portraits, teils 'oben ohne‘, mit glühenden Beteuerungen, sehnsuchtsvollen Beschwörungen, aber auch heftigen Beschimpfungen. Fünf davon wurden täglich an Riebili, der damals noch nie etwas mit einem Mädchen zu tun gehabt hatte, abgeschickt. Da hieß es: Geliebter, denkst du noch an die süßen Nächte in meinen Armen? Komm zurück, oh komm doch zurück!

Oder: Mein kleines Böckchen, deine arme Corinna liegt jetzt alleine in ihrem Bettchen und träumt davon, wie du sie über die Hürden gejagt hast...

Oder: Verräter, welches unglückliche Mädchen stürzt du jetzt wieder mit deinen Versprechungen ins Elend? Aber ich würde dir ja alles verzeihen, wenn ich nur noch einmal an deiner Brust die Besinnung verlieren würde...

Oder: Du Starker, der du mich gepflügt hast wie der Büffel die Erde mit seinem Horn (irgendwo sagt das – natürlich in anderem Zusammenhang – Winnetou zu Old Shatterhand), wann läßt du mich wieder die Nacht mit meinen Lustschreien erfüllen? –

In das kleine Nest, wo Pio in einem Bauernhäuschen lebte, kam der Briefträger aus dem nächstgelegenen größeren Ort für gewöhnlich alle drei oder vier Wochen. Es war ein alter, grauhaariger, urwüchsiger Mann, der sich nun aber Tag für Tag hinauf in die Berge machen mußte, um Pio eine Anzahl dieser Karten zu bringen. Natürlich fielen den Beamten im Postamt schnell die zum Teil wirklich bezaubernden

Mädchenportraits mit den roten Herzen und Liebespfeilen auf, die nun regelmäßig und in Mengen ankamen – und es hätten nicht Italiener sein dürfen, wenn sie nicht auch die Texte gelesen hätten, die ja auch extra nur für sie verfaßt worden waren... Denn welches Berliner Mädchen würde seinem deutschen Freund italienisch schreiben? Aber auf diesen Gedanken schienen die Beamten nicht zu kommen. Vielmehr hielt der alte Postbote meinem Sohn nach einigen Tagen eine gehörige Strafpredigt. Auch er habe – so gab er zu – in seiner Jugend mal zwei oder auch drei Freundinnen zur gleichen Zeit gehabt, aber so etwas wie Pio sei ihm noch nie vorgekommen. Der große Casanova wäre ja ein Waisenknabe gegen ihn – und dabei sei er fast noch ein Kind und sähe so unschuldig aus, als ob er kein Wässerchen trüben könne...

Von nun an lag Pio den Vormittag über auf der Lauer, bis er den alten Briefträger von Ferne heraufstapfen sah. Dann lief er in die Berge und beobachtete von einem sicheren Versteck aus den Beamten, bis dieser, nachdem er in der Trattoria zur Stärkung ein Glas Wein getrunken und einigen herumlungernden Männern meine Karten gezeigt und vorgelesen hatte, wieder den Abstieg in die Stadt begann.

Bald kam es soweit, daß die Bauern gegen Mittag ihre Arbeit unterbrachen, ihre Gerätschaften hinwarfen und von allen Himmelsrichtungen herbeirannten, um wild gestikulierend und mit allerlei obszönen Bewegungen Pios Post von Hand zu Hand gehen zu lassen.

Der aber rief mich an und bat mich dringend, die Kartensendungen einzustellen. Bei den Männern und Jungen habe er zwar gewaltig an Prestige gewonnen, aber die Frauen würden ihn, wo er auch hinkäme, schrecklich beschimpfen, ihm Schlimmstes androhen – und sie würden auch ihre Töchter sofort ins Haus rufen, wenn er sich auf der Straße sehen ließe.

„Erzähl doch, daß die Karten alle von mir sind!“ forderte ich ihn auf.

„Das glaubt mir doch kein Mensch“, erwiderte Pio, „niemand kann sich doch vorstellen, daß es so einen Wahnsinnsvater wie dich gibt.“

„Ich liebe dich“, sagte ich.

„Ja, ja – aber hör auf, diese Karten zu schicken.“

5.

Ich kann mich nicht erinnern, zu auch nur einem einzigen der zahlreichen Freunde meiner Eltern eine persönliche Beziehung gehabt zu haben – vielleicht deshalb, weil das alles Herren und Damen waren, die, wenn es sich aus gesellschaftlichen Gründen ergab, ein paar dümmliche Redensarten mit mir wechselten. Unter meinen Freunden gibt es eigentlich keine Herren und Damen – ob es Bildhauer, Maler, Ärzte oder Journalisten sind. Und wenn sich einmal jemand zu uns verirrte, der meinte, er müßte sich mit den Kindern auf einem besonderen, ihnen angepaßten Niveau unterhalten, bat ich ihn schnell, sich Pia und Pio gegenüber keiner Babysprache zu bedienen, sie seien weiser und intelligenter als die meisten Erwachsenen.

Den einen oder anderen meiner Freunde hatten sie besonders ins Herz geschlossen, zum Beispiel Samuel Sternthal, einen kleinen Mann von sehr originellem Geist und sagenhafter Frechheit. Von ihm wurden die unwahrscheinlichsten Geschichten, die waghalsigsten Abenteuer berichtet – und wenn nur die Hälfte davon auf Wahrheit beruhte, so mußte man sich wundern, daß er noch lebte. Sternthal war seit längerer Zeit Reporter und immer bereit, für eine gute Story Kopf und Kragen zu riskieren. Ich pflegte von ihm zu sagen, er sei immer schon vor der Tat am Tatort. Da Samuel stets zu Späßen aufgelegt war und nichts im Leben ernst zu nehmen schien, fürchtete ich, die Kinder könnten ein falsches Bild von ihm haben. Denn in Wirklichkeit war er eine sehr tiefgründig veranlagte Persönlichkeit. So hielt ich es eines Tages für angebracht, Pia und Pio etwas von Sternthals Jugend zu erzählen.

Unmittelbarer Anlaß war, daß er eine psychotherapeutische Behandlung angefangen und zunächst wieder aufgegeben hatte. Aber acht Wochen später lag 'Sternthaler', wie ihn seine Freunde nannten, doch wieder auf der Couch Dr. Freudenbergs. Zwar hatte er sich in den vergangenen Monaten unendliche Male zugeschworen, keinen Schritt mehr in die Praxis des Psychiaters zu tun, doch ein unsichtbarer Zwang hatte ihn zurück in die Hände des Arztes geführt.

Ich berichtete den Kindern, was ich von Samuel über seine Behandlung erfahren hatte und erinnerte sie an seine Neigung, alles zu übertreiben und zu dramatisieren.

'Mein Sohn', hatte Dr. Freudenberg gesagt – und es war, als sähe er mit seinen kurzsichtigen Augen durch Sternthaler hindurch wie etwa durch einen Nylonstrumpf –, 'im Schlepptau deines Unbewußten hast du den Weg wieder zu mir gefunden.'

Samuel krächzte etwas Unverständliches.

'Wir wollen heute', fuhr der Doktor fort, 'unsere freie, assoziative Arbeitsweise etwas steuern. Ich werde versuchen, den Morast deiner Seele durch gezielte Fragen aufzurühren. Denn irgendwo gibt es natürlich auch bei dir einen Abfluß – freilich ist er zur Zeit durch geistige Fäkalien verstopft. Wir müssen ihn also finden und freimachen. Sehr oft stoßen wir dabei auf sexuelle Kotballen, die es aufzulösen gilt, damit sie als Abwässer der Seele auf die Rieselfelder des kollektiven Unbewußten fließen können. Berichte mir deshalb von deinem ersten Beischlaf.'

Sternthaler hatte dem Arzt mit Verwunderung gelauscht. Während seiner ganzen Kindheit war ihm die Seele als etwas grenzenlos Wunderbares geschildert worden, als etwas Reines, Unbefleckbares und Erhabenes. Dr. Freudenberg hatte plötzlich aus dem ätherischen Gespinst eine Kloake gemacht...

'Ich kann mich kaum mehr erinnern', antwortete Sternthaler, 'weder an ihr Gesicht, noch an ihren Namen.'

'Irgend etwas behält man von so einem für Jungen und Mädchen gleich wichtigen Erlebnis immer im Gedächtnis', beharrte der Psychiater.

'Naja', gab Samuel zu, 'aber das ist nichts Wesentliches: Sie warf die Arme in die Luft, wie ein Infanterist, der mitten im Sturmangriff die tödliche Kugel empfängt.'

Dr. Freudenberg brummte etwas vor sich hin. 'War auch sie noch jungfräulich?' fragte er dann.

'Ja', erwiderte Sternthaler.

'Ach, du lieber Himmel', schnaufte Dr. Freudenberg, 'da habt ihr vorher miteinander Ringelreihn gespielt?'

'Verdammt', entfuhr es Sternthaler, 'das haben wir nicht.'

'Sicher', begütigte der Arzt, 'für dich ist es trotzdem noch schöner als Weihnachten gewesen.'"

Hier unterbrach mich Pia und rief: „Was für ein blöder Kerl, dieser Psychiater. Sind die alle so?"

„Ich habe euch vorher gesagt, daß ich nur erzählen kann, was Sternthaler mir berichtet hat – und ihr kennt ihn ja. Vielleicht hat er ein bißchen was dazugesponnen. Jedenfalls sind dieser Dr. Freudenberg und er die besten Freunde geworden."

„Weiter!" sagte Pio ungeduldig.

„Es verging eine kleine Pause, als Samuel plötzlich ein Lied einfiel – so deutlich, daß er es geradezu hörte. Die Hitlerjungen hatten es oft gesungen, wenn sie an seinem Haus vorbeimarschierten und er hinter den Gardinen des Eßzimmers stand – damit sie nicht sehen sollten, wie sehnsüchtig er, der Ausgeschlossene, ihnen nachsah.

Dr. Freudenberg mußte an Sternthalers Gesichtszügen gesehen haben, daß etwas in seinem Patienten vorging – wie man etwa am leichten Gekräusel einer Wasseroberfläche erkennen kann, daß gerade ein Schwarm Fische darunter wegzieht.

Jedenfalls klang seine Frage: 'Woran denken Sie jetzt?' ungewöhnlich schnell und scharf.

'An ein Lied', erwiderte Sternthaler mit Genugtuung. 'Die Hitlerjugend sang es häufig – komisch, daß es mir gerade jetzt einfallen muß!'

'Nichts daran ist komisch – alle solche Einfälle haben einen unmittelbaren Anlaß', erklärte der Psychiater. 'Wie ging denn der Text?'

'Ich kann mich nur an die ersten zwei Zeilen erinnern. Sie lauteten: Haut se, haut se – immer in die Schnauze!'"

„Geschah ihm recht!" unterbrach mich Pia begeistert.

„Wem?“ fragte ich, etwas verwirrt darüber, aus meiner Erzählung gerissen worden zu sein.

„Na, dem Arzt,“ erklärte Pia.

„Habt ihr das wirklich gesungen?“ wollte Pio wissen.

„Ja, natürlich,“ sagte ich, „aber jetzt unterbrecht mich nicht immer. Also...

Dr. Freudenberg räusperte sich – und Sternthaler hatte trotz des Ärgers, den er empfand, nicht den Mut, seine Vergeltung für die erlittenen Schmähungen noch weiter zu üben.

Es verging eine geraume Zeit, bis der Arzt mit veränderter Stimme einen neuen Anfang machte: 'Du hast bei dem Mädchen, das die Arme in die Luft warf, einen Augenblick völliger Ergebung erlebt. Laßt uns auf dem Wege des großen Sigmund Freud weitergehen: Ist es dir möglich, dich an eine ähnliche Situation im Zusammenhang mit deiner Mutter zu erinnern?‘

'Ja‘, antwortete Sternthaler, 'aber davon kann ich nichts erzählen.‘

'Du bist hier, um zu erzählen, was du sonst nie und nirgendwo erzählst. Also...‘

'Nein‘, sagte Samuel.

'Gut‘, lenkte Freudenberg ein, 'dann berichte mir zunächst etwas anderes, was du noch keinem Menschen erzählt hast.‘

Sternthaler überlegte. Er war ja von Natur ziemlich geschwätzig, und es fiel ihm schwer, auf Anhieb ein Geheimnis zu finden, das dem Verlangen des Psychiaters entsprach. Er erinnerte sich endlich einer Albernheit, die er aber für sich behalten wollte. Da spottete der Doktor unvermittelt: 'Das habe ich getan – sagt meine Erinnerung. Das kann ich nicht getan haben – sagt mein Stolz. Und endlich gibt die Erinnerung nach. Nietzsche.‘

'Verdammt‘, fluchte Sternthaler wieder, 'mein Stolz und meine Erinnerung befinden sich in bestem Einvernehmen miteinander. Ich werde ihnen alles, alles erzählen, was Sie auch immer hören wollen. Vielleicht schäme ich mich zu Anfang. Aber ich sage ihnen, daß am Ende Sie sich schämen werden. Sie werden sich schämen, das von mir verlangt zu haben.‘

'Ich schäme mich nie‘, erwiderte Dr. Freudenberg.

'Also – etwas, was ich noch niemandem erzählt habe: Wenn ich baden ging, nahm ich als Junge oft einen Waschlappen mit. Meine Mutter entdeckte das eines Tages und war sehr froh und lobte mich – denn wenn es zu umgehen war, wusch ich mich nicht. In Wirklichkeit aber rollte ich den Waschlappen zusammen und stopfte ihn vorne in meine Badehose.'

'Sexuelles Imponiergehabe', sagte Dr. Freudenberg mit gleichgültiger Stimme – und Sternthaler war froh, daß nach dieser sachlichen Feststellung keine ironische Bemerkung kam.

'Bei dem anderen Ereignis, das ich ihnen berichten soll', fuhr Sternthaler fort, 'hat meine Mutter natürlich nicht die Arme in die Luft geworfen.'

'Das ist auch nur im übertragenen Sinne gemeint', erklärte Freudenberg.

'Meine Eltern sind im KZ umgekommen', sagte Sternthaler, 'aber vorher, ehe sie ins Lager kamen – es war 1944 – da wurde meine Mutter von Gestapo und Ortsgruppenleitung bedrängt, sich scheiden zu lassen. Sie war zierlich und dunkel – aber ihr Ariernachweis hielt bis ins 16. Jahrhundert jeder Ahnenforschung stand. Die Belästigungen, denen wir ausgesetzt waren, wurden immer ärger – die Drohungen, mit denen wir bedacht wurden, immer heftiger und unmißverständlicher. Es war täglich damit zu rechnen, daß entweder mein Vater allein – oder wir alle zusammen abgeholt würden. Besonders der Ortsgruppenleiter war über den 'Starrsinn' meiner Mutter sehr wütend. Er wollte keine Juden in seinem Amtsbereich. Mein Vater erklärte sich sofort mit einer Scheidung einverstanden. Er hoffte, durch diesen Schritt die Lebensumstände meiner Mutter zu verbessern, und war sicher, daß auch ich es leichter hätte, wenn er nicht mehr bei uns sein würde. Aber trotz seiner bewegten, manchmal energischen, manchmal bittenden Vorstellungen lehnte meine Mutter eine Scheidung ohne weiteren Kommentar ab. Dem Ortsgruppenleiter, der sogar persönlich zu uns kam, widersprach sie höflich, als er behauptete, sie betriebe Rassenschande. Ein Ultimatum der Gestapo überging sie. Drohbriefe warf sie ungelesen in den Papierkorb. Auf Beschimpfungen irgendwelcher Parteigenossen schwieg sie. Aber eines Tages schien sie mit ihrem Widerstand am Ende: Während des Abendessens flog plötzlich mit lautem Krach ein Stein durch die klirrenden Scheiben. Es kamen noch mehrere Steine – und ein eisiger Wind blies ins Zimmer. Es war Dezember und draußen lag Schnee. Wir flüchteten in die Küche – dort ging das Fenster zum Hinterhof hinaus. Auf der Straße schrien ein paar Männer. Judensau und so. Die hatte sicher der Ortsgruppenleiter organisiert, denn die ganze Nachbarschaft verhielt sich uns gegenüber zwar zurückhaltend – wohl, um sich keiner Gefahr auszusetzen –, aber nie feindlich und aggressiv. Und da plötzlich begann meine Mutter zu weinen. Ich hatte sie noch nie weinen gesehen. Mein Vater vielleicht auch nicht, denn ich sah, daß er ganz weiß wurde. Er nahm ihre Hände, strich ihr über das Haar, sprach auf sie ein – aber meine Mutter schien nichts davon zu bemerken. Sie saß auf der Kante des Küchentisches und weinte – haltlos und mir auf einmal ganz fremd.

'Es ist genug', sagte mein Vater plötzlich.

Er ging hinunter in sein Arbeitszimmer und holte seine Schreibmaschine, spannte einen Bogen ein und schob die Maschine vor meine Mutter hin. Sie blickte zu ihm auf und schien irgendwie wieder zu uns zurückzufinden, denn sie lächelte sogar ein ganz kleines bißchen.

'Als Familienoberhaupt und Verantwortlicher für uns alle', sagte mein Vater fast grob, 'werde ich dir jetzt einen Brief diktieren, in dem du erklärst, daß du dich scheiden läßt.

Also – schreib: Sehr geehrter Herr Ortsgruppenleiter! Hiermit teile ich, Dorothee Sternthal, geborene Herrndorf – nein, von Herrndorf, wohnhaft zu Berlin und so weiter und so weiter – Ihnen mit, daß ich bereit bin, meine Ehe, geschlossen dann und dann und da und da mit Herrn Dr. David Sternthal, sofort für ungültig erklären zu lassen et cetera et cetera. Mein Mann, Herr Soundso, bestätigt sein Einverständnis durch beigefügte Unterschrift.'

Meine Mutter hatte sich einen Stuhl herangezogen und zuerst zögernd, dann immer schneller zu schreiben begonnen. Sie war es gewohnt – Vater diktierte ihr immer seine Post, was in den letzten Jahren allerdings seltener und seltener vorkam.

Endlich war der furchtbare Brief geschrieben. Meine Mutter hatte die Hände in ihren Schoß gelegt und sah regungslos zu, wie Vater den Bogen aus der Maschine zog. Er ging auf die andere Seite des Tisches, setzte sich und zog den Füllhalter. Aber – er unterschrieb nicht. Er legte den Füllhalter weg, nahm den Brief in beide Hände, ließ ihn dann fallen und kippte mit dem Kopf vornüber auf die Tischplatte, daß es einen lauten Krach gab. Es war lange Zeit still. Ich wollte zwischendurch einmal tief Luft holen – aber selbst das schien mir in diesem Augenblick verboten. Dann erhob sich meine Mutter, trat zu Vater, er stand auch auf – wie ein Maschinenmann, den ich mal auf einem Jahrmarkt sah –, und sie gingen aus der Küche ins Schlafzimmer. Dabei schwankte mein Vater hin und her; er hatte den rechten Arm auf die Schulter meiner Mutter gelegt und stützte sich wohl sehr schwer auf sie, denn es war, als würde meine Mutter unter seinem Gewicht immer kleiner und kleiner... Zuletzt sah ich gar nichts mehr von ihr, nur die mächtige Gestalt meines Vaters stand noch einen Augenblick in der Tür.

Als ich alleine war, hob ich den Brief vom Boden auf. Und ich sah, was meine Mutter geschrieben hatte:

'Mein über alles geliebter Mann, Du kannst mich nicht einfach wegschicken, denn ich bin Deine Frau. Du bist ein Geschenk, das mir der liebe Gott gemacht hat – und ich gebe Dich nicht wieder her. Nie! Damit Du es weißt. Und wenn ich es nicht erleben sollte, wie aus unserem kleinen Samuel ein Mann wird, so habe ich doch die Gewißheit, daß er von seiner Mutter... von seiner Mutter... denken wird...'

Sternthaler drehte sich auf den Bauch und warf sein Gesicht auf das Kopfkissen.

'Ich schäme mich', sagte Dr. Freudenberg." –

Pia saß da, die Ellenbogen aufgestützt, das Gesicht in den Händen. Wenn es überhaupt möglich war, liebte ich sie noch mehr als sonst – in diesem Augenblick, da sie um meinen Freund weinte.

6.

Seit Stunden hatten die Frösche das ganze weite schilfbestandene Ufer der Havel entlang ein vielstimmiges Konzert gegeben, wie die Kinder und ich es noch nie gehört hatten.

Jetzt plötzlich hatte der Lärm aufgehört und war einer vollkommenen Stille gewichen.

Mein in der DDR lebender Freund Wolfgang hatte seine 'Datscha' in der Nähe von Potsdam auf einem Grundstück, das sich bis ans Wasser erstreckte. Dort verbrachte er mit seiner Frau und seinen drei Söhnen die Wochenenden. Wir waren ins gleiche Gymnasium gegangen, und er hatte nach dem Abitur Medizin studiert.

Von der Schulzeit her blieb ihm sein Spitzname Wülfen. Er war ein prachtvoller und sehr sportlicher, immer fröhlicher Mann, der auch hervorragend malte.

Wir waren von ihm eingeladen worden, über Nacht zu bleiben, saßen alle zusammen an einem kleinen Bootssteg und sahen zu, wie sich die Nebel und Schatten des Abends ausbreiteten.

Für Pia und Pio war diese märkische Havellandschaft etwas faszinierend Neues, denn sie hatten bisher entweder mitten in der Großstadt oder an der italienischen Riviera gelebt, wo ich das uralte Bauernhaus besaß.

Zum Entzücken unserer Gastgeber nahmen sich meine Kinder denn auch während des ganzen Tages keine zehn Minuten für eine ordentliche Mahlzeit, sondern wollten, kaum daß sie ein paar Bissen hinuntergeschlungen hatten, wieder 'ans Meer'.

Die von einer Sekunde auf die andere eingetretene Ruhe ließ uns aufhorchen. Und Pia fragte erstaunt: „Gehen die Frösche hier alle im selben Augenblick schlafen?“

Wülfen schüttelte den Kopf: „Es spaziert jemand an unserem 'Meer' entlang, vor dem sie Angst haben."

Die Kinder reckten die Hälse, bis sie – zum erstenmal in ihrem Leben – einen Storch mit langsamen gravitätischen Schritten am Rand des Schilfs daherstolzieren sahen.

Aufgeregt wurde die verblüffende Tatsache diskutiert, wie schnell sich diese zahllosen Frösche kilometerweit die Gegenwart ihres Todfeindes signalisiert hatten.

Ich weiß nicht, was auf einmal in meinen sonst stets liebenswürdigen ehemaligen Klassenkameraden fuhr. Ob ihm, nach einem langen, gemeinsam verbrachten Tag doch alles etwas zuviel wurde – oder ob er es mit seinen Söhnen immer so hielt –, jedenfalls fuhr er die Kinder ganz unerwartet an: „Haut ab, die Erwachsenen wollen jetzt unter sich sein! Los, macht, daß ihr wegkommt!"

Seine drei Jungen trollten sich sofort davon. Aber meine Kinder waren eine solche Behandlung nicht gewöhnt. Pia sah uns erschrokken an und ging seinen Söhnen dann zögernd nach.

Ich wollte sie schon zurückrufen, als mein Blick auf Pio fiel. Ich sah, daß er sich alle Mühe geben mußte, um nicht loszuweinen. Aber er konnte kaum verhindern, daß sich seine Augen mit Tränen füllten. In seinem Gesicht arbeitete jeder Muskel – Wut und Schmerz hielten sich die Waage. Dann sprang er auf und rannte ins Haus. Einige Minuten später folgte ich ihm und fand ihn in der Mansarde, die uns als Schlafzimmer zur Verfügung stand. Nun weinte er wirklich und rief, er wolle sofort nach Hause. Ich zog ihn auf meinen Schoß und versuchte, ihn zu beruhigen.

„Mein Blonder, mein Kluger," sagte ich mit der ganzen Zärtlichkeit, deren meine Seele fähig war, „warum regst du dich so über einen Mann auf, den man doch bedauern muß? Dieser arme Kerl ist von seinen Eltern auf eine bestimmte törichte Weise erzogen worden und geht nun mit seinen Kindern auf die gleiche idiotische Art um. Deshalb ist er trotzdem, wie wir ja wissen, ein sehr netter, tüchtiger und intelligenter Arzt. Nur eben was Kinder anbelangt, hat er gar nichts dazu gelernt. Da hat er kritiklos die Verhaltensweisen seiner Eltern übernommen und ist so dumm geblieben, wie es unsere Väter leider häufig waren. Also hör auf zu weinen und hab Mitleid…"

„Bist du verrückt geworden?" unterbrach mich hier Wülfens zornige Stimme.

Er war mir nachgekommen, stand in der Tür und hatte alles mitangehört, was ich Pio zu erklären versuchte. Als er nun ins Zimmer und auf uns zutrat, sah ich, daß er wirklich sehr ärgerlich war.

„Wie kannst du dir erlauben, deinem Sohn..." fing er an – aber ich schnitt ihm das Wort ab.

„Stimmt doch alles," sagte ich. „Was hattest du für einen Grund, wie konntest du dir erlauben, die Kinder davonzujagen? Sie haben sich nicht gezankt, sie waren nicht laut, sie haben in keiner Weise gestört – was fiel dir ein, ihnen in echtem Potsdamer Kommißton zu befehlen, abzuhauen? Wenn du mit deiner Frau und mir mal ohne sie sein wolltest, hättest du ihnen das lieb und freundlich mitteilen und sie bitten können, uns allein zu lassen. Oder aber wir hätten uns einen anderen Platz gesucht. Was ich Pio gesagt habe, ist meine Überzeugung. Und denke doch auch einmal darüber nach, was du durch ein solches Benehmen an Möglichkeiten menschlicher Beziehungen zu deinen Söhnen kaputt machst oder von vornherein an der Entstehung verhinderst..."

Bis dahin hatte mich Wülfen reden lassen, jetzt drehte er sich brüsk um und verließ das Zimmer. Ich hatte ein etwas schlechtes Gewissen. Es war sicher nicht comme il faut, von unserem Gastgeber zu sprechen, wie ich es getan hatte.

Dann bedurfte es noch langer Überredungskünste, bis Pio mit mir wieder 'ans Meer' hinunterging. –

Ich hatte gewußt, was ich meinem Freund sagen durfte: Er begann, sich mit einer Mischung aus Brummigkeit und Wohlwollen um Pio zu bemühen und machte mit ihm am nächsten Tag sogar stundenlange Spaziergänge.

Als wir uns verabschiedeten, um nach Westberlin zurückzufahren, sagte Wülfen zu mir: „Ich werde es auch mal mit mehr Liebe versuchen."

7.

Es versprach heute wieder hochsommerlich heiß zu werden. Während die Kinder noch im Bad waren, machte ich ihnen das Frühstück. Dann kamen sie mit ihren Schulmappen in die Küche gerannt. Brötchen, Wurst, Kaffee und Eier gab es bei uns nicht – dafür eine große Schüssel mit Quark, den ich mit Bananen, Erdbeeren, Äpfeln, Wal- und Haselnüssen, Mandeln und einem Schuß Sonnenblumenöl zubereitet hatte.

Pia und Pio waren nie krank, und ich bildete mir ein, diesen glücklichen Umstand auf die Art, wie ich sie ernährte, zurückführen zu können. Die Affen im Urwald hatten ja auch nicht all die Leiden, die – trotz der Fortschritte der Medizin – die Menschheit immer mehr heimsuchen. Äßen jene das denaturierte Zeug, was gewöhnlich auf unserem Speisezettel steht – der Urwald würde widerhallen von dem Schmerzgeheul der Schimpansen, die mit Zahnschmerzen auf den Bäumen säßen und sich die Backen hielten. Mühselig und stöhnend schwängen sich andere mit Herz- und Kreislaufbeschwerden von Ast zu Ast, die Infarkttoten lägen im Busch herum – und alle Arten von Krebs würden frühzeitig Affeneltern und Großeltern dahinraffen. Ich bin überzeugt: Neun von zehn Krankheiten haben unsere falsche – und außerdem noch zu Tode gekochte – Nahrung als Ursache.

Ich blickte unruhig zum Fenster hinaus in den Sonnenschein – als mir eine großartige Idee kam.

„Ihr geht heute nicht in die Schule“, sagte ich zu Pia und Pio. Sie hoben die Köpfe und sahen mich verständnislos an.

„Ich schreibe euch Entschuldigungszettel, wir fahren in den Tiergarten, mieten am Neuen See ein Boot und machen uns einen wunderschönen Tag.“

Die beiden fuhren fort zu essen, als hätten sie mich nicht gehört.

„Seid ihr taub?" empörte ich mich.

„Häh?" machte Pio kauend – und Pia ließ sich herab zu murmeln: „Du bist verrückt!"

„Seht das schöne Wetter draußen – laßt uns Boot fahren gehen!" bettelte ich.

Aber sie aßen ihren Früchtequark auf, ohne mich noch einer Antwort zu würdigen, griffen nach ihren Mappen, gaben mir einen flüchtigen Kuß – „Tschüß, Büß!" und rannten davon.

Da sie den ehemaligen Dienstboteneingang der Küche benutzten, mußten sie über den großen Hinterhof laufen. Ich stürzte zum Fenster, riß es auf und rief ihnen nach: „Bleibt hier, ihr undankbares Gesindel! Wollt ihr wohl sofort zurückkommen, ihr Geliebten, ihr Klugen, ihr Gesegneten, geht mit mir Boot fahren, ihr Lumpenpack, ihr Treulosen, ihr Verräter…" – umsonst. Sie winkten mir noch einmal kurz zu und verschwanden durchs große Haustor.

Ärgerlich machte ich mich an das Wegräumen des Geschirrs und nahm mir vor, ihnen bei nächster Gelegenheit wieder einen Topf Wasser auf die Köpfe zu gießen, wenn sie unter dem Küchenfenster vorbeiliefen. Das hatte ich lange nicht getan, weil ich das letzte Mal aus Versehen eine ältere Hausbewohnerin, die unerwartet mit den Kindern zusammen aus dem Haus getreten war, mit einem mächtigen Wasserschwall überschüttet hatte. Eine Viertelstunde lang hatte sie pudelnaß und schimpfend dagestanden, an vielen Fenstern des Innenhofes erschienen Mitbewohner, die ihre Entrüstung teilten und ebenfalls der Ansicht waren, daß dieser Herr Baake für einen solch groben Unfug wahrlich zu alt sei und die Polizei verständigt werden müsse. Endlich sah ich über meinen Rasierspiegel, den ich – auf dem Küchenboden kauernd – wie das Sehrohr eines U-Bootes aus dem Fenster hielt, daß die arme Frau abzog. Pia und Pio aber hatten, als sie aus der Schule gekommen waren, Freudentänze aufgeführt.

Nun blieb mir also wieder nichts weiter, als der tägliche Frondienst. Zunächst bedeutete das, aus dem nächsten Supermarkt kiloweise Obst, Gemüse, Spülmittel, Brot, Toilettenpapier, Waschpulver, Milch und Käse heranzuschleppen, das Mittagessen vorzubereiten und den Tisch zu decken. Zwischendurch erledigte ich die angekommene Post. Auch mußte ich mich mit Riebilis elektrischer Eisenbahn beschäftigen. Seit er sie wieder einmal aufgebaut hatte, spielte ich laufend Partisan. Zuerst ging ich sehr primitiv vor: Nahm zum Beispiel ein paar Schienen auseinander, so daß die Züge entgleisten. Oder ich spannte über die ganze Anlage dünne Fäden, durch die – wenn eine der Lokomotiven dagegen fuhr – ganze Ortschaften und Bahnhöfe umgerissen wurden und zusammenstürzten. Pios anfängliche Empörung hatte sich bald in Spannung verwandelt: Von Tag zu Tag erwartete er neue, kompliziertere Anschläge, und es entwickelte sich zwischen ihm und mir eine Art Wettkampf im Erfinden und Aufspüren der Sabotageakte.

Stunden um Stunden saß er mit Huhnaugen an seinen Transformatoren und grübelte, probierte, prüfte, kroch zwischen den Gleisen umher, um herauszufinden, warum die Schaltanlagen für die Weichen nicht funktionierten, Kurzschlüsse knisterten oder die Loks nicht fuhren. Mein Ehrgeiz aber war es, einen solchen Coup zu verüben, an dem Riebes Klugheit scheitern mußte. Das war sehr schwierig, denn ich hatte längst erkannt, daß mein Sohn viel intelligenter war als ich. Aber er hatte weniger Phantasie – darauf baute ich. Und heute nacht war mir, als ich daran ging, die seit Jahren noch im Bad herumstehenden Schminkutensilien meiner Frau wegzuwerfen, eine glänzende Idee gekommen.

Ein Teil von Pios Eisenbahnanlage war mit einer elektrischen Oberleitung versehen, die aus einem dünnen Draht bestand, an dem die Stromabnehmer der Lokomotiven entlangglitten. Diesen Draht nun bestrich ich an seiner Unterseite hier und da hauchdünn mit farblosem Nagellack, von dem – wenn er getrocknet war – selbst mit der Lupe nichts mehr zu sehen war. Die Isolation aber war perfekt: Wenn eine Lok an so eine Stelle kam, blieb sie stehen. Nun sollte Riebe Huhnaugen über Huhnaugen machen – so groß und so lange wie er wollte; diesmal schien seine Niederlage gewiß. Sehr mit mir selbst zufrieden ging ich wieder an meine Küchenarbeit.

Um es gleich vorwegzunehmen: Pio brauchte drei Tage, dann kam er triumphierend an und schabte vor meinen Augen mit einem kleinen Messer den Nagellack von den präparierten Teilen der Oberleitung. Sehen hatte er nichts können – aber als er mit dem Finger unten an dem Draht entlangstrich, war er da, wo ich ihn lackiert hatte, glatter... –

Kurz bevor die Kinder aus der Schule kamen, besuchte mich Sternthaler. Ich lud ihn ein, mit uns zu essen – und als wir alle am Tisch saßen, forderte ich Pia auf, ein Gebet zu sprechen.

„Muß das sein?" krächzte Samuel.

Ich nickte stumm, und Pia begann:

„Altissimo, omnipotente bon signore,
Tue so le laude, la gloria, el honore et onne benedictione.
Ad te solo, Altissimo, se confano,
et nullu homo ene dignu te mentouare.
Laudato si, Misignore, cum tucte le tue creature
spetialmente messer lo frate sole..."

Pia besaß ein ausgezeichnetes Sprachgedächtnis, war während der Großen Ferien in Italien oft in einen katholischen Kindergarten gegangen und hatte dort die langen Litaneien der Nonnen gelernt, ohne sie zu verstehen – unter anderem auch den Sonnengesang von Franz von Assisi. Als sie noch ganz klein war, mußte sie ihn zu unserem Entzücken immer wieder aufsagen. Jetzt wollte ich natürlich dem alten Atheisten Sternthaler eins auswischen, der mir gerade neulich erst ein Buch über Parapsychologie, das ich ihm mit einer Widmung geschenkt hatte, kurzerhand wiedergab. Unter meine Zeilen hatte er geschrieben: Zurück an Absender, da beim Empfänger keine metaphysischen Antennen vorhanden... Nun kam die Strafe – und meine geliebten Kinder wußten genau, worum es ging. Den Blick geneigt, die Hände gefaltet, saßen wir mit frommen Mienen da, während Pia fortfuhr:

„Laudato si, Misignore, per frate vento
et per aere et nubilo et sereno et onne tempo,
per lo quale a le tue creature dai sustentamento.
Laudato si, Misignore, per sor aqua,
la quale e molto utile et humile et pretiosa et casta..."

Die Minuten vergingen, Sternthaler begann unruhig hinundherzurücken, wagte es aber noch nicht, unsere Andacht zu stören.

„Laudato si, Misignore, per quelli ke perdonano per lo tuo amore
et sostengo infirmitate et tribulatione,

beati quelli kel sosterrano in pace,
ka da te, Altissimo, sirano incoronati..."

Endlich hielt es Samuel nicht mehr aus: „Mein Gott, mein Gott", ächzte er, nimmt denn das gar kein Ende?"

„Sternthaler", ermahnte ich ihn, „wie oft soll ich dir noch sagen, daß du den Namen des Höchsten nicht in so lästerlicher Weise mißbrauchen sollst! Demütige dich und bitte für deine sündige Seele!" Samuel sprang auf.

„Ich gehe woanders essen, ehe deine Tochter mit diesem schrecklichen Singsang weitermacht", schrie er, „für einen Teller Suppe lasse ich mich nicht von dir indoktrinieren. Das ist ja schlimmste Nötigung!"

„Es gibt heute nicht nur Suppe", sagte ich begütigend.

„Was es auch geben mag, es ist doch alles kalt geworden! Ciao, Baake, such dir ein anderes Opfer für deine missionarischen Versuche." Er rannte aus der Küche, aber Pia und Pio holten ihn lachend zurück, und die Töpfe wurden noch einmal auf die Gasflammen gestellt. –

Sehr häufig bezog sich unser Gespräch während des Mittagessens auf das, was in der Schule durchgenommen worden war. Es hatte wieder einmal der Jahrestag des 20. Juli, des Attentats auf Hitler, stattgefunden, und die Kinder sollten darüber eine schriftliche Hausarbeit anfertigen. Ich sah hinüber zu Sternthaler, der alles, was mit dem Dritten Reich zusammenhing, aus tiefstem Herzen haßte.

Doch ich wußte, daß ihm vieles von dem, was heute 'unter der Flagge des Widerstandes segelte', wie er es formulierte, fast noch mehr zuwider war als ein ehemals überzeugter Nationalsozialist. So wartete ich gespannt auf das, was kommen mußte. Und Sternthaler, der gelernte Historiker, ließ mit seinem Kommentar auch nicht lange auf sich warten. Nachdem er sich den Bart gewischt und ein bißchen vor sich hin geächzt hatte, bot er Pia und Pio an, ihnen ihre Hausarbeit zu diktieren. Und mit Begeisterung sprangen die faulen Geschwister auf, um sich Schreibzeug zu holen und warteten dann auf Sternthalers fachmännische Ausführungen in der Hoffnung, auf diese Art bei ihrem Lehrer zu einem billig erworbenen 'sehr gut' zu kommen. Zuerst schrieben sie einfach drauf los, ohne viel auf das zu achten, was Samuel sagte. Aber bald wurden ihre Gesichter lang und länger. Sternthaler führte nämlich aus, daß viele der Männer des 20. Juli – hätten die Nazis sie nicht vorher aufgehängt – von den Alliierten in Kriegsverbrecherprozessen verurteilt worden wären: wegen Vorbereitung und Durchführung eines Angriffskrieges und Verbrechens gegen den Frieden – wie es unter anderem in ihren Anklagen hieß. Alle diese Verschwörer hätten dem – besonders vom Adel angeblich so verachteten – Hitler persönlich den Treueid geschworen, hätten ihm die Wehrmacht aufgebaut und mitgeholfen, Europa von Afrika bis Moskau zu erobern und zu zerstören. Auch Herr von Stauffenberg habe, als er an der Eroberung Belgiens teilnahm, begeisterte Briefe nach Hause geschrieben, wie schön das Siegen sei. Es wären doch gerade diese Leute gewesen, behauptete Sternthaler, die es Hitler erst ermöglicht hätten, in Deutschland und vielen anderen Ländern Millionen und Abermillionen Juden und politische Gegner zusammenzutreiben und umzubringen. Als hohe und höchste Offiziere ihres Führers hätten sie in unzähligen Schlachten deutsche Arbeiter, Bauern, Angestellte oder Akademiker in den Tod getrieben, viele wegen 'Feigheit vor dem Feinde' standrechtlich exekutieren lassen, weil sie nicht schnell und entschlossen genug Franzosen, Engländer, Russen oder Amerikaner getötet hätten. Von ihnen selbst aber habe keiner den Mut gehabt, die Pistole zu ziehen und Hitler einfach zu erschießen. Alle hätten sie die eigene Haut retten wollen.

„Aber Stauffenberg?“ wagte Pia einzuwerfen.

„Ist Stauffenberg Oberst im Dienst des Widerstandes geworden?“ fragte Sternthaler. „Hat er Arm, Auge und Finger im Kampf für oder gegen Hitler verloren? Hat nicht auch er nur die Bombe abgestellt, ist davongelaufen und hat seine Mitverschwörer belogen, Hitler sei tot, nachdem durch seine halbherzige Aktion nur Unschuldige ihr Leben verloren?“

Die Kinder hatten längst ihre Kugelschreiber aus der Hand gelegt und hörten Sternthaler mit offenem Mund zu.

„Aber es kam doch niemand an Hitler heran“, bemerkte Pio endlich.

„Das ist die größte Lüge von allen“, erwiderte Samuel. „Bis zum 20. Juli wurde überhaupt niemand, der zu Hitler vorgelassen wurde,

zu opfern und selbst im möglichst sicheren Hintergrund zu bleiben. Jahr für Jahr erleben wir für die Verschwörer, ihre Mütter, Frauen und Kinder Gedenkfeiern. Habt ihr schon einmal eine für diejenigen Männer erlebt, die am 20. Juli von den Attentätern umgebracht wurden? Sind deren Frauen und Kinder schon einmal im Fernsehen interviewt worden?"

„Sternthaler," bemerkte ich tadelnd, „erkläre den Kindern ruhig und sachlich, warum du gegen die Verehrung der Offiziere vom 20. Juli bist. Es ist sinnlos, Pia und Pio mit deinen emotionsgeladenen Ansichten zu konfrontieren. Du müßtest schon etwas mehr an Fakten bringen."

Samuel ächzte und krächzte irgend etwas Verächtliches.

Dann brummte er: „Der 20. Juli ist für die Deutschen eine Art Feigenblatt, und daß es der Adel – nicht zuletzt mit Hilfe dieses Attentats – geschafft hat, den Eindruck zu erwecken, er habe mit dem Nationalsozialismus nichts zu tun gehabt, das siehst du ja an deinen unglücklichen Kindern."

„Fakten, Sternthaler," mahnte ich ihn. „Das Attentat ist doch eine Tatsache, die für das moralische Empfinden dieser Offiziere spricht – mag man auch noch so viele Mängel anführen können."

„Es spricht einzig dafür, daß diese Leute im letzten Augenblick ihren Kopf aus der Schlinge ziehen wollten – und zwar ohne ihr eigenes Leben einzusetzen," knurrte Samuel. „Aber gut, ihr sollt eure Fakten haben: Als es nach der Machtübernahme zur Rivalität zwischen Reichswehr und SA kam, das Morden des sogenannten Röhm-Putsches ein Ende genommen und sich Hitler für die Reichswehr entschieden hatte, überbrachte ihm Reichswehrminister von Blomberg persönlich das Telegramm Herrn von Hindenburgs, in dem sich der Reichspräsident bei ihm für sein entschlossenes Zugreifen und die tapfere Einsetzung der eigenen Person bedankte. Die Serie der für einen Rechtsstaat ungeheuerlichen Verbrechen unter völliger Umgehung der Justiz wurde einfach ignoriert.

Der Tagesbefehl an die Truppe lautete: 'Das vom Führer geforderte gute Verhältnis zur neuen SA wird die Wehrmacht mit Freude pflegen im Bewußtsein der gemeinsamen Ideale.' Und Generalmajor von Reichenau arbeitete die neue Eidesformel aus, nach der die Offiziere und Soldaten der Reichswehr Hitler Treue geloben sollten. Schon lange vorher war ja der berühmte General Ludendorff mit Hitler und Kumpanen zur Feldherrnhalle marschiert – und später reichte die Anhängerschaft des nationalsozialistischen Machthabers bis in die höchsten Kreise des ehemaligen Kaiserhauses. Seine erste Siegesparade nahm der Diktator ab, als unter General von Richthofen die 'Legion Condor' an ihm vorbeizog, die mitgeholfen hatte, Spanien zu verwüsten und Franco an die Macht zu bringen. Und mit welchen Namen sind denn die großen deutschen Siege im Zweiten Weltkrieg verbunden? Mit Generaloberst von Brauchitsch in Polen, General von Falkenhorst in Norwegen, General von Rundstedt in Luxemburg und Belgien, General von Bock in Holland, mit den Generalen von Manstein, von Leeb und von Kleist in Frankreich, mit Generalfeldmarschall Freiherr von Weichs in Jugoslawien und Griechenland..."

„Hör auf, hör auf!" unterbrach ich Sternthaler. Aber die Kinder riefen, ich solle ihn weiterreden lassen.

„Na ja," fuhr Samuel fort, sichtlich zufrieden, daß seine Ausführungen bei Pia und Pio Interesse fanden, „in Rußland rechneten Generalstabsoffiziere wie von Greiffenberg und von Loßberg mit einem Blitzsieg – und General von Stülpnagel oder Generalfeldmarschälle wie von Kluge und von Reichenau leiteten die Angriffsoperationen."

„Gab es nicht einen einzigen bürgerlichen General?" fiel ich ihm spöttisch ins Wort. Aber Sternthaler ließ sich nicht beirren.

„Mit dem sauberen Soldatentum war es leider oft auch nicht weit her. So hieß es in einem Armeebefehl des Generalfeldmarschalls von Manstein: 'Das jüdisch-bolschewistische System muß ein für allemal ausgerottet werden.' Und an einzelne Truppenteile verschickte er Fernschreiben wie: 'Bravo SS-Totenkopf. Ihr seid Mordskerle.' Die heute so eindringlich dargestellte Feindschaft zwischen Wehrmacht und SS war damals vielleicht doch nicht so groß... Und auch Generalfeldmarschall von Reichenau gab im Jahr 1941 vom Armeeoberkommando 6 den Befehl heraus: 'Das wesentlichste Ziel des Feldzuges ist die Ausrottung des asiatischen Einflusses im europäischen Kulturkreis. Hierdurch entstehen für die Truppe Aufgaben, die über das hergebrachte, einseitige Soldatentum hinausgehen. Der Soldat ist im Ostraum nicht nur ein Kämpfer nach den Regeln der Kriegskunst, sondern auch ein Träger seiner unerbittlichen völkischen Idee! Deshalb muß der Soldat auch für die Notwendigkeit der harten, aber gerechten Sühne am jüdischen Untermenschentum volles Verständnis haben.'"

Es entstand eine verlegene Pause. Dann fragte Pia: „Für was sollten die Juden in Rußland, mit denen wir doch gar nichts zu tun hatten, hart, aber gerecht sühnen?"

„Ich nehme an," grinste Sternthaler, „das hat Herr von Reichenau selbst nicht gewußt."

„Es wird immer behauptet," meldete sich Pio einmal wieder, „die Offiziere hätten keine Möglichkeit gehabt, ihren Dienst zu quittieren."

„Auch das ist Unsinn," erklärte Samuel. „Kein Mann wurde gezwungen, unter Hitler die Karriere eines Berufsoffiziers einzuschlagen. Ein großartiges, aber einsames Beispiel persönlicher Integrität bot 1938 Generaloberst Ludwig Beck. Er trat, als er meinte, Hitlers politische Machenschaften nicht weiter unterstützen zu können, als Chef des Generalstabes des Heeres zurück. Wenn mehr Offiziere so gehandelt hätten, wäre es Hitler schwergefallen oder sogar unmöglich geworden, seinen Krieg zu führen. Und wie für die Offiziere, gilt das auch für die Diplomaten. Ernst von Weizsäcker, der Vater des Bundespräsidenten, steht da für viele. Er ist im diplomatischen Dienst geblieben und hat sich sehr für die Erhaltung des Friedens eingesezt. Aber wenn man bedenkt, welchen Preis er dafür zahlte und auf was er sich alles einließ, wäre es sicher besser gewesen, er und alle seinesgleichen hätten das Auswärtige Amt verlassen. So war Weizsäcker am Ende nicht nur SS-Brigadeführer – das entspricht etwa dem Rang eines Generalmajors in der Wehrmacht –, sondern hat sogar als Staatssekretär Akten abgezeichnet, die die Deportation französischer Juden nach Auschwitz betrafen. Als besondere Anerkennung empfing er noch den SS-Totenkopfring aus der Hand Himmlers... Wenn so ein Verhalten richtig wäre, dann gäbe es ja gegen Unrechtsregierungen gar keinen Widerstand mehr. Jeder würde sich anpassen, 'um Schlimmeres zu verhüten' – und das Schlimmste käme dann doch."

„Wurde Ernst von Weizsäcker nach dem Krieg nicht sogar als Kriegsverbrecher verurteilt?" fragte ich. „Wenn meine Erinnerung mich nicht täuscht, half ihm sein Sohn Richard, der damals Jura studierte, bei der Verteidigung."

„Das ist richtig. Unser späterer Bundespräsident setzte nach der Kapitulation sein Studium fort, nachdem er noch im April 1945 zur Nennung im Ehrenblatt des Deutschen Heeres vorgeschlagen worden war, weil er durch seinen Mut Soldaten das Leben gerettet und Zivilpersonen die Flucht ermöglicht hatte. Er trug das Eiserne Kreuz Erster und Zweiter Klasse, dazu die Ostmedaille. In der Begründung für diesen Vorschlag heißt es unter anderem: 'Da sammelte Hauptmann von Weizsäcker als Adjudant die zerschlagenen Männer seines Regiments und schloß sich der Kampftruppe v. Knebel an. Der Russe erkannte den nach Süden vorgetragenen Angriff und überschüttete ihn mit Feuer aller Kaliber. Trotz dessen riß Weizsäcker die letzten Männer seines Regiments durch sein leuchtendes Beispiel und notfalls durch härteste Maßnahmen immer weiter vor... Sein freiwilliger, beispielhaft schneidiger Einsatz ist besonders hoch zu bewerten, da unter den damaligen Kampfverhältnissen die Masse der betreffenden Soldaten und viele Führer zu einer kämpferischen Haltung nicht mehr die Kraft hatten... Hauptmann v. Weizsäcker hat sich als Regimentsadjudant im infanteristischen Einsatz durch ganz besonderen Schneid ausgezeichnet. Ich befürworte die Nennung dieses tapferen Offiziers im Ehrenblatt des Deutschen Heeres ganz besonders. gez. von Nostitz-Wallwitz, Generalmajor und Divisionskommandeur.'"

„Das hätte ich ihm gar nicht zugetraut," wunderte ich mich. „Das spricht doch ganz entschieden für diesen Mann."

„Aber überlege einmal," gab Sternthaler zu bedenken, „daß in den Gefängnissen und KZ's Unzählige, darunter auch Verhaftete vom 20. Juli, in Todesangst die Minuten bis zum Eintreffen der Roten Armee zählten, die von unserem schneidigen Hauptmann so tapfer am Vordringen gehindert wurde. Jeder Tag kostete unvorstellbare Opfer..."

„Siehst du nicht trotzdem alles, was den 20. Juli betrifft, etwas zu einseitig?"

„Vielleicht will ich es – vielleicht kann ich es aber auch nicht anders sehen. Aber wahrscheinlich ist es eben die Sicht eines Untermenschen..."

„Nun fang nicht an zu kokettieren," wies ich ihn zurecht. –

Ganz vorsichtig verwendeten Pia und Pio einige Gedanken Sternthalers in ihren Hausaufsätzen – und die Lehrer sagten ebenso vorsichtig, von dieser Warte aus hätten sie den 20. Juli noch gar nicht betrachtet. –

Nachdem Samuel gegangen war, nahm der Alltag seinen Fortgang. Das hieß: Zuerst mußte ich stundenlang in der Küche stehen und Wäsche glattzerren, die aus dem Trockner genommen worden war: Bettbezüge – einmal überquer von links nach rechts, dann von rechts nach links – krampfhaft hielt ich die Zipfel fest, die mir häufig aus der Hand rutschten. Dann fiel das Bettzeug auf den Küchenboden, und Pia tadelte mich, die saubere Wäsche würde schmutzig und ich sei noch nicht einmal in der Lage, für ein paar Minuten ein Laken festzuhalten. Mit typischem Hausfrauen-Starrsinn bestand sie auf dieser Zerrerei – als ob ein paar Falten mehr oder weniger unseren Schlaf beeinträchtigt hätten. Und das bei unserem Junggesellenhaushalt, der ohnedies nach dem Motto 'oben hui, unten pfui' geführt wurde, wie sich meine Mutter ausgedrückt hätte.

Dies erinnerte mich noch rechtzeitig daran, daß sich für den Nachmittag Caecilia und Sam Turf angesagt hatten. Ich verehrte diesen großen amerikanischen Zeichner und sammelte seine Bücher. Sofort beorderte ich die Kinder in den sogenannten 'Livingroom', das typische Berliner Durchgangszimmer, wo in Regalen meine Bücher untergebracht waren und neben einer großen lila Couch der Flügel und ein paar Bauhaussessel standen, die wir mal auf dem Sperrmüll gefunden hatten. Dort pflegte ich Gäste zu empfangen. Alsbald liefen wir tief gebückt an den Wänden und krochen auf allen Vieren an den Regalen entlang, um 'Wollmäuse' aufzusammeln. Natürlich hätten wir auch saugen können – aber jeder von uns war zu faul, den Staubsauger aus der Gästetoilette zu holen, die diesen Namen längst nicht mehr verdiente, sondern zu einer Rumpelkammer geworden war, in die jeder warf, was er nicht mehr gebrauchen konnte.

Diese Wollmäuse waren für mich ein immer wiederkehrendes, wirkliches Wunder. Sie schienen aus dem Nichts zu entstehen und sich mit rasender Geschwindigkeit zu vermehren. Pios sachlich nüchterne Erklärung, es handele sich bei ihnen lediglich um Zusammenballungen von wochenaltem Staub, mußte ich vom Verstand her zwar akzeptieren, trotzdem behielt ihre Herkunft für mich immer etwas Geheimnisvolles.

Nachdem wir gemeinsam aus vollen Lungen auch noch die dicke Staubschicht von der schwarzen Oberfläche des Flügels gepustet hatten, war die Ankunft des Besuchs genügsam vorbereitet. Dann mußte ich mit den Kindern Griechisch und Latein übersetzen und unregelmäßige Verben üben. Ich selbst hatte als Junge nie Schularbeiten gemacht – aber man kann den Aufgaben, die einem im Leben gestellt werden, offensichtlich nicht entfliehen. Vielleicht gelingt es, ihnen eine Zeitlang davonzulaufen; aber dann holen sie einen ein, und man muß sie – oft in doppeltem Ausmaß – nachholen. Anschließend kam Pio mit Forderungen für seinen Ruderclub – und Pia schloß sich sofort der günstigen Gelegenheit an, um ihre Ansprüche für Tanzstunden und Badminton geltend zu machen.

Ehe der Sohn sich sein Rad schnappte, um an die Havel zu fahren, rief er mich noch einmal in sein Zimmer. Dort lagen auf der Tischtennisplatte etwa ein Dutzend schmutziger, zerrissener Söckchen. Pio wies auf den Berg Strümpfe und belehrte mich mit vorwurfsvollem Ton in der Stimme, die einzigen Socken, die noch ganz seien, trüge er schon zwei Tage. Dabei sah er mich erwartungsvoll an und machte Huhnaugen. Offensichtlich war er der Meinung, daß ich sofort zur Stopfnadel greifen oder ins nächste Geschäft rennen würde, um dieses Problem zu lösen.

Ach, und irgendwie mußte es ja auch tatsächlich gelöst werden... Ohne daß ich es bemerkt hatte, war Pia hinter uns ins Zimmer getreten. Auch sie habe – so klagte sie gleich – 'überhaupt nichts mehr anzuziehen'. Dabei quollen ihre Schränke über von T-Shirts, Pullis, Jeans, Blusen, Röcken... Meines Erachtens hätte sie sofort eine Boutique aufmachen können. Ich drehte mich nach ihr um, musterte sie von oben bis unten und sagte kopfschüttelnd, Pubertätsjahre würden wohl doch Gehirntätigkeit und Urteilsvermögen erheblich trüben.

„Wechseljahre anscheinend auch", rief sie, lachte hell auf vor Freude über diese schlagfertige Antwort und verschwand in ihr Zimmer.

8.

Heute koche ich mit vier Töpfen, während sonst in der Regel einer genügt. Aber ich war wieder einmal eingeladen, und meine Freunde wissen inzwischen, daß ich nach den Mahlzeiten rücksichtslos einsammle, was von den aufgetragenen Speisen übriggeblieben ist. So kommen Pia und Pio ab und zu in den Genuß eines lukullischen Mittagessens.

Zuerst ließ ich sie in dem Glauben, ich hätte fürs Kochen ausnahmsweise einmal mehr Zeit gehabt und die Herrlichkeiten selbst zubereitet – dann konnten sie meine Kochkünste gar nicht genug rühmen. Aber sie sind doch schnell hinter meine Hochstapelei gekommen und fragen nun häufig, wann ich denn endlich mal wieder irgendwo eingeladen würde. Nur dann gibt es für sie ja eine Abwechslung von Früchtequark und Suppen.

Wird bei solchen Einladungen nach den üblichen Vorstellungen, der üblichen Konversation und den üblichen Cocktails endlich zu Tisch gegangen, beginnen für mich Höllenqualen. Mit Argusaugen überwache ich, was sich die einzelnen Gäste nehmen, schätze ab, was vom Rosenkohl, dem Braten, den herrlichen Kroketten und der Nachspeise wohl übrigbleiben wird – und muß immer wieder wütend feststellen, daß die Leute essen, als würden sie in einer Hungersnot leben und seit Monaten zum erstenmal wieder etwas zwischen die Zähne bekommen.

So versuche ich, diese Gier zu bremsen und lenke das Gespräch behutsam auf die schrecklichen Folgen von Übergewicht.

Detailliert beschreibe ich die Symptome von erhöhtem Blutfettspiegel, Arthritis, Arthrose, Arteriosklerose und schildere die gichtigen Verformungen der Gelenke und den Verlauf von Schlaganfällen und Herzinfarkten. Dann lasse ich vor den geistigen Augen der Speisenden angsterregende Bilder sich mehr und mehr verfettender und verengender Adern entstehen.

Den Höhepunkt bilden von Durchblutungsstörungen schwarz und amputationsreif gewordene Beine und sich endgültig schließende Koronargefäße. Ich drohe einzelnen scherzhaft – aber innerlich verbittert – mit dem Finger, wenn sie sich trotzdem anschicken, ihre Teller ein drittes Mal zu füllen. Endlich, nach Stunden qualvollen Ausharrens, trage ich meine Schätze in Plastikbehältern nach Hause.

Wie in einem vornehmen Restaurant stelle ich nun vor jeden Platz mehrere Teller übereinander: flache große Teller, tiefe Teller, kleine Teller – ein weißes Gebirge, das eine Reihenfolge von Köstlichkeiten verheißt, im Gegensatz zu den sonst üblichen einsamen Suppentellern.

Früher war es für mich ein Problem, meine Beute am nächsten Tag wieder warm zu machen, ohne daß sie mir anbrannte. Ich konnte unmöglich stundenlang am Herd stehen und ständig in vier Töpfen rühren. Jetzt schwimmen sie in vier größeren Töpfen, die halb mit kochendem Wasser gefüllt sind und auf kleiner Flamme stehen. So ist das Essen beliebig lange Zeit heiß – die Kinder können sich auch ruhig einmal verspäten – und kann nicht anbrennen. Vor allem bringt mich dieses Verfahren aber in die Lage, mich sorglos anderen Arbeiten widmen zu können.

So setze ich mich jetzt hin und schreibe einen Brief an Pios Turnlehrer. Gestern war mein Sohn wieder heulend vor Ärger nach Hause gekommen, weil der Mann ihn während des Schwimmunterrichts vor der Klasse 'ein halbes Pfund Kakao' genannt hatte.

Mit ähnlichen Bezeichnungen hatte er Pio schon oft bedacht. Dabei ist mein Blonder zwar klein und zierlich, im Sport aber ganz groß. So bitte ich den Lehrer, solche abwertenden Bemerkungen zu unterlassen und zu meinem Sohn in Zukunft so liebevoll zu sein, wie eine Amme mit sieben Brüsten.

Danach sammle ich endgültig einige leergebliebene Mausefallen ein. Vor zwei Wochen waren wir alle zu Tode erschrocken, als plötzlich eine kleine Maus über den Herd und die Waschmaschine lief und hinter der Heizung verschwand. Schweren Herzens hatten wir daraufhin die Fallen besorgt und mit den erlesensten Leckerbissen bestückt: rohem und gekochtem Schinken, Wurst, Kuchen, Käse...

Jeden Morgen sahen wir mit klopfendem Herzen nach den Mordwerkzeugen und waren erleichtert, wenn wir sie unberührt fanden. Gott sei Dank ließ sich die Maus auch nie wieder sehen.

Um das Festmahl vollkommen zu machen, renne ich noch los, um Eis zu kaufen.

Besonders Pia würde ich damit eine Freude machen. Als sie etwa ein Jahr alt war, zogen wir für längere Zeit nach Westafrika. Bei unserer Rückkehr nach Berlin war es Winter, und alles lag unter einer tiefen Schneedecke. Pia trippelte mit großen erstaunten Augen die Gangway hinunter, breitete die Arme aus und rief entzückt: „Ice-cream, Ice-cream!" Die Entdeckung, daß die ganze Welt auf einmal mit der so sehr geliebten Ice-cream bedeckt war, muß für sie die Erfüllung von etwas ganz Märchenhaftem gewesen sein. Leider nur für wenige Augenblicke. Sie stürzte sich in den Schnee, stopfte sich den Mund voll – und begann jämmerlich zu schreien.

Dann räume ich meine Festtafel noch einmal ab und hole ein neues Tischtuch. Ein gütiges Geschick hat mich mit etwas Kurzsichtigkeit bedacht, so daß ich – da ich zuhause keine Brille trage – den oft schlimmen Zustand der Wohnung nicht registriere. Das hat mir und den Kindern sicher schon eine Menge Arbeit erspart.

Die aber wundern sich häufig, daß ich 'wegen so eines bißchen Drecks Theater mache', während das, was nicht im Schärfenbereich meiner Augen liegt, wie etwa der Fußboden, reif ist, um Radieschen darauf zu säen.

Endlich sitzen Pia und Pio am Tisch. Wie immer erinnern sie mich auch jetzt wieder an kleine Vögel, die im Nest mit riesigen aufgesperrten Schnäbeln auf Futter warten. Und sie schreien auch den ganzen Tag wie junge Spatzen: „Gib! Gib!" Das geht, mit Ausnahme der Schulzeit, von morgens bis abends: „Gib Essen, gib Radiergummi, gib Strümpfe, gib Geld –" und während des Fernsehens so heftig und anhaltend: „Gib Süßes! Gib Süßes!" – bis ich in das benachbarte Café Monte Video renne und Torte oder Eis kaufe.

Hinten, im Genick unter den Haaren, zwischen Hemd und Hals, riecht Pio auch wie ein Spatzennest, wenn ich nicht aufpasse.

„Gib zu trinken!" fordern die Kinder jetzt.

„Fatfatta oder Taltafatta?" frage ich. Das sind Worte aus Pios Babysprache, als er vor allem noch kein 's' sprechen konnte, und bedeuten: Saftwasser oder kaltes Wasser.

'Fatfatta' wollen sie – und ich beginne, Orangen auszupressen, deren Saft ich mit Wasser verdünne, das ich im Eisschrank kühl gestellt hatte.

Es ist für mich immer eine große Erholung, wenn ich nach dem Mittagessen eine Stunde schlafen kann. Und ich genieße diese Ruhepause doppelt, wenn die Kinder mir Gesellschaft leisten. Heute hat Pio keine Zeit, er muß zum Rudern – und Pia will nur dann zu mir auf die große lila Couch kommen, wenn ich ihr endlich erzählen würde, wie ich ihre Mutter kennenlernte.

Darum bittet sie mich seit einiger Zeit immer wieder. Ich verspreche es, und Pia legt den Kopf in meinen rechten Arm, kuschelt sich an mich und sagt: „Also los, Daddybüßchen!"

„Du weißt ja von meinem Besuch bei Pater Pio," beginne ich. „Als ich ihm zum letztenmal in der kleinen Sakristei des Klosters begegnete, konnte ich nicht mehr mit ihm sprechen. Aber vielleicht hat der mit so vielen übersinnlichen Fähigkeiten begnadete Kapuziner damals erkannt, daß ich den Entschluß gefaßt hatte, meine Kinder nach ihm zu nennen, und sorgte nun dafür, daß ich diese Absicht auf unerwartet schnelle Weise verwirklichen konnte.

Wie ein herrenloser Hund durch die Welt streunend oder mich in Berlins morbider Szene herumtreibend, träumte ich doch immer von einer Familie – und das wahrscheinlich besonders deshalb, weil ich sehr früh auf mich allein gestellt war.

Einmal schienen mir, noch recht jung, die große Liebe und ein glückliches Zuhause sehr nahe – aber Vertrauen und Hingabe wurden durch mädchenhaft verspielte, eigensinnige und leichtfertige Kapricen so oft verletzt, daß – nach einer entsetzlichen Leidenszeit – für viele Jahre nur Enttäuschung und kaum Hoffnung übrigblieben. –

Ich schlendere über den Kurfürstendamm und schicke mich an, im Café Zuntz sel. Witwe eine 'Durchgucke' zu machen, wie das bei uns heißt. Dort trifft 'man' sich zur Zeit im oberen Stockwerk, das einen Blick über das Kranzler-Eck bietet. Hier ist Berlin für ein paar hundert Meter Weltstadt: von der Kaiser-Wilhelm-Gedächtnis-Kirche bis zum Maison de France an der Uhlandstraße.

Von einem der Tische winkt mir jemand zu. Es ist Burr Jerger, ein riesiger Fotograf mit eisgrauem Bart. Ich setze mich zu ihm. Burr vereinigt in seiner Person alle amerikanischen Tugenden: Offenheit, Fleiß, Hilfsbereitschaft, die Geschäftstüchtigkeit eines echten Yankee und kindliche Naivität. Natürlich ist er ein Selfmademan, der nirgendwo eine fotografische Gesellenprüfung abgelegt hat.

Seine Nikon liegt vor ihm und hat anscheinend ein neues Objektiv – ich nehme den Apparat und schaue durch den Sucher. 'Besser als alles German', bemerkt er grinsend.

Damals gab es noch eine große deutsche Fotoindustrie, und niemand mochte ihren beginnenden Niedergang wahrnehmen. Burr weiß, daß er mich mit seiner Schwärmerei für die Japaner ärgern kann. Ich hole schon Luft und bin auf dem besten Wege, mit ihm wieder eines unserer unzähligen Streitgespräche zu beginnen, in denen ich ihm die bessere optische und mechanische Qualität meiner geliebten Leica zu beweisen suche, da läßt mich ein helles Lachen zu einem der Tische in unserer Nähe blicken. Und sofort vergesse ich chromatische Aberration, Auflösungsvermögen und Astigmatismus.

Denn da sitzt ein Mädchen von bezauberndem Äußeren. Goethe würde sagen: des seltensten Gebildes eines...

Die Kleine unterhält sich fröhlich mit einem jungen Mann, der – wohl um seinen Besitzanspruch zu demonstrieren – unentwegt ihre Hand streichelt.

Vom Typ her ein bißchen Brigitte Bardot, hat ihr temperamentvolles Wesen eine herzgewinnende Ausstrahlung. Das etwas krause, kastanienbraune Haar ist von gepflegter Unordnung, und vor den Ohren hängen korkenzieherartige Rabbinerlöckchen. Die dunklen Augen sind fast zu groß für das schmale Gesicht, und die etwas vorstehende Oberlippe verleiht ihm etwas überaus Kindliches.

'Sie wird etwa siebzehn sein', denke ich und höre mit nur halbem Ohr Burr davon erzählen, daß die amerikanischen Reporter im Korea-Krieg Leica-Gehäuse mit Nikon-Objektiven – oder umgekehrt – benutzt hätten.

Ich starre unentwegt zu dem süßen Kind hinüber.

Es passiert mir nur alle paar Jahre mal, daß ich ein Mädchen sehe, von dem ich derart entzückt bin. Aber auch diesmal wird es so wie immer enden: In der nächsten halben Stunde werden die beiden zahlen und gehen.

Mein Gott, laß ein Wunder geschehen, laß mir etwas einfallen – ich muß dieses Mädchen kennenlernen...

Für Sekunden sieht sie mich an, dann plaudert sie mit ihrem Freund unbefangen weiter. Ihrem Freund? Vielleicht ist es nur ihr Bruder? Dummes Zeug – so einem hübschen, quecksilbrigen Ding laufen immer welche nach, so eine ist keinen Augenblick ohne irgendwelche Jungen. Meine Situation scheint aussichtslos. Und Burr faselt immer weiter – jetzt von japanischen Kameras, die unglaubliche Härtetests bestanden haben sollen. Burr! Burr ist meine einzige Chance, wenn auch nur eine winzig kleine – aber eben doch eine Chance.

'Sieh da hinüber', unterbreche ich ihn nicht gerade sanft und deute mit einer kurzen Bewegung des Kopfes die Richtung an.

'Ah,' brummt er gutmütig, 'ein sehr schönes Fräulein...'

Ich krame in Windeseile eine Visitenkarte hervor, auf der unter meinem Namen 'Regisseur' steht.

Mit ein paar Zeilen bitte ich das Mädchen so höflich und so lieb wie möglich, mir doch zu schreiben. Da ich gerade umgezogen bin, habe ich noch kein Telephon, sie kann mich also nicht einmal anrufen.

'Burr,' sage ich, 'bring dem sehr schönen Fräulein diese Karte. Ich beschwöre dich im Namen der deutsch-amerikanischen Freundschaft, gib dem Mädchen da drüben meine Karte.'

Er wirft einen Blick auf das, was ich geschrieben habe, erhebt sich ohne weitere Umstände und stapft zu der Kleinen, die erstaunt zu ihm aufsieht.

'Hier,' fordert er sie auf, 'nehmen bitte, meinem Freund schreiben!' Und er drückt ihr die Visitenkarte in die Hand. Da springt ihr Begleiter wütend von seinem Stuhl hoch – und um uns herum wird es totenstill. Jede Unterhaltung ist verstummt, alles schaut erwartungsvoll zu den beiden Männern. Der Junge ballt die Fäuste und will auf Burr losgehen, doch er kommt nicht dazu. Der bärenhafte Amerikaner legt ihm nur ganz ruhig und schwer seine mächtigen Pranken auf die Schultern und drückt ihn langsam, Zentimeter um Zentimeter, mit unwiderstehlicher Gewalt zurück auf den Sitz.

Zusammengeknickt und gebrochen, vor seiner Freundin und den Anwesenden beschämt, wagt sich der arme Kerl nicht mehr zu rühren. Mir, der ich diesen Auftritt verursacht habe – wahrscheinlich nur um einer albernen Schwämerei willen –, ist das alles sehr peinlich, und ich fühle mich schuldig. Als Burr, von vielen Blicken verfolgt, zurückkommt, habe ich das Geld für die Rechnung schon auf den Tisch gelegt und verlasse mit ihm das Café von Zuntz' seliger Witwe.

'Du zufrieden?' fragt er vergnügt – und in seiner Stimme schwingt die Genugtuung, einem Freund einen Dienst erwiesen zu haben. Von welcher Bedeutung dieser Dienst wirklich ist, das ahnt von uns jetzt noch keiner...

'Oh Burr,' sage ich, 'du hast mich an Hemingway im spanischen Bürgerkrieg erinnert. Glaube mir, man hätte dich mit Hemingway verwechseln können. Warum schreibst du keine Bücher, sondern fotografierst mit japanischen Kameras? Ich bin sicher, Hemingway hätte nur eine Leica benutzt.'

'Weil damals exist no Nikon,' erwidert Burr, 'sonst Hemingway only Nikon, no Leica faschistische.'

'Ha!' rufe ich, 'die großen deutschen, meist jüdischen Fotografen, die in den Dreißiger Jahren als Emigranten in die U.S.A. kamen, haben mit ihren Leicas die amerikanischen Reporter das Fürchten gelehrt. Eh die mit ihren großen, plumpen, steinzeitlichen Speedgraphics eine Aufnahme gemacht hatten, schoß die eingewanderte Konkurrenz zehn Bilder – und wechselte zwischendurch noch vom Normal- zum Tele-, und vom Tele- zum Weitwinkelobjektiv! Wenn eure Leute nicht arbeitslos werden wollten, mußten sie sich auf die Leica 'faschistische' umstellen.'

Aber Burr bleibt stur: 'War sie produced zu dieser Zeit,' beharrte er eigensinnig, 'sie hatten nehmen Nikon japsische...'"

Bis dahin hatte mir Pia zugehört, ohne mich zu unterbrechen. Jetzt aber sagte sie ungeduldig: „Du wolltest mir von Mammi erzählen, nicht von Fotoapparaten. Wie ging es weiter?"

„Ich hoffte natürlich, einen Brief von ihr zu bekommen – aber lange umsonst.

Dann lag nach Wochen eine Karte im Briefkasten mit den Worten: 'Was kostet es, sich Visitenkarten mit einer so anspruchsvollen Berufsbezeichnung drucken zu lassen?' Da deine Mutter auch ihren Absender angegeben hatte, suchte ich die Rechnung der Druckerei heraus und schrieb darauf, ich sei zu einer bestimmten Zeit im Café Kranzler und würde sie gern dort treffen."

„Und sie kam?" fragte Pia.

„Ja, und ich erinnere mich, daß wir gleich in der ersten halben Stunde vom Heiraten sprachen."

„Warum hat sie dir erst nach so langer Zeit geschrieben?"

„Sie wollte gar nicht schreiben. Aber als sie einmal in der Schule während der großen Pause nach ihren Zigaretten suchte, fiel meine Karte aus ihrer Tasche. Eine Mitschülerin hob sie auf und fragte, wer denn dieser Regisseur sei. Mammi erzählte, sie wisse es nicht – ein Verrückter habe ihr diese Karte durch einen riesigen Mann überreichen lassen, der beinahe noch ihren Freund verprügelt hätte. Natürlich habe sie nicht geschrieben. Aber dann kamen noch mehr Mädchen dazu, und alle redeten auf deine Mutter ein, sie solle mir doch schreiben, denn 'mehr als sie zu Probeaufnahmen in seine Villa einladen' könne dieser Regisseur doch erst einmal nicht tun."

Pia lachte.

„Meine Villa war damals eine Souterrain-Wohnung, und so hielt ich es für besser, nach dem Kranzler mit deiner Mutter zu Ben Wargin zu gehen, von dem ich wußte, daß er gerade eine große Ausstellung eröffnete. Diese schien mir ein eindrucksvoller und repräsentativer Rahmen für unsere erste Begegnung zu sein.

Aber o weh! Als wir hinkamen, war die Vernissage vorbei, und Ben hockte in einem Chaos von schmutzigen Tellern, Gläsern, Aschenbechern, leeren Flaschen und Eierschalen. Zu essen gab es nämlich bei Bens Veranstaltungen immer nur hartgekochte Eier in riesigen Schüsseln. Meine Verlegenheit war groß, und der Plan, Mammi zu imponieren, kläglich gescheitert. Aber die nahm sich, kaum daß ich ihr Ben vorgestellt hatte, einen seiner Bildhauerkittel und fing an, das Geschirr abzuwaschen und die Galerie sauberzumachen.

So arbeiteten wir ein paar Stunden, und Ben raunte mir zu: 'Die behalte mal!'"

„Na, hat Daddybüßchen ja dann auch getan," gähnte Pia.

„Sicher. Aber immer, wenn ich damals einem meiner Freunde sagte, ich würde heiraten, wurde ich gefragt: Aus zwingenden Gründen? Mammi wollte an sich sofort mit dem Kinderkriegen anfangen. Sie wünschte sich nichts sehnlicher, als ihre 'Butzelchen'. Aber damit jeder nachrechnen konnte, daß ich sie nicht aus den von meinen Freunden vermuteten 'zwingenden Gründen' geheiratet hatte, mußte sie nach der Hochzeit damit noch drei Monate warten."

Dann schliefen wir wunderbar lange – bis wir den vom Rudern zurückkommenden Pio, der mit uns Kaffee trinken wollte, rufen hörten: „Gib Kuchen! Gib Kuchen!"

Der Junge war immer vollkommen erschöpft. Nicht nur, daß er zwanzig Kilometer die Havel auf und ab ruderte – nein, er mußte auf seinem Rennrad auch noch nach Wannsee und wieder zurückrasen, anstatt einen Bus oder die S-Bahn zu nehmen.

Ich hatte vorher gewußt, daß ich mir wegen dieses Rades immer wieder große Sorgen machen würde. Aber warum hatte ich es Pio vor einigen Jahren trotzdem schenken müssen?

9.

Weihnachten kam unerbittlich näher. Wir würden zum erstenmal allein sein. Ich fürchtete mich. Könnten die Kinder überhaupt feiern – ohne Mammi? Und wie sollte ich den Heiligabend umgestalten? Sonst – wenn alles vorbereitet war – saßen die Kinder während der letzten Minuten vor der Bescherung unter dem großen Adventskranz in der Küche, und ihre Mutter las ihnen Gedichte vor: „Von drauß, vom Walde komm ich her, ich muß euch sagen, es weihnachtet sehr..."

Ich tat derweil die letzten Handgriffe, legte weiße Tücher über die Geschenktische, ordnete ein letztes Mal die aus weißem Lindenholz geschnitzten Figuren der Krippe und zündete die Kerzen am Baum und den erzgebirgischen Engelchen, den Bergleuten, Pyramiden und Transparenten an. Dann öffnete ich die Tür des Weihnachtszimmers einen Spalt und läutete mit der bronzenen Glocke, die ich einmal von Dreharbeiten aus Kurdistan mitbrachte. Viele Jahrzehnte hatte sie am Hals der Leitkamele von Karawanen gehangen. Darauf kamen Pia und Pio mit ihrer Mutter und begannen zu singen, während ich sie am Flügel begleitete. Nach jedem Lied las ich einige Verse der Weihnachtsgeschichte vor. Dann wünschten wir uns ein gesegnetes Fest, die weißen Tücher wurden entfernt, und der langersehnte Augenblick der Bescherung war da. –

Vor dem letzten Weihnachtsfest allerdings kam Pio zu mir und bat mich, ihm keine Geschenke zu kaufen.

Es sei so viel Not und Elend in der Welt, ich solle das Geld hungernden Kindern schicken.

Ich schrieb daraufhin an den Direktor des Deutschen Instituts für ärztliche Mission in Tübingen, Dr. Martin Scheel, und schickte ihm den Betrag, den ich für Pio ausgegeben hätte.

Gleichzeitig bat ich ihn, meinem Sohn doch ein paar Zeilen zukommenzulassen. So nahte der Heilige Abend.

Aber dann – ich hatte schon nach der großen Glocke gegriffen und wollte gerade zu läuten beginnen – wurde es Pio doch unheimlich. Zaghaft klopfte er an die Tür des Weihnachtszimmers und fragte, ob er mich einen Augenblick alleine sprechen dürfe. Mit unsicherer Stimme bat er mich: „Pappi, wenn ich heute während der Bescherung weinen sollte, dann erinnere mich, daß es mein eigener Wunsch war, keine Geschenke zu bekommen..."

Natürlich hatte ich ihm einiges gekauft, aber bei weitem nicht so viel wie sonst.

Mit ernstem und beherrschtem Gesicht stand er dann vor dem brennenden Weihnachtsbaum – aber mitzusingen war ihm nicht möglich. Ich konnte meinen Kleinen nicht so traurig dastehen sehen und spielte zur Verwunderung von Pia und meiner Frau zwischen den Versen der Weihnachtsgeschichte von allen Liedern immer nur schnell die erste Strophe. Dann nahm ich Pio in den Arm, küßte ihn, wünschte ihm ein gesegnetes Weihnachten und führte ihn zu seinem Tisch. Da lag in der Mitte der sparsam ausgesuchten Geschenke das Schreiben von Dr. Scheel.

Ich wandte mich Pia zu, die bereits eifrig am Auspacken war. Als ich sie vom Entschluß ihres Bruders unterrichtet und gefragt hatte, ob sie sich seinem Vorhaben anschließen wolle, hatte sie ganz erschrokken gerufen: „Nein, nein! Ich will alles, alles haben!"

Ab und zu blickte ich unauffällig zu Pio hinüber, der den Brief geöffnet hatte. Als seine Schwester ihre Geschenke längst begutachtet, ausprobiert oder anprobiert hatte, stand Pio immer noch da und las. Dann sah er sich nach mir um, kam und reichte mir lächelnd den Brief.

Dr. Scheel hatte sich herzlich bei ihm bedankt. Er habe das Geld weitergeleitet, schrieb er, und ein Arzt der Mission würde damit entweder ein blindes Kind operieren, daß es wieder sehen könne, oder Jungen und Mädchen vor der Verstümmelung durch Lepra bewahren, vielleicht auch von Malaria heilen...

„Stell dir mal so ein Kind vor," sagte ich, „es muß nicht bis zu seinem Tod hilflos als Krüppel in der Dunkelheit der Blindheit vegetieren, sondern kann die Sonne, den blauen Himmel, die Bäume sehen, einen Beruf lernen, heiraten und eine Familie haben..."

Pio nickte.

„Und wie gefallen dir deine Geschenke?" wollte ich wissen.

„Geschenke?" fragte Pio – und ich begleitete ihn noch einmal zu seinem Tisch. –

Aber diesmal sollten die Kinder ihre größten Wünsche erfüllt bekommen. Bei Pio war das ein bestimmtes Rennrad für etwa tausend Mark. Natürlich hatte ich ihm sofort erklärt, es sei mir völlig unmöglich, das Geld dafür aufzubringen. Er wußte auch, daß ich es nicht besaß. Aber trotzdem sollte er das Rad bekommen – ich mußte eben wieder einmal etwas verkaufen. Vielleicht würde auch der immer treue George helfen, ein in Kalifornien aufgewachsener gebürtiger Deutscher, der mir durch seine Freundschaft die Gewißheit gab, auch im größten Unglück mit meiner Familie nie ganz verlassen zu sein.

Die Adventszeit füllte ich mit so zahlreichen Unternehmungen aus, daß die Kinder unaufhörlich beschäftigt waren: ob mit dem Besuch des Weihnachtsmarktes am Funkturm, dem Basteln von Geschenken oder dem Backen von Plätzchen und Honigkuchen. Ich selbst verkündete eines Tages großartig, eine Stolle backen zu wollen.

Als ich mich an die Arbeit machte, holte Pia das Kochbuch und las mir die Zutaten vor: „Hundertfünfundsiebzig Gramm Mandeln," begann sie.

„Was," rief ich, „so wenig? Wir nehmen mindestens zwei Pfund."
„Hundertachtzig Gramm Butter," fuhr sie fort.

„Hör mal," erwiderte ich, „dieses Rezept scheint für arme Hausfrauen gemacht zu sein, die von ihren geizigen Männern zu wenig Wirtschaftsgeld bekommen. Für meine Stolle brauche ich mindestens vier Stück Butter."

Die Kinder machten bedenkliche Gesichter. „Dann wird der Teig viel zu schwer," bemerkte Pia.

„Er kann gar nicht schwer genug werden! Meinst du, ich will so eine Art Weißbrot mit Rosinen backen?"

„Ein Kilogramm Mehl," las Pia weiter vor.

„Siehst du, das ist nun wieder viel zuviel. Wir nehmen nur zwei oder drei Eßlöffel. Dafür haben wir ja mehr Mandeln. Außerdem will ich noch zwanzig Eigelb haben."

„Von Eiern steht hier gar nichts," entsetzte sich Pia, „und du willst gleich zwanzig verwenden!"

Ich war bereits fleißig am Rühren.

„Nur immer hinein damit!"

Jetzt meldete sich Pio: „Und wann willst du ihn gehen lassen?"

„Wen oder was gehen?" fragte ich ungeduldig.

„Na, den Teig. Mammi war immer sehr besorgt, daß er vor dem Backen auch richtig ging."

„Mit dem Vorteig oder Dämpfchen," ergänzte Pia.

„Bleib mir mit deinem lächerlichen Dämpfchen vom Leibe," wehrte ich ab, „von einem Dämpfchen habe ich überhaupt noch nie etwas gehört. Gib zehn anständige Tüten Backpulver her und du wirst sehen, was wir dem Teig für Beine machen. Er wird nicht nur gehen, sondern rennen!"

Aber ganz wohl war mir nicht mehr und mein Optimismus geriet ins Wanken. Ich ließ noch zum Entzücken der Kinder nach eigenem Gutdünken beliebige Massen an Sultaninen, Korinthen und Zitronat in den Teig schütten, verknetete alles und holte mir dann das Blech mit dem hohen Rand, in dem wir die Weihnachtsgänse zu braten pflegten.

„Aber Mammi hat..." rief Pia.

„Ich backe eine Potsdamer Stolle, die muß man in so ein tiefes Blech tun," klärte ich die Kinder auf, rollte den Teig zu einer dicken Wurst und schob ihn in den Ofen.

„Mammi hat immer Dresdener oder Mandelstolle gebacken, von Potsdamer Stolle weiß ich nichts," wunderte sich Pia. „Außerdem hat sie den Teig in der Mitte eingedrückt und dann eine Seite über die andere geschlagen, ehe sie ihn in die Backröhre schob."

„Das wäre bei einer Potsdamer Stolle sinnlos, denn sie benimmt sich im Ofen sehr eigenwillig."

„Ach," kritisierte Pio jetzt, „das ist doch nur wieder so eine Erfindung von Pappi, weil er in Wirklichkeit gar keine Stolle backen kann!"

Ich tat gekränkt. „Meine Mutter hat die Potsdamer Stolle erfunden, es sind allerdings außer viel Fett keine bestimmten Zutaten vorgeschrieben."

„Komm," forderte Pia ihren Bruder auf, „wir stechen noch ein paar Plätzchen aus und Pappi soll uns erzählen, wie das Rezept für diese komische Stolle erfunden wurde, zu der jeder nehmen kann, was er will."

„Es war vor dem ersten Weihnachtsfest nach dem Krieg," kam ich der Aufforderung der Tochter nach. „Meine Mutter und wir fünf Kinder litten furchtbar unter der Kälte des Winters, der besonders streng war. In der Wohnung herrschte dieselbe Temperatur wie draußen – nicht selten minus zwanzig Grad. Wir hatten nichts zum Heizen und flüchteten so oft wie möglich in die Betten, die aber auch weißer Reif bedeckte. Und natürlich waren wir halb verhungert. Da besuchte uns ganz unerwartet ein russischer Offizier. Er wollte einen Kühlschrank kaufen und hatte gehört, daß wir einen besaßen. Für uns war der Kühlschrank natürlich das Allerüberflüssigste: Kälte hatten wir genug – und dafür gar nichts, was wir in ihn hätten hineintun können.

Der Offizier hielt uns alte Prospekte von Siemens vor die Nase und zeigte meiner Mutter an Hand dieser Unterlagen, daß unser Kühlschrank fünfhundert Mark gekostet habe. Der Preis für ein Pfund Margarine – so folgerte er – sei auch fünfhundert Mark, und so wolle er den Kühlschrank gegen ein Pfund Margarine eintauschen.

Diese Art Logik verschlug uns zunächst die Sprache. Dann aber fand meine Mutter die Fassung wieder und erklärte dem Russen, daß im Frieden, als sie den Kühlschrank gekauft habe, ein Pfund Margarine fünfzig Pfennig gekostet hätte. Wir müßten also tausend Pfund Margarine bekommen.

Der Offizier protestierte entrüstet, und dann begann der übliche Kuhhandel.

Endlich schleppten einige Rotarmisten aus einem Jeep drei oder vier große Kartons Margarine in unsere Küche und der Offizier schwur, mehr würde er nicht geben. Gott sei Dank ahnte er nicht, daß wir ihm den Kühlschrank schon für ein paar kleine Packungen dieser wunderbaren Margarine überlassen hätten. Aber bis unser

Kühlschrank abtransportiert und auf den Jeep geladen war, zeigten wir alle gleichgültige Gesichter. Kaum aber waren die Soldaten abgefahren, erhob sich ein großes Freudengeschrei, und die Beratung begann, wie und wo ein Teil unseres Schatzes gegen andere Lebensmittel einzutauschen sei.

Am besten geschah so etwas immer auf dem Schwarzen Markt – man durfte sich nur bei einer Razzia nicht erwischen lassen. So ging Stück für Stück unserer Margarine für Mehl, Eier, Zucker, und was man sonst noch einhandeln konnte, weg.

Auf diese Weise kamen langsam die Zutaten unserer ersten Stolle nach dem Krieg zusammen. Und dann meinte es meine Mutter zu gut: Sie nahm so viel Fett, daß es während des Backens aus dem Ofen lief und wir kleine Schüsselchen unter den Herd stellen mußten, um es aufzufangen. Deshalb habe ich vorsorglich meinen Teig in das Blech mit dem hohen Rand gelegt."

„Und wie hat diese Potsdamer Stolle geschmeckt?" wollte Pia wissen.

„Wie aus dem Paradies," schwärmte ich. „Sie war flach auseinandergelaufen und schwer wie Blei. Bösartige Leute würden sagen, sie sei 'Klitsch' gewesen – aber sie war wie Marzipan, feucht und köstlich. Leider wurden wir dann alle für ein paar Tage sterbenskrank. Aber trotzdem war es die beste Stolle, die je gebacken wurde."

„Und du meinst," fragte Pia zweifelnd, „so ein Gemansche schmeckt heute auch noch?"

„Gemansche! Du wirst es ja sehen. Jeder wird sich um ein Stück meiner Stolle reißen!"

„Und dann todkrank werden!" lachte Pio. –

Natürlich versuchten die Kinder immer schon während des Singens und des Lesens der Weihnachtsgeschichte aus den Formen und Konturen, die von den weißen Tüchern auf den Geschenktischen gebildet wurden, herauszufinden, was unter ihnen verborgen war und ob ihre Wünsche erfüllt würden. Ich konnte also das tatsächlich erworbene Rennrad nicht einfach so hinstellen und ein Laken darüber hängen. Pio würde es auf den ersten Blick erkannt haben.

Er war überzeugt davon, daß ich nicht in der Lage wäre, ihm das Rad zu kaufen – und ich wollte seine Überraschung noch vergrößern.

So trug ich heimlich unsere Stehleiter ins Weihnachtszimmer, stellte sie neben Pios Geschenktisch auf und behängte sie mit Bettlaken und Tischtüchern. Dahinter versteckte ich das Rad.

Endlich zündete ich alle Kerzen an, läutete mit der Glocke, und dann kamen sie – Hand in Hand wie Brüderchen und Schwesterchen aus dem Märchen. Ich ließ die Kinder nicht – wie früher mit ihrer Mutter immer – hinter mir stehen, sondern holte sie gleich rechts und links neben mich an den Flügel. Pia hatte ihre Gitarre mitgebracht und spielte während des Singens mit.

„Es begab sich aber, daß ein Gebot vom Kaiser Augustus ausging…"

Ich mußte mich sehr bemühen, meiner Stimme einen festen Klang zu geben. Etwas Unterstützung bot mir da Gott sei Dank mein Sohn, der mit erstaunten, ratlosen Augen immer wieder auf das riesige 'Geschenk' sah, das verhüllt bei seinem Tisch stand und fast bis zur Decke ragte. Was mochte er herumrätseln…

So konnte ich vor Traurigkeit kaum lesen – und mußte mich doch gleichzeitig beherrschen, um nicht laut loszulachen. Ich beendete diesen Zustand so schnell wie möglich und begann mit der Bescherung.

Zum Abendessen kamen noch Freunde, darunter der bekannte Kameramann Wolfgang Krause, der mir die Gestaltung eines Filmes anbot. Aber ich mußte wieder einmal ablehnen, denn ich hätte Pia und Pio für Wochen allein lassen müssen.

Beim späten Gute-Nacht-Sagen konnte ich mich der Umarmungen meiner glücklichen Kinder kaum erwehren. Als ich ihre Zimmer längst verlassen hatte, hörte ich sie noch hinter mir herrufen: „Vielen, vielen Dank, Pappi…"

Auch das hatten wir also überlebt. Wir konnten allein Weihnachten feiern.

10.

Die meisten Kinder wollen abends, wenn es ihre Eltern für angebracht halten, nicht ins Bett gehen. Pia und Pio bildeten da keine Ausnahme. Und waren es früher die Märchen von Hänsel und Gretel, vom Fischer und seiner Frau, von Schneeweißchen und Rosenrot, die erzählt werden mußten, um das endgültige Lichtausmachen noch etwas hinauszuschieben – so waren es, als Tochter und Sohn älter wurden, die Sternthaler-Stories, die Geschichten von Ben Wargin und anderen meiner Freunde, die immer von neuem berichtet werden mußten. Umsonst versicherte ich, alles schon – und nicht nur einmal – erzählt zu haben: Mit großem Scharfsinn dachte sich das Gesindel neue Fragen aus und fand zum Beispiel mit bewundernswerter Geschicklichkeit Lücken in dem chronologischen Ablauf der Biographie von Samuel.

So sagte denn Pia eines Abends zu mir: „Du hast uns noch nicht erzählt, wie es war, als Sternthaler zum erstenmal zu Dr. Freudenberg ging."

„Ach Liebchen", machte ich einen Fluchtversuch, „ich kann ja nun nicht von allem und jedem, was Sternthaler betrifft, unterrichtet sein."

„Weißt du es, oder weißt du es nicht?" beharrte sie.

Sollte ich auf eine so direkte Frage mit einer ebenso direkten Lüge antworten? Natürlich hatte mir Samuel ächzend und krächzend diesen ersten Besuch bei dem Psychoanalytiker in allen Einzelheiten geschildert. Und wie alles, was Sternthaler betraf, war es auch wieder eine ganz unwahrscheinlich anmutende Geschichte.

Daß ich mit meiner Antwort sekundenlang zögerte, war für Pia und

Pio genug, laut „los! los!“ zu rufen, es sich recht bequem zu machen, sich aneinander zu kuscheln und mich mit erwartungsvollen Blicken anzusehen.

„Also – Sternthaler hatte den Arzt im Eden Saloon kennengelernt und mit zwei Mädchen zu sich nach Hause abgeschleppt.“

„Den alten Arzt?“ wunderte sich Pia.

„Naja, viele Mädchen kamen zu zweit – und wenn man eine davon haben wollte, mußte man beide einladen, weil sie sich nicht trennten. Dr. Freudenberg saß neben Sternthaler an der Bar, war mit ihm ins Gespräch gekommen, – und da niemand von Samuels Bekannten da war, nahm er eben den Arzt mit. Der hatte natürlich keine Ahnung, was ihn erwartete.“

„Erzähl!“ rief Pia.

„Nein“, lehnte ich ab, „ihr wolltet wissen, wie es Sternthaler bei seinem ersten Besuch in der Praxis von Dr. Freudenberg erging.“

Da stieß Pio seine Schwester mit dem Ellenbogen an: „Laß ihn doch, das muß er morgen erzählen – da haben wir eine neue Geschichte!“

„Unterbrecht mich jetzt nicht weiter“, begann ich. „Nachdem der Arzt die Nacht auf höchst ungewöhnliche Weise verbracht hatte, forderte er Sternthaler auf, ihn mal in der Praxis zu besuchen. Und aus seiner unbezähmbaren Neugierde war Samuel eines Tages auch hingegangen.

Dr. Freudenberg bat seinen Patienten, sich auf der Couch auszustrecken. Er selbst nahm in seinem Sessel Platz und forderte Samuel auf, nach einigen Sekunden innerer Sammlung zu erzählen, was ihm in den Sinn käme. Nur das schwere Schnaufen des Psychiaters unterbrach die Ruhe, die sich nun über Arzt und Patient senkte. Der alte hinkende Friseur, bei dem er sich die Haare schneiden ließ, hatte genauso geschnauft, ging es Samuel durch den Kopf – gerade, als ihn die Stimme des Doktors ungeduldig ermahnte, ihm nunmehr seine Gedanken mitzuteilen. Nach dem Prinzip der freien Assoziation wollten sie gemeinsam – so erklärte der Arzt – das Unterbewußtsein ausloten.

’Als kleiner Junge‘, begann Sternthaler, ’ließ ich mir bei einem alten hinkenden Friseur die Haare schneiden. Er schnaufte dabei so wie Sie

– vielleicht fällt er mir deshalb jetzt ein.' Er machte eine kleine Pause. Während er die Augen weiterhin geschlossen und die Hände unter dem Kopf gekreuzt hielt, registrierte er zufrieden, daß das Schnaufen des Doktors verstummte, um aber nach wenigen Augenblicken wieder mit größerer Lautstärke einzusetzen.

'Weiter!' forderte der Arzt auf. 'Wenn Sie hier als erstes an diesen Friseur denken, dann nicht nur deshalb, weil Sie durch mein Atmen, oder, wie Sie sich unhöflich ausdrücken: mein Schnaufen an ihn erinnert werden. Da muß noch etwas anderes dahinterstecken. Also – überlegen Sie mal.'

'Da brauche ich nicht lange nachzudenken', erwiderte Sternthaler schnell, 'der Friseur war ein Schuft. Wenn er mir die Haare schnitt, leckte er sich über die Fingerspitzen und hielt mir dann den Kopf fest. Dazu spuckte er mir aufs Haar, wenn er mich kämmte, wahrscheinlich, weil er zu faul war, den Wasserhahn aufzudrehen. Wo meine Füße baumelten, unter dem Waschbecken, hing ein großes Plakat. Da stand drauf: WIR WERDEN SIEGEN, WEIL UNSERE SACHE GERECHT IST, Adolf Hitler. Die nassen und kalten Fingerspitzen des Friseurs auf meiner Stirn, sah ich mit gebeugtem Nacken während der ganzen Zeit des Haarschneidens auf dieses Plakat. Dabei mußte ich dankbar sein, wenn es erst einmal so weit war, daß die Prozedur angefangen hatte.'

'Warum?' fragte Dr. Freudenberg.

'Wenn ich den Laden betrat', erklärte Samuel, und er merkte, daß seine Stimme plötzlich heiser wurde, 'mußte ich immer mit Heil Hitler grüßen. Meistens war es dem Friseur nicht laut und nicht zackig genug. Dann schickte er mich fünfzigmal raus auf die Straße, rief mich wieder herein, ließ mich die Hacken zusammenschlagen und mit erhobenem Arm – die Hand genau in Augenhöhe – Heil Hitler schreien.'

'Wirklich ein Schuft' –, sagte Dr. Freudenberg, 'aber warum bist du nicht zu einem anderen Friseur gegangen?'

Sternthaler schien für ihn der kleine Junge von damals geworden zu sein, daß er ihn auf einmal mit du anredete.

'Unsere Familie war bekannt – die anderen Friseure hätten mir die Haare überhaupt nicht geschnitten. Ich hatte es versucht. Also dann lieber noch fünfzigmal grüßen, als...'

'Was – als?'

'... als aus dem Laden gejagt zu werden,' krächzte Samuel und war wütend. Dann fuhr er fort: 'Im übrigen tröstete ich mich damit, daß der Bafü einen Freund von mir auch zwanzigmal hat Heil Hitler grüßen lassen. Allerdings war es natürlich ein Unterschied, ob man das auf Befehl eines dreckigen Friseurs oder des Bafüs machen mußte.'

'Des Bafüs?' Die Frage des Doktors klang etwas ratlos.

'Also im Jungbann der Hitlerjugend', erklärte Sternthaler ungeduldig, 'da mußte mal ein Freund von mir, der blond und sehr arisch war, eine Meldung überbringen. Der hat dem Bannführer auch nicht zackig genug gegrüßt.'

'Ach so.'

'Naja, da dachte ich, wenn das sogar einem Jungschaftsführer – denn das war mein Freund – passiert, dann kann ich mich schon gar nicht beklagen.'

'Wie alt warst du damals?'

'Ich glaube, dreizehn oder vierzehn Jahre. Ich wüßte gern, was aus Wackelkontakt geworden ist.'

'Wer war das?'

'Na, der Bafü. Sein Kopf war nämlich in unaufhörlicher Bewegung, wie ein Pendel. Er konnte ihn keine Sekunde stillhalten. Deshalb nannte man ihn Wackelkontakt.'

'Weißt du, wie es dem Friseur später erging?'

'Als gegen Ende des Krieges der Volkssturm aufgerufen wurde, hinkte er stolz von morgens bis abends mit einer Panzerfaust durch die Straßen. Während er mir das letzte Mal die Haare schnitt, lehnte sie in der Ecke neben dem Waschbecken. Ich konnte sie mit dem Fuß berühren.'

'Warum hat er dich überhaupt bedient?' fragte Feudenberg.

'Er hatte sonst keine Kunden. Es war zu schmutzig bei ihm.'

'Bist du diesem Friseur nach Kriegsende noch einmal begegnet?'

'Ja, an einem Sonntagmorgen. Da hinkte er mit einem Gesangbuch unter dem Arm in die Kirche.'

'Das Schwein, oh das Schwein', schnaufte Dr. Freudenberg plötzlich – und Sternthaler fragte sich, ob dieser Ausbruch persönlicher Anteilnahme wohl in die Rolle eines behandelnden Psychiaters paßte.

'Es war trotzdem zum Lachen', sagte Samuel. –

Und nun – gute Nacht, schlaft schön, träumt süß und vergeßt das Beten nicht."

11.

Da Pia und Pio in einer Atmosphäre vollkommenen Vertrauens aufwuchsen, versuchte ich auf meine Weise, sie zur Vorsicht zu erziehen.

So betrachtete Pia eines Tages besorgt ihre langen Beine und stellte eine zunehmende Behaarung fest.

„Pappi," seufzte sie, „sind solche Salben, mit denen man sich die Haare an den Beinen entfernen kann, schädlich?"

Ich war mit der Lektüre eines wissenschaftlichen Artikels beschäftigt und antwortete zerstreut: „Weshalb fragst du? Wenn ich dein Freund wäre, würde ich jedes Haar an deinen Beinen leidenschaftlich lieben. Glaube mir, ich würde jedes einzelne Haar wie rasend begehren."

„Beantworte meine Frage," wies mich die Tochter zurecht und fuhr mit den Händen sorgenvoll die Beine hinauf und hinab. „Was ist in solchen Cremes?" Ich hatte keine Ahnung, wollte ungestört weiterlesen und sagte deshalb kurz: „Da ist Haarbös drin."

„Äääh?" machte die Tochter, „Haarbös?"

„Sicher, das ist ein bekanntes Mittel, es greift die Wurzeln der Haare an und läßt sie ausfallen. Es gibt nichts Wirksameres, als das bewährte Haarbös."

Jetzt mischte sich Pio ein. „Haarbös?" lachte er, „laß dir doch von Pappi nicht so einen Unsinn weismachen. Merkst du nicht, daß er dich nur abwimmeln will?"

Pia stand beleidigt auf. „Wenn du mir keine vernünftige Antwort geben willst", schimpfte sie, „laß es doch ganz bleiben."

Damit verließ sie das Zimmer und knallte die Tür zu. –

Am anderen Tag ging ich zur nächsten Filiale einer Zeitung und gab fürs Wochenende folgende Anzeige auf: „SKINCLEAN – das Mittel der Wahl zur Entfernung lästiger Beinhaare mit dem doppelt patentierten Wirkstoff HAARBÖS."

Am folgenden Sonntagnachmittag begann ich beim Kaffeetrinken in der Zeitung zu lesen, während die Kinder noch mit ihren Tortenstücken beschäftigt waren. Ich fand die Anzeige und hielt sie Pia hin.

„Hier findest du vielleicht die Lösung deines Problems," sagte ich mit gleichgültiger Stimme.

Pia las und machte ein betroffenes Gesicht.

„Wir haben Pappi Unrecht getan," sagte sie schuldbewußt und reichte Pio die Zeitung über den Tisch. „So ein beknackter Kosmetikfabrikant hat tatsächlich irgendeine Substanz Haarbös genannt."

„Verrückt," bestätigte Pio und machte Huhnaugen, „wirklich kaum zu glauben." –

Am Abend bereitete ich das Frühstück vor – als die Kinder älter waren, stand ich nicht mehr mit ihnen zusammen auf, weil ich viel nachts arbeitete – die einzige Zeit übrigens, in der ich absolute Ruhe hatte –, und legte den Auftrag der Anzeige mit dem Durchschlag des Textes auf Pias Teller. So gab es beim Mittagessen natürlich ein großes Geschrei und Hohngelächter. Und noch viele Jahre wurde mir, wenn ich eine Erklärung abgab, die Pia und Pio unwahrscheinlich schien, entgegengehalten: „Haarbös läßt mal wieder grüßen!"

Das Leben aber – fürchtete ich – würde den Kindern wohl noch genug Gelegenheiten bieten, an 'Haarbös' zu denken – und hoffentlich manchmal zu ihrem Nutzen.

Vorläufig jedoch wurden sie immer wieder Opfer meiner Schalkheiten – die aber meist einen pädagogischen Zweck verfolgten. –

Wie erstaunlich war doch die unendliche Fülle von Problemen, die mit der Erziehung auch der besten Kinder verbunden war: Kaum schien das eine gelöst, sah ich mich mit dem nächsten konfrontiert. So waren Pia und Pio plötzlich für Monate von einer grenzenlosen Wettleidenschaft besessen.

Um alles und jedes wurde gewettet – und oft mit für ihre Verhältnisse nicht unerheblichen Einsätzen.

Ich machte mir Gedanken, wie ich sie davon abbringen könnte.

Meine vorgebrachten moralischen oder anderen Bedenken fruchteten natürlich gar nichts.

Da – während ich eines Vormittags in der Küche stand und Bananen, Apfelsinen, Äpfel und Erdbeeren in eine große Schüssel schnipselte, um die alltägliche Quarkspeise herzurichten –, klingelte der Briefträger, ließ mich den Erhalt eines Einschreibebriefes unterschreiben und berichtete aufgeregt, gerade sei die von den Amerikanern Berlin zum Geschenk gemachte Kongreßhalle im Tiergarten eingestürzt.

Dieses Ereignis – dachte ich – bot mir eine Möglichkeit, Pia und Pio von der schrecklichen Wetterei abzubringen. –

Während ich ihnen nach der Schule mächtige Portionen des Früchtequarks auftat, fragte ich sie, ob es etwas Neues gäbe.

„Bei jedem Mittagessen fragst du dasselbe," brummte Pio. „Was soll es denn immer Neues geben?"

Und Pia setzte spöttisch dazu: „Dein Quark ist ja auch jeden Tag der gleiche..."

„Ach," erwiderte ich, „es hätte ja sein können, daß der Funkturm heute morgen umgekippt – oder daß die Havel über die Ufer getreten wäre und den Kurfürstendamm überschwemmt hätte. Oder vielleicht ist die Kongreßhalle in sich zusammengefallen?"

„Wetten, daß nicht?" riefen Pia und Pio gleichzeitig und hörten zu essen auf.

„Wetten – was?" fragte ich scheinheilig.

„Das weder der Funkturm umgekippt, der Kurfürstendamm überschwemmt oder die Kongreßhalle zusammengeknallt ist," rief Pia.

„Denkt an das Haarbös," warnte ich.

„Das war was ganz anderes," wehrte Pia ab, „diesmal kannst du kein Inserat in die Zeitung setzen: Funkturm umgekippt – auf das wir reinfallen würden. Du willst dich nur vor der Wette drücken!"

„Nun gut," stimmte ich zu, „um 10 Mark."

„Gib sie nur gleich her," forderte Pio.

„Was redest du! Erst müßt ihr beweisen, daß ihr die Wette gewonnen habt," entgegnete ich.

„So ein Quatsch," rief Pia, „wie denn?"

„Fahrt zum Ku-Damm, zum Funkturm und zur Kongreßhalle; ich

werde euch glauben, wenn ihr mir dann bestätigt, daß keine der genannten Katastrophen eingetreten ist."

„Pappi spinnt mal wieder," sagte Pio, „er will nur, daß wir für die 10 Mark einen ganzen Nachmittag durch die Stadt gondeln, damit wir an der frischen Luft sind und er uns los ist."

Dieser nützliche Aspekt war mir noch gar nicht in den Sinn gekommen. Trotzdem gab ich den Rat: „Ihr könnt ja auch beim Senat anrufen."

„Um zu fragen, ob der Ku-Damm überschwemmt, die Kongreßhalle eingestürzt oder der Funkturm umgefallen ist?" versetzte Pia. „Die sollen uns wohl für verrückt halten."

Pio pflichtete ihr bei: „Pappi will sich bloß wieder auf unsere Kosten lustig machen. Aber das soll ihm nicht gelingen. Ich habe eine Idee, wie wir ganz einfach zu unserem Geld kommen können." Er wandte sich an mich.

„Gibst du zu, daß es im Radio gemeldet würde, wenn so ein Unglück eingetreten wäre?" fragte er.

„Mh," machte ich nachdenklich, „wahrscheinlich würden sie etwas darüber bringen."

„Es ist gleich zwei Uhr," rief Pia und sprang auf, um das Radio anzustellen, „nach den Nachrichten sind wir um 10 Mark reicher."

Triumphierend wählte sie den SFB.

„Daddybüßchen kann seine Verücktheiten einfach nicht lassen," fügte sie hinzu, „nun muß er eben mal dafür bezahlen."

Die offenen Münder voll Früchtequark – so saßen die beiden unbeweglich da, als der Nachrichtensprecher gleich zu Beginn die Meldung vom Einsturz der Kongreßhalle brachte. Dann würgten und schluckten sie, um so schnell wie möglich über mich herfallen zu können.

„Bist du fies, Pappi," empörte sich die Tochter – und Pio zeterte: „Er hat es gewußt, er hat uns wieder übers Ohr gehauen, der gemeine Schuft."

„Natürlich habe ich es gewußt", bestätigte ich ihnen freundlich, „man soll ja – wenn überhaupt – immer nur dann wetten, wenn man etwas wirklich ganz genau weiß..."

Dieses Mittagessen, das mit einem so harmlosen Spaß begann, endete für mich mit einem tödlichen Schreck.

Ich hatte Ute, eine sehr liebenswerte und attraktive Apothekerin kennengelernt, mit der ich mich manchmal verabredete. Sie war wirklich etwas Besonderes – und hin und wieder besuchte sie uns auch.

Die Kinder hatten ihren Früchtequark fast aufgegessen, als sich Pia an mich wandte:

„Sag mal, Pappi, wenn du die Ute heiraten solltest – würde sie dann erlauben, daß wir bei dir bleiben?"

Die Frage traf mich wie ein Keulenhieb. Ich war so erschrocken, daß es mir die Sprache verschlug. Pia mochte mein Schweigen so vorkommen, als würde ich über eine Antwort nachdenken, denn sie wiederholte eindringlich: „Würde sie es erlauben?"

Auch Pio richtete seinen Blick erwartungsvoll auf mich.

Da saßen meine geliebten Kinder und sahen mich mit großen Augen an – und ich war fassungslos. Dann stellte ich mich zornig, ich spielte richtig, als ob ich wütend sei, um meine Bestürzung zu verbergen.

„Seid ihr denn ganz und gar von Gott verlassen?" fuhr ich sie an und schlug sogar etwas mit der Faust auf den Tisch. „In meinem Leben kommt zuerst ihr und dann nochmals ihr und immer wieder ihr – und wer nur das Geringste gegen euch hat, darf gar nicht erst in die Wohnung. Ist euch denn das nicht klar? Ihr gehört zu mir wie..." ich suchte nach einem Vergleich „...wie meine Arme oder Beine. Das heißt, ihr gehört noch viel mehr zu mir, denn für eine Frau würde ich mir vielleicht noch einen Arm oder ein Bein abnehmen lassen. Aber von euch trenne ich mich nie..."

Wie besorgt mochten Pia und Pio sich besprochen haben, ehe sie mir diese Frage stellten? Es war für mich so selbstverständlich, immer für sie da zu sein, daß ich es nie für nötig gehalten hatte, darüber ein Wort zu verlieren. Aber für die Kinder war das offensichtlich nicht so: Wenn Mammi weggegangen war – warum sollte Pappi das nicht eines Tages auch?

Nach dem Essen sagte ich ihnen, ich müsse ein ganz wichtiges Manuskript zu Ende schreiben, sie sollten mich, bis ich fertig sei, unter gar keinen Umständen stören. Ich wäre auch für niemanden zu sprechen. Trotzdem hörte ich, als ich an der Maschine saß, daß hinter mir leise die Tür geöffnet wurde.

Es war Pio, der ganz behutsam zu mir kam.

Ich hatte zu schreiben aufgehört und wartete darauf, daß er mir sagen würde, was es denn Wichtiges gäbe.

Aber Pio strich mir nur einmal sehr zart über die Hand und verließ das Zimmer wieder so still, wie er es betreten hatte. –

Wollte ich abends manchmal weggehen, um vielleicht noch ein Bier zu trinken oder ein paar Leute zu sehen, hatten die Kinder stets ein großes Geschrei erhoben.

Mir war das immer ganz unverständlich, denn ich wußte, daß sie sich nicht davor fürchteten, allein in der Wohnung zu sein. Sie protestierten auch nie, wenn ich abends noch in die Praxis mußte. Kaum aber teilte ich ihnen nach dem Gute-Nacht-Sagen mit, daß ich mich noch mit irgend jemandem treffen wollte, bettelten sie: „Bleib doch hier, geh nicht, laß uns nicht allein..."

Das hörte nach der Unterhaltung über Ute sofort auf. Im Gegenteil: Als ich ihnen danach zum erstenmal sagte, ich ginge noch irgendwohin, meinte Pia schelmisch: „Viel Glück, mein Bümserchen..."

12.

Die 'Pflichtlektüre' – ein Begriff, den Pia und Pio verdammten. Ich hatte ihn eingeführt, nachdem mein Zorn über die Blasenmännchen ins Unermeßliche gewachsen war. Ob die Kinder ihr Frühstück kauten oder vor dem Einschlafen noch etwas lasen: Immer hatten sie die schmuddligen Hefte in der Hand, aus denen mir, wenn ich ihnen über die Schulter sah, diese kleinen Monster in kitschigen Farben, billigem Druck und mit den Sprechblasen entgegenstarrten. Lange fiel mir nichts ein, mit dem ich dieser geschmacklichen Entgleisung hätte entgegenwirken können. Denn das Zeug einfach zu verbieten, war nicht der Stil meiner Erziehung. Ganz abgesehen davon hätte ich befürchten müssen, den gräßlichen Ungeheuern doch eines Tages zu erliegen. Offensichtlich ging eine unwiderstehliche Faszination von ihnen aus. Scherzhaft sagte ich zu den Kindern:

„Jahrtausende hat Europa dem Ansturm der Barbaren aus dem Osten getrotzt. Wie ein Schiff in schwerstem Sturm hat es sich immer wieder aufgerichtet, aus den Fluten fremder Heere und Völkerscharen erhoben und seine Kultur erhalten. Nun scheint es – wie ich an eurem schmerzlichen Beispiel sehe – innerhalb weniger Jahrzehnte den Barbaren aus dem Westen zu erliegen...“

Endlich kam mir ein Gedanke, wie ich dem geistigen Verfall meiner Familie entgegenwirken könnte. Das war die Geburtsstunde der 'Pflichtlektüre'. Ich ordnete von Woche zu Woche an, welche Bücher Pia und Pio neben ihren Blasenmännchen-Heften zu lesen hatten. Es folgten wilde Proteste.

Irgendwann hatten Sohn und Tochter mal gehört, daß gegen

persönliche Anordnungen Hitlers kein Einspruch erhoben werden durfte. Jetzt zeterten sie gemeinsam: „Das ist wohl wieder so ein Führerbefehl!“ Und als ich mich von der Durchführung meiner Maßnahme auch durch diese Beschimpfung nicht abbringen ließ, schrie Pio: „Alter Nazi!“ – und verschwand Türen knallend in seinem Zimmer.

Was wäre mein Leben ohne Bücher, ohne Tausende von Büchern gewesen, die ich in Tausenden von Nächten mit unbezähmbarer Neugier las, studierte, analysierte. Wie oft hatten mich helles Entzücken oder tiefste Ergriffenheit gepackt – wie häufig hatte ich aber auch laut die derbsten Flüche über den Unsinn schwachsinniger Autoren ausgestoßen, die ihre Schreiberei unter anspruchsvollsten Titeln auf den Markt gebracht und mich so zum Kauf verlockt hatten. Wenn Pio mich jetzt einen 'alten Nazi' nannte, so hatte ich unzählige Male 'alter Idiot!' in die Stille der Nächte gerufen, wenn ich mich – immer in der Hoffnung, noch etwas Wesentliches zu finden – durch Hunderte von Seiten belanglosen Inhalts fraß. Das zumindest brauchten Pia und Pio nicht zu fürchten – denn natürlich legte ich ihnen als ' Pflichtlektüre' nur vor, was ich selbst als hervorragend und lesenswert herausgefunden hatte.

Sicher war das ganz subjektiv – aber anders ging es eben nicht. In der Schule bekamen sie ja auch vorgesetzt, was irgendwelche Leute für gut befanden, waren es nun Sozialisten, Konservative, Atheisten oder religiöse Fundamentalisten...

In der Regel bestätigten mir die Kinder – wenn auch widerwillig –, daß die Bücher, die ich für sie ausgesucht hatte, dann 'doch ganz gut' gewesen seien, nachdem sie murrend darangegangen waren, sie zu lesen. Und da alle meine Interessen zu irgendeiner Art beruflicher Tätigkeit wurden, ergab es sich, daß über mein – sicher nicht alltägliches – Tun und Lassen diskutiert wurde.

Filmregie stellte etwas Konkretes dar. Aber meine theologischen, parapsychologischen oder auch mystischen Neigungen waren der Tochter unheimlich – und dem Sohn unrealistisch.

So sah ich mich in langen Diskussionen gezwungen, das, was ich für wichtig hielt, zu erklären und zu verteidigen.

Da ich unter anderem mit verschiedenen Ärzten auf dem Gebiet der Hypnosetherapie zusammen arbeitete, wurden Pia und Pio zum

Beispiel intensiv mit dem Phänomen der Trance-Zustände konfrontiert. Und immer wieder wurde mir die Frage gestellt: „Was ist denn nun eigentlich Hypnose?“

Weil kein Wissenschaftler darauf eine allumfassende Antwort geben kann, versuchte ich, ihnen wenigstens die wichtigsten Erscheinungsformen und Erklärungsversuche darzustellen. Dabei berichtete ich Pia und Pio von eigenen Erlebnissen und ergänzte sie durch Zitate aus den Werken anerkannter oder umstrittener Wissenschaftler, indem ich ständig aufsprang und Bücher über Bücher herbeischleppte, von denen dann hin und wieder gleich eins als 'Pflichtlektüre' bestimmt wurde.

„Auf der kleinen Bühne des Saales saß ein Mann mittleren Alters,“ begann ich eine Begebenheit aus meiner Schulzeit zu erzählen. „Er spielte hingebungsvoll Cello – doch an Stelle eines Instruments hielt er mit der linken Hand einen Stuhl, und mit der rechten führte er einen imaginären Bogen. Neben ihm stand ein Hypnotiseur, der seine Versuchsperson durch entsprechende Suggestionen in diesen Zustand gebracht hatte und nun mit leichten Verbeugungen für den Applaus des Publikums dankte. Dann nahm er dem Mann den Stuhl weg und erklärte ihm, als Belohnung für seine hervorragende Darbietung solle er nun ein Stück ausgezeichneten Marzipans erhalten. Und obwohl der Bühnenkünstler dem 'Cellisten' nur eine rohe Kartoffel reichte, wurde diese mit dem Ausdruck großen Entzückens gegessen, und der Mann bestätigte, daß es sich tatsächlich um ganz wundervolles Marzipan handele...

Ihr habt solche Darbietungen – wenn auch nur im Fernsehen – ja auch schon erlebt und euch gefragt, ob man derartiges mit allen Menschen machen könne.“

„Mit mir nicht“, rief Pio.

„Die Antwort lautet auch ganz eindeutig: nein“, beruhigte ich ihn. „Bei der geschilderten Vorstellung unterzog der Hypnotiseur vorher sein Publikum einem Test. Er hatte alle Besucher aufgefordert, die Hände zu falten, sie ganz fest zusammenzupressen und sich intensiv vorzustellen, die Hände nicht mehr voneinander lösen zu können. Dann behauptete er in entschiedenem Ton: „Und jetzt können sie die Hände nicht mehr voneinander trennen. Versuchen sie es, sie bekommen ihre Hände nicht mehr auseinander!" Bei den meisten der Besucher hatte diese Suggestion keinen Erfolg – manche aber bemühten sich vergebens, die Hände auseinanderzubringen.

Und von diesen hatte sich der Hypnotiseur einige für seine Experimente auf die Bühne geholt: Sie waren überdurchschnittlich 'suggestibel'.

Da drängt sich nun die Frage auf: Kann man solche Menschen, wenn sie sich in tiefer Hypnose befinden, nun wirklich zu allem veranlassen? Immer wieder einmal geistern Schlagzeilen durch die Presse, wie 'Mord in Hypnose' und ähnliche. Auch hier muß man mit 'nein' antworten – wenn wir dieses 'nein' auch etwas einschränken müssen. Folgender Versuch mag euch das veranschaulichen: Ein Hypnosetherapeut befahl im Rahmen eines wissenschaftlichen Experiments einem tief in Trance befindlichen jungen Mädchen, sich vor den Anwesenden auszuziehen.

Das Mädchen war sichtlich irritiert, machte aber keine Anstalten, sich zu entkleiden. Die Befehle des Therapeuten wurden energischer – und das Mädchen begann mit unbestimmten Bewegungen und einem Schweißausbruch zu reagieren. Und als der Therapeut seinen Befehl noch einmal in scharfem Ton wiederholte, sprang das Mädchen auf ihn zu und begann, *ihn* auszuziehen...

Auch in tiefem hypnotischem Zustand war die moralische Schranke dieser Versuchsperson nicht zu durchbrechen.

Andererseits hätte das Experiment einen unterschiedlichen Ausgang nehmen können, wäre die Versuchsperson eine Strip-tease-Tänzerin gewesen, für die es nichts Besonderes bedeutet hätte, sich vor anderen Menschen zu entkleiden.

Ähnlich verhält es sich mit dem berüchtigten 'Mord in Hypnose'.

Einen Menschen, der oft mit dem Gedanken gespielt hat, sich durch ein Verbrechen zu bereichern, und den bisher manchmal – quasi im letzten Augenblick – nur noch die Erwägung zurückhielt, daß das Risiko vielleicht doch zu groß und die zu erwartende Strafe zu schwer sei – eine solche Person könnte ein geschickter Hypnotiseur dann vielleicht doch dazu bringen, einen Mord zu begehen, indem er den kontrollierenden Einfluß des Verstandes auf das Verhalten dieses 'potentiellen Verbrechers' mindern oder unterbinden würde.

Und damit wären wir auch gleich bei einem der zahlreichen Erklärungsversuche des hypnotischen Phänomens: Die Hirnrinde soll in ihrer Tätigkeit gehemmt, das Wachbewußtsein eingeschränkt sein. Früher sprach man von einer Art Schlafzustand, aber physiologische Messungen – Sauerstoffverbrauch, EEG, Muskelspannung – widerlegten diese Annahme. Jetzt beschreibt man die Hypnose oft als einen besonderen Zustand des Zentralnervensystems."

„Das ist doch nur eine wissenschaftlich klingende Bezeichnung," kritisierte Pia.

Ich nickte.

„Auch die Erkenntnis, daß Gedanken und Vorstellungen beim Menschen Muskelaktivierungen hervorrufen – als Carpenter-Effekt oder ideomotorisches Gesetz bekannt –, kann die vielfältigen hypnotischen Erscheinungen nicht definieren. Im Gegenteil: Ich glaube, die neuesten wissenschaftlichen Erkenntnisse zwingen uns, die Ansichten und experimentellen Ergebnisse der ersten Hypnosetherapeuten – vornehmlich derjenigen, die im 19. Jahrhundert arbeiteten – zu überprüfen. Und dabei werden wir immer wieder zu so etwas wie einer 'Seele' kommen, die – vielleicht – vom Nervensystem unabhängig ist. Und damit gehörte die Hypnose dann vornehmlich in den Bereich der Psyche – oder sogar in den des Geistes. Denn viele Phänomene, die in der Hypnose auftreten oder durch Hypnose bewirkt werden können, reichen ins Gebiet der Parapsychologie. Es scheint so, als ob das menschliche Bewußtsein über so weitreichende Fähigkeiten und Möglichkeiten verfügt, wie sie von den Religionen behauptet – von den Naturwissenschaftlern aber meist negiert werden. Das geht hin bis zur Annahme, persönliches Bewußtseinsvermögen könne ganz ohne Nervensystem, ohne Körper existieren.

Derartige individuelle Erfahrungen – und um solche handelt es sich dabei ausschließlich – sind ja in letzter Zeit Gegenstand zahlreicher wissenschaftlicher und populärwissenschaftlicher Veröffentlichungen geworden. Am bekanntesten sind die Ausführungen des amerikanischen Psychiaters Moody und der Ärztin Kübler-Ross. Sie berichten über Erlebnisse, die ihnen von 'klinisch Toten' erzählt wurden, welche reanimiert werden konnten. In unzähligen Fällen – so scheint es – waren diese Menschen in ihrem Todzustand bei vollem

Bewußtsein außerhalb ihres Körpers und in der Lage, zu beobachten, was um sie herum geschah. So konnten sie sehen, wie man sich ärztlicherseits um ihren leblosen Leib bemühte. Darüber hinaus berichten solche Menschen über mannigfaltige spirituelle Erfahrungen – Begegnungen mit bereits Verstorbenen etc. –, die in seltsamer Weise überwiegend miteinander übereinstimmen und die Frage nahelegen: Sollte es die unsterbliche Seele geben – oder aber existiert die Möglichkeit, das Bewußtsein mit allen seinen Fähigkeiten nach außerhalb des Körpers zu verlagern, nur dann, wenn in diesem Körper, in seinem Nervensystem noch Leben ist, solange also der Körper eben noch nicht ganz tot, das heißt, noch wiederbelebbar ist?" Ich sprang auf und holte wieder ein paar Bücher. Pia und Pio sahen sich an und seufzten hörbar.

„Dr. Kübler-Ross schreibt in 'Über den Tod und das Leben danach': 'Ebenso kann der durchschnittliche Mensch eben jene Seele, die aus dem Körper herausgetreten ist, nicht erkennen, während jene ausgetretene Seele jedoch noch die irdischen Wellenlängen registieren kann, um alles zu verstehen, was auf der Unfallstation oder anderswo vor sich geht.

Sehr viele Leute treten während einer Operation aus ihrem Körper heraus und schauen tatsächlich der Operation zu. Diese Tatsache muß allen Ärzten und Schwestern bewußt sein. Das heißt auch, daß sie, so der Patient bewußtlos ist, nur über diejenigen Dinge sprechen sollten, von denen sie glauben, daß der Bewußtlose sie sowieso hören dürfe. Es ist traurig, was man in Gegenwart von bewußtlosen Leuten sagt, während jene alles mit anhören können. Auch müssen Sie wissen, so Sie an das Bett Ihrer sterbenden Mutter oder Ihres sterbenden Vaters treten, die sich schon in einem sehr tiefen Koma befinden, daß diese Frau oder dieser Mann alles hört, was Sie sagen. Und dann ist es keinesfalls zu spät zu sagen: 'Es tut mir leid', 'Ich liebe dich', oder was Sie auch immer sagen wollen. Für solche Worte ist es überhaupt nie zu spät, auch nach dem Tode nicht, da diese Verstorbenen noch immer hören, was Sie sagen. Sie können also auch dann noch 'unerledigte Geschäfte', selbst wenn sie schon zehn und zwanzig Jahre zurückliegen sollten, erledigen und somit ihre Schuld abladen, damit Sie selbst wieder leben können. In dieser zweiten Stufe wird der

'Gestorbene', wenn ich das so sagen darf, auch bemerken, daß er wieder ganz ist. Leute die blind sind, können sehen. Leute, die nicht hören oder nicht sprechen konnten, hören und sprechen wieder. Meine Multiple-Sklerose-Patienten, die sich nur noch im Rollstuhl vorwärts bewegen können und mit dem Sprechen ihre Mühe haben, sagen mir nach ihrer Rückkehr von einem todesnahen Erlebnis als allererstes ganz beglückt: 'Dr. Ross, ich konnte wieder tanzen.' Und es handelt sich um Tausende in Rollstühlen, die dann endlich wieder mal tanzen können. Wenn sie zurückkehren, befinden sie sich natürlich wieder in ihrem alten, kranken Körper.

Sie verstehen also, daß dieses außerkörperliche Erlebnis ein ganz beglückendes, seliges Ereignis ist. Die kleinen Mädchen, die aufgrund der Krebsbehandlung schon alle ihre Haare verloren haben, sagen mir nach einem solchen Erlebnis als erstes: 'Ich hatte meine schönen Locken wieder.' Frauen, die ihre Brust amputiert bekommen haben, haben nun ihre Brust wieder. Sie sind einfach wieder ganz. Sie sind perfekt.

Viele meiner skeptischen Kollegen sagen: 'Es handelt sich hier um eine Projektion von Wunschtraum!' Einundfünfzig Prozent aller meiner Fälle waren plötzliche Todesfälle. Und ich glaube nicht, daß jemand zur Arbeit geht und dabei träumt, daß er auch weiterhin über beide Beine verfügt, wenn er zu Fuß die Straße überquert. Doch plötzlich nach einem schweren Unfall sieht er ein von seinem Körper abgetrenntes Bein auf der Straße liegen, und trotzdem ist er im Vollbesitz beider Beine...'

In der Parapsychologie spricht man in solchen Fällen von einem 'Out-of-Body-Experience', bei der es um die Erfahrung geht, außerhalb des Körpers zu sein.

Dabei wurden in der Vergangenheit viele – recht unglückliche – Namen für das nach außen verlagerte Bewußtsein erfunden. Man sprach von dem Astralkörper – als ob dieses exteriorisierte Bewußtsein etwas mit den Sternen zu tun hätte! – oder dem 'Fluidal'...

Jedenfalls berichten auch sehr anerkannte Wissenschaftler von solchen Out-of- Body-Experiences, so zum Beispiel der große Psychoanalytiker C.G.Jung – und in einigen Universitäten bemüht man sich, sie zu untersuchen, wie im bekannten Stanford-Research-Institute in den U.S.A. –

Es waren aber gerade die alten Hypnotiseure, die schon im vergangenen Jahrhundert solche Experimente mit dem 'Fluidal' oder dem 'Astralkörper' machten und viele ihrer erzielten Wirkungen nicht als Fähigkeit des Nervensystems betrachteten, sondern als Möglichkeiten einer eigenständigen – nun, sagen wir ruhig: Seele. Und ihre Seelen schicken ja die Schamanen Sibiriens, die JuJu- Zauberer Afrikas oder die Medizinmänner der Indianer genauso wie die Heiligen des Christentums schon seit Jahrtausenden auf die Reise.

Berühmt wurden die französischen Forscher Albert de Rochas und H. Durville, die diesem Thema ein Leben lang systematischer Arbeit widmeten. Was sie herausfanden, sollten wir heute nicht ganz ignorieren.

Hier ein Auszug aus einem Buch von Durville, in dem er berichtet, wie er mit einem medial veranlagten Mann eine Vereinbarung traf, nach der dieser mit seinem 'Fluidal' zu ihm kommen sollte, während er – Durville – seinerseits zwei besonders mediale Frauen ' dedublieren' wollte, das heißt: während der Hypnose ihr Bewußtsein zu veranlassen, sich aus dem Körper zu entfernen. Durville wollte in Erfahrung bringen, ob sich die von ihren Körpern getrennten 'Fluidale' oder Seelen wahrnehmen könnten.

,Ohne Wissen meiner Experimentationsmedien vereinbarte ich mit Herrn Rousseau, er werde sich am 3. März 1908 zu Hause in Versailles um halb neun Uhr zu Bette legen und um genau zehn Uhr seinen Fluidalkörper zu mir in die Sitzung schicken.

Er sollte sich den Medien zeigen und selbst zu sehen versuchen, was bei mir vorging.

Dienstag, den 3. März, um 9 Uhr abends war alles für die Ankunft des Fluidals vorbereitet. Ich habe zwei Medien zur Sitzung, Frau Lambert und Leontine; Herr Dubois, Doktor Pau de Saint-Martin und Herr Haudricourt assistieren als Zeugen. Die Zeugen allein sind vom Zweck der Sitzung unterrichtet, nicht aber die Medien. Ich dedubliere Frau Lambert; Herr Dubois sucht Frau Leontine zu dedublieren. Der Fluidal der letzteren soll als Zeuge der Phänomene fungieren, die ich mit dem Fluidal von Frau Lambert erhalten will.

Die Medien befinden sich einander gegenüber, die eine im Hintergrund des Kabinetts – Frau Lambert –, die andere, Frau Leontine, beim Kamin.

Leontine ist fast gar nicht zu dedublieren; sie ist erregt und nervös und will nichts von dem sehen, was geschieht. Sie fühlt sich übel, wie sie sagt, unter dem Einfluß von etwas Fremdartigem, Unangenehmen, das von einem der Anwesenden ausgeht.

Um halb zehn wird Frau Lambert ebenfalls unruhig und mehr nervös als zuvor. Sie erklärt sehr betroffen, beim Fenster neben dem Schreibtisch, gerade über dem leeren Stuhl, eine säulenförmige Nebelwolke zu sehen, die schwach leuchtet und wie von einem leichten Windhauch hin- und herschwankt. Sie hat noch nie etwas dergleichen gesehen. Um 9 Uhr 55 Minuten erschrickt Frau Lambert und stürzt sich mit dem Ruf auf mich: 'Da kommt ein Gespenst von einem Mann!' Ich suche sie zu beruhigen, indem ich ihr sage, der Besuch sei nicht unerwartet gewesen, es sei der Fluidalkörper von jemand, den sie selbst kenne, und sie dürfe sich nicht fürchten, da er nichts Schlechtes wolle. Endlich versteht sie sich dazu, ihn zu beobachten.

'Er sitzt ruhig auf dem Fauteuil,' sagt sie, 'er schaut uns an.'

Nach einiger Zeit, die ich auf acht bis zehn Minuten schätze, rief sie: 'Oh, er steht auf, er geht, er kommt hierher!' Zugleich steht sie sehr erregt auf und erklärt, daß sie heftig von ihm angezogen werde. Um sie zu verhindern, auf ihn zuzugehen, muß ich mich mit den Armen gegen sie stemmen, indem ich ihr den entschiedenen Befehl erteile, zu bleiben. Nach einem Augenblick, der mir lang genug erschienen ist, sagt sie: 'Der Fluidal geht fort.' Sie läßt sich jetzt dazu bewegen, sich wieder zu setzen, und nach einigen Minuten stieß sie einen tiefen Seufzer der Erleichterung aus, indem sie rief: 'Ah, endlich! Er geht zur Tür, er sieht uns an... Er ist fort. – Bin ich froh!'

Ihr seht, die alten Hypnotiseure gingen bei ihrer Arbeit von ganz anderen Voraussetzungen aus als beispielsweise ein Psychiater unserer Tage, der Hypnose als Therapie anwendet.

Früher meinte man auch, daß vom Hypnotiseur eine Kraft ausstrahle, die der Arzt Mesmer 'Animalischer Magnetismus' nannte.

Doch als der englische Chirurg James Braid entdeckte, daß jemand auch dadurch hypnotisiert werden konnte, indem er – um nur eine

Methode zu nennen – längere Zeit einen glänzenden Gegenstand ansah, wurde die Hypothese vom Animalischen Magnetismus mehr und mehr der Lächerlichkeit und Mesmer dem Gespött der Naturwissenschaftler preisgegeben. Wahrscheinlich zu Unrecht, denn schon damals setzten sich namhafte Gelehrte für Mesmer ein – unter ihnen der große deutsche Arzt Hufeland –, und heute untersuchen sowjetische Wissenschaftler Kräfte, die sie 'Biotransfer' nennen: Energien, die – physikalisch noch nicht meßbar – von Menschen ausgehen und auf andere einwirken.

Vor ca. 160 Jahren erschien als eins der fundiertesten Werke 'Versuch einer Darstellung des Animalischen Magnetismus als Heilmittel' von Carl Alexander Ferdinand Kluge, der 'Heilkunde Doctor, Professor der Chirurgie bei der Königlich Preußischen medicinisch-chirurgischen Academie für das Militair, gewidmet dem hochwohlgeborenen Geheimen Obermedicinalrathe, Ritter des Königlich Preußischen rothen Adler-Ordens, Chef des Militair-Medicinalwesens usw. usw. Johann Goercke', das in unglaublich gründlicher Weise diese bioenergetischen Kräfte – den 'Biotransfer' der Russen – abhandelte. Dieses Buch ist ein wahrer Schatz. Eines Tages bekam ich die Nachricht, daß es in einem Antiquariat erhältlich sei – aber ich konnte es mir nicht kaufen, weil es zu teuer war. Ich erzählte ganz beiläufig unserem Freund Jürgen Jakobeit davon – und am nächsten Abend kam er vorbei und brachte es mir."

Pia sah mich ungläubig an. „Du willst doch damit nicht sagen, daß er es für dich gekauft hatte?"

„Doch, das will ich. Er kam und schenkte mir das Buch. Seht es euch an: Es ist 1818 in der Realschulbuchhandlung zu Berlin erschienen. Was für wundervolles Papier – und welch ein Druck. Das ausführliche Register am Schluß bildet fast noch einen zusätzlichen Band – und in dieser Ausführlichkeit und Gründlichkeit werdet ihr ein solches heute in keinem wissenschaftlichen Werk mehr finden."

„Du willst uns doch nicht etwa auch noch das Register vorlesen?" stöhnte Pio verzweifelt.

„Nein," lachte ich, „aber einen Bericht von Carl Kiesewetter aus seinem Buch 'Franz Anton Mesmer's Leben und Lehre' müßt ihr euch noch anhören."

„Bleib uns mit deinem Kiesewetter vom Leib," schrie Pio jetzt, „ich weiß wirklich nicht, was mir das alte Zeug nützen sollte. Du hast uns schon lange genug genervt mit diesen ganzen unbewiesenen Spinnereien. Ich hau jetzt ab." Er stand auf und Pia mit ihm.

„Wenn ich das alles aber sehr wichtig finde," hielt ich die beiden zurück, „dann könnt ihr mir doch die Freude machen, euch das kurz anzuhören."

„Daddybüßchen," wandte Pia ein, „von kurz kann bei dir meist keine Rede sein. Wir haben jetzt lange genug hier gesessen – und wichtig ist Herr Carl Kiesewetter vielleicht für dich, aber nicht für uns."

Ich sah ein, daß keine Notwendigkeit vorlag, deretwegen ich die Kinder hätte zwingen können, weiter bei mir zu bleiben. Hätte ich es getan, wäre es Despotie gewesen, die ich bei anderen Eltern so verabscheute. Dem 'Animalischen Magnetismus' galt wirklich nur mein ureigenstes Interesse, nicht das ihre. So griff ich zu meinem letzten, fast unfehlbaren Mittel.

„Ich bezahle euch," sagte ich.

„Wieviel?" fragte Pio.

„Jeder zehn Mark".

„Zwanzig," versetzte Pia.

„Fünfzehn," erwiderte ich.

„Wieviele Seiten sind es?" wollten sie wissen.

Ich ergriff meine Chance. „Wenn ich euch noch zusätzlich etwas von Albert de Rochas vorlesen darf, dauert es vielleicht zwanzig Minuten – und ich zahle jedem zwanzig Mark; ihr verdient mit dem Zuhören pro Minute also eine Mark. Soviel kriege ich ja nicht einmal!"

„Alter Erpresser!" empörte sich Pio.

„Das ist keine Erpressung," verteidigte ich mich. „Ich verlange von euch eine Leistung und biete dafür einen bestimmten Betrag. Das ist ein ordentliches Geschäft."

Die beiden setzten sich wieder. Pio nahm seine Armbanduhr ab und stellte sie demonstrativ vor sich hin. Da mußte ich ihm doch einen kleinen Dämpfer geben.

„Ich hatte von 'vielleicht zwanzig Minuten' gesprochen; möglich, daß es ein paar weniger, wahrscheinlich aber einige mehr sind," ermahnte ich ihn.

„Fünfundzwanzig sind die Grenze," bestimmte Pio.

„Gut, mein Geliebter," erklärte ich mich einverstanden, „die sollen mir das Geld wert sein."

Und ich begann vorzulesen: „Überhaupt hatte merkwürdigerweise gerade in dem wegen seines schnoddrigen Witzes berüchtigten Berlin der Magnetismus durch die Bemühungen der genannten berühmten Ärzte großes Interesse erregt: Selbst der Staatskanzler von Hardenberg war ein Förderer der neuen Lehre, und König Friedrich Wilhelm III. ernannte im Sommer des Jahres 1812 eine unter dem Präsidium des berühmten Arztes Staatsrat Dr. Hufeland stehende Kommission, welche – da Mesmer den Wunsch nach Entsendung eines wissenschaftlichen Prüfungskommissars ausgedrückt hatte – Professor Dr. Wolfart als königlichen Kommissar nach Frauenfeld schickte. Die demselben ausgestellte Vollmacht lautete: 'Herr Professor Dr. Wolfart wird hierdurch von der unterzeichneten Kommission beauftragt und autorisiert, den Erfinder des Magnetismus, Herrn Dr. Mesmer, um Mitteilung alles dessen, was zur näheren Bestätigung, Berichtung oder Aufklärung dieses wichtigen Gegenstandes dienen kann, zu ersuchen... Berlin, den 6. September 1812. Dr. Hufeland, königlich preußischer Staatsrat und Leibarzt, als Direktor der zur Untersuchung des Magnetismus von der Regierung niedergesetzten Kommission.'

Wolfart reiste nach Frauenfeld, wo er von dem 78jährigen Mesmer geradezu entzückt ward, und schreibt von dort über denselben: 'Meine Erwartungen sah ich durch die erste persönliche Bekanntschaft mit dem Entdecker des Magnetismus übertroffen. Ich fand ihn in seinem, von ihm selbst ausgesprochen wohltätigen Wirkungskreis beschäftigt. In seinem hohen Alter schien das Umfassende, Helle und Durchdringende seines Geistes, sein unermüdeter, lebendiger Eifer, sich mitzuteilen, sein ebenso leichter als seelenvoller, durch die Behendigkeit der Gleichnisse durchaus eigentümlicher Vortrag, sowie die Feinheit seiner Sitten, die Liebenswürdigkeit seines Umgangs um so bewundernswürdiger. Nimmt man dazu einen Schatz positiver Kenntnisse in allen Zweigen des Wissens, wie sie sich in seinem ganzen Sein, in seinen Worten, seinen Handlungen und Umgebungen ausspricht, nimmt man noch dazu eine tätige, fast wunderbare Kraft der Einwirkung auf Kranke bei dem durchdringenden Blick oder der bloß still erhobenen Hand, und alles das durch eine edle, Ehrfurcht einflößende Gestalt gehoben, so hat man in den Hauptzügen ein Bild von dem, was ich an Mesmer als Individuum fand.'

Mesmer, welcher bei dem Verfahren der preußischen Kommission nicht – wie bei der französischen – Rabulisterei, sondern aufrichtiges Entgegenkommen sah, legte sein ganzes Verfahren Wolfart offen dar, erläuterte sein ganzes System und führte die Wirkung seiner Heilmethode an Kranken praktisch vor. Die Heilungsgeschichte einer von dem Frauenfelder Ortsarzt Dr. Keller erfolglos behandelten und deshalb von demselben Mesmer übergebenen Kranken schildert Wolfart mit folgenden Worten: 'Es war ein 17jähriges, schon entwikkeltes Mädchen von sehr bleicher Farbe; dasselbe litt schon seit mehreren Jahren an einem im rechten Hypochondrium nach der linken Seite sich fixierenden periodischen Schmerz. Es hatte sich dieser zwar seit einigen Monaten verloren, dagegen war die Respiration äußerst gehemmt, die Muskularverrichtungen erschlafft; nach einer unruhigen Nacht, die ohne erquickenden Schlaf meistens in einem soporosen Zustand bestand, fühlte sie sich am Morgen äußerst ermattet, wollte sie das Bett verlassen, so war sie genötigt, sich wegen Ohnmacht wieder niederzulegen. Ihr Puls war unterdrückt, die Verdauung ganz schlecht, und kam nach einem halb schlafend zugebrachten Tag der Abend, so befiel sie ein Übelsein, daß ohne die horizontale Lage jedesmal eine Ohnmacht erfolgt wäre.

Vor einigen Monaten wurde sie plötzlich von einem heftigen Schmerz in der Lebergegend befallen, Konvulsionen verhinderten das Schlingen, mit Mühe konnte man ihr einen Löffel Arznei reichen. Dieser Zustand dauerte mehrere Tage, die spasmodischen Zufälle vermehrten sich, daß sie zu ersticken drohte, Schaum vor den Mund trat und sie dabei keinen Laut sprechen konnte, obschon sie alles leicht hörte, was man sie frug. Seit dieser Zeit zeigte sich der lebhafte Schmerz nicht mehr, sondern vielmehr ein Stumpfsein, eine Abgeschlagenheit aller Verrichtungen des Körpers, vorzüglich aber unterdrücktes Atmen; unvermögend, die horizontale Lage auszuhalten, schlich sie untätig die wenigen Stunden des Tages dahin und suchte sich, da sie sonst arbeitsam war, so viel als möglich durch leichte Arbeit zu beschäftigen'.

Am 8. Oktober 1812 wurde die Kranke zu Mesmer gebracht, und Wolfart berichtet weiter:

'Als die Kranke von Dr. Keller zu Mesmer gebracht wurde, wurden nur die Konvulsionen als Hauptsymptom der bloß angeblichen Nervenkrankheit erwähnt. Bei der magnetischen Krankenuntersuchung von Messmer nach seiner Methode, sowie er nämlich nur, prüfend sein Eigengefühl, die Hand gegen sie, vor sie hintretend, erhob, zeigten sich ihre krampfhaften Zufälle aufs heftigste in einem solchen Wechsel, daß alle zum Vorschein kamen, welche sie seit langer Zeit gehabt hatte, wie Herr Dr. Keller versicherte und man aus der vorstehenden Beschreibung entnehmen konnte.

Bald fiel sie in einen Ohnmachtsschlaf, und Mesmer erklärte nun: sie habe als jetzt bestehende Quelle ihrer Übel Leber- und Milzverstopfungen, und es würden sich bald heftige Gallenergießungen als kritische Ausleerungen zeigen.

In dem Zustande der Ohnmacht blieb sie von halb zehn bis zwölf Uhr. Hätte man es gewollt und sie angeredet, sie wäre wohl ohne allen Zweifel schlafwachend geworden, denn den Gesichtsausdruck dieses Überganges hatte sie schon. Indessen blieb sie sich selbst überlassen ruhig, da sie an das Baquet zu anderen Kranken gebracht worden und aus der Ferne mitunter von Mesmer magnetisiert wurde. Nach zwölf Uhr, da sie nicht erwachte – und er hatte es uns schon vorher bestimmt, sie werde wohl in seiner Nähe nicht leicht erwachen –, ließ er sie in diesem Zustande nach Hause bringen. Dort blieb Schlaf, zwar mit einigen Konvulsionen noch etwas abwechselnd, im ganzen späterhin doch ein Schlaf, nur durch starke Neigung zum Erbrechen einmal unterbrochen, der bis zum anderen Tag währte. Sie konnte an diesem zweiten Tag nicht zu Mesmer kommen, denn heftiges Erbrechen war eingetreten. Alles war in Angst, denn dabei war der konvulsivische Zustand fast heftiger als je.

Botschaft über Botschaft kam an den ehrwürdig ruhigen Greis; man glaubte, die Kranke werde verscheiden müssen. Dr. Keller war äußerst bedenklich und betreten über diese Zufälle. Alle beruhigte Mesmer und lächelte. Das solle und müsse ja alles so sein, meinte er, und er zweifelte nicht daran, sie morgen zu Fuß zu sich kommen zu sehen. Dies geschah. Wir fanden die Kranke ganz verändert. Schon vor und bei dem ersten Erbrechen hatte sie Schmerz in dem linken Lappen der Leber und der Milzgegend empfunden; derselbe stellte sich sogleich am Baquet ein, und zwar wiederum heftiger, da Züge mit der Hand gemacht wurden. Aber weder Konvulsionen noch Ohnmacht kamen zum Vorschein. Sie war sehr munter und belebt, fast völlig hergestellt; nur noch einige leichte Empfindungen stellten sich beim Magnetisieren ein, als ich am 13. Oktober von Frauenfeld abreiste. –

Den obigen Krankenbericht hat Mesmer geflissentlich gelesen, nachdem er die Krankheit behandelt, beurteilt und so schnell behoben hatte.'

Wolfart legte nach seiner Rückkehr der Kommission einen dreizehn Bogen starken Bericht über seine Erfahrungen vor und schrieb am 20. November 1812 an Mesmer: 'Die Teilnahme, womit ich von aller Welt empfangen wurde, die Angelegenheit, womit alles sich nach Ihnen bei mir erkundigte, kann ich Ihnen nicht genug rühmen; diese allgemeine Teilnahme aber sowohl von den angesehensten Gelehrten und Ärzten der Hauptstadt als auch von dem größeren Publikum ist es, welche die segensreichen Folgen Ihrer wichtigen Mitteilungen auf alle Fälle sichert.'"

„Aber wenn da wirklich etwas dran wäre, Daddybüßchen, hätte man das doch nicht alles einfach vergessen," wandte Pia jetzt ein.

„Das kartesianische Denken hat uns vieles vergessen lassen," entgegnete ich ihr und sprang wieder an meine Bücherregale.

„Langsam entdeckt man jetzt einiges wieder – sogar die Russen kommen daran nicht vorbei. In der Ausgabe vom 20. April 1981 brachte der SPIEGEL eine Titelgeschichte über Dschuna Dawitaschwili, Moskaus Wunderheilerin, mit dem Untertitel: Sowjet-Forscher suchen PSI.

Hochgestellte Kreml-Funktionäre fanden bei dieser Frau Heilung

– und sie gilt als Geheimtip bei den Diplomaten. Genauso, wie von dem berühmten russischen Medium Nina Kulagina, die viele Jahre von der Universität Leningrad untersucht wurde, scheinen von Dschuna Kräfte auszugehen, die Mesmer eben bedauerlicherweise 'Animalischen Magnetismus' nannte – und die wahrscheinlich in der Hypnose auch eine große Rolle spielen. Denn mit absolut derselben Methode kann – und das kommt immer wieder vor – der eine Hypnosetherapeut sehr erfolgreich, der andere ohne jede Wirkung sein.

Reporter Kolodny berichtete ausgerechnet in dem Blatt für die Sowjetjugend, der 'Komsomolskaja Prawda', was er erlebte, als die Genossin Dawitaschwili ihre Hände über einen Strauß verwelkter Rosen hielt: 'Ob sie es glauben oder nicht, der Rosenduft kam mir entgegen, als ob Dschuna eine Flasche Parfüm geöffnet hätte. Dann fingen die Rosenblätter eins nach dem anderen an, sich zu öffnen...'

Nina Kulagina, bekam inzwischen den Beinamen 'Der menschliche Magnet', da sie durch bloßes Winken mit den Händen Gegenstände verschiedenster Art auf sich zurücken lassen kann.

Natürlich möchte ich in keiner Weise die gewaltige Wirkung von Suggestion und Autosuggestion schmälern, wie sie auch in der segensreichen – selbsthypnotischen – Methode des Autogenen Trainings entwickelt wurde. Vom Tempelschlaf der Griechen angefangen, durch den die Kranken von den Göttern Heilung erhofften, über den Apotheker Emil Coué mit seiner oft wunderwirkenden Formel 'Es geht mir von Tag zu Tag in jeder Hinsicht immer besser und besser' – bis zu dem Arzt Simonton, der mit Meditation, Übungen zur Entspannung und vor allem durch Visualisierung den Selbstheilungsprozeß bei Krebskranken oft mit Erfolg anzuregen versucht, haben sich unzählige Ärzte und Psychologen mit der wissenschaftlichen Anwendung von Suggestion und Autosuggestion allergrößte Verdienste erworben.

Ich aber möchte, wo ich kann, meiner Ansicht nach zu Unrecht vergessene Aspekte der Hypnose zur Sprache bringen – mit Hilfe von Material, das heute kaum mehr jemandem zugänglich ist."

Vielleicht waren Pia und Pio doch von meiner Begeisterung angesteckt worden, vielleicht spielten sie auch nur Fair play und waren zu der Ansicht gekommen, daß man für zwanzig Mark nicht so genau auf die Uhr schauen dürfe, wenn ihnen ihr Vater mit ehrlicher Überzeugung etwas nahebringen wollte – oder aber sie nahmen einfach die Gelegenheit wahr, etwas Genaueres über das zu erfahren, was ich beruflich tat, kurz: Sie achteten nicht darauf, daß ich immer neues Quellenmaterial heranschaffte und ihnen vorlas.

„Professor Langen schreibt in seinem 'Kompendium der medizinischen Hypnose': Mit dem Buch von Carus 'Über Lebensmagnetismus und über die magischen Wirkungen überhaupt' wurde der Schwanengesang über die Fluidumtheorie der Hypnose gesungen. Trotzdem hat sie sich bei einzelnen Magnetopathen als Wellentheorie bis in die Gegenwart hinein erhalten. Das muß nicht nur bedenklich stimmen, sondern sogar als gefährlich angesehen werden, da von einer derartigen falschen Theorie aus auch falsche Indikationen zur Hypnotherapie gestellt werden, zum Beispiel Hypnosebehandlungen bei Tumoren.'

Nun, wenn Hypnose in Zusammenarbeit mit Ärzten gelehrt und durchgeführt wird – und nur so sollte sie bei Kranken angewendet werden –, fällt die Gefahr falscher Indikationen hoffentlich weg.

Ich meine, daß man oft nicht wissen kann, ob das Unbewußte – mit oder ohne 'Biotransfer' – hilfreich sein kann. Die von Simonton gelehrten Entspannungs- und Visualisierungsübungen haben durchaus mit hypnoiden und autosuggestiven Zuständen zu tun. 'Ein Patient,' so schreibt Simonton, 'der eine maligne Geschwulst hat, stellt sich vor, wie der Tumor schrumpft und sein Körper wieder gesundet.'

Jede Hetero-, also Fremdsuggestion muß vom Patienten ohnehin in eine Autosuggestion umgewandelt werden, wenn sie wirksam sein soll.

Da inzwischen Telepathie auch in schulwissenschaftlichen Kreisen als bewiesen gilt, ist sowieso offen, was bei einer intensiven Kommunikation zwischen Hypnotherapeut und Patient geschieht.

Wie sehr auch große und verdienstvolle Wissenschaftler gegenteiliger Ansicht sein können, zeigen die Ausführungen von Heinrich Bick. Er setzte sich jüngst für die Theorien Mesmers ein. Der durch seine großen Erfolge bekanntgewordene Arzt sah die Hypnose als eine Kombination von elektromagnetischer Strahlung und Suggestion an. Durch die Spannung der menschlichen Zelle von 70 bis 90 Millivolt bilde der menschliche Körper ein elektromagnetisches Feld und sende ständig Wellen aus.

Und der Schwede Alrutz bewies, daß die menschliche Hand eine Ausstrahlung besitzt, die durch Glas- und Metallabschirmungen hindurch anatomisch- physiologische Reflexe bei einer anderen Person auszulösen vermag.

Bick meint, die vorhandene oder fehlende Übereinstimmung der Frequenz dieser menschlichen Strahlung mache den Erfolg eines Hypnosetherapeuten – und auch Antipathie und Sympathie im zwischenmenschlichen Verkehr aus. Und die Intensität dieser Kraft ist sicher von Mensch zu Mensch verschieden. Wir selbst sprechen ja ständig von der Ausstrahlung, die etwa ein Künstler besitzt oder nicht besitzt usw.

Aber ganz unabhängig von der Frage: bioenergetische Kräfte oder 'nur' Suggestion – die physiologischen Veränderungen, die Hypnose zu erzielen vermag, nötigen immer wieder zum Erstaunen."

Ich tat ganz unbefangen und wagte es, wieder nach einem neuen Buch zu greifen.

Wann würde einer von den beiden protestieren und sagen: „Du wolltest doch nur noch etwas von Albert de Rochas vorlesen!?" Vorläufig ließen sie mich noch gewähren...

Dr. med. Wilfried Dogs, Chefarzt der Burghof-Klinik in Rinteln, schreibt in seinem Buch 'Befreite Seele': 'Ich selbst konnte in einer Versuchsreihe auch die Veränderung der Zahl der Weißen Blutkörperchen nach einer hypnotisch suggerierten Mahlzeit nachweisen. Es liegt eine Fülle von klinisch exakten experimentellen Untersuchungen vor, die beweisen, daß das gesamte funktionelle Geschehen des lebendigen menschlichen Organismus hypnotisch abstimmbar ist.'

Mehr kann man eigentlich nicht behaupten. Und dementsprechend sind die Anwendungsmöglichkeiten der Hypnose groß. Das ist – auch ohne 'Biotransfer' – erklärlich, wenn berücksichtigt wird, daß man – nach Prof. Schultz, der das Autogene Training einführte – mit der Hypnose unmittelbar auf das Vegetativum und Zentrale Nervensystem sowie deren zentrale Steuerungsinstanzen und periphere Erfolgsorgane einwirken kann.

Psychisch gesehen sind die Leistungen, die durch die Hypnose erzielt werden können, ebenfalls erstaunlich: halluzinatorische Erscheinungen, Altersregression mit Rückführung auf verschiedene Stufen des Kindesalters – manche Wissenschaftler glauben: auch in frühere Leben – geistige und künstlerische Leistungen können gesteigert, und vor allem auch innere Sicherheit, Selbstgefühl, Ruhe und Geborgenheit vermittelt werden.

Dabei ist der zeitliche Aufwand einer Hypnosetherapie, verglichen mit anderen psychotherapeutischen Methoden, kurz bemessen. Andererseits darf man bestimmte Kontraindikationen nicht vergessen, zu denen endogene, beginnende schizophrene und manche exogenen Psychosen, sowie paranoide Formen der Schizophrenie gehören.

Auch bei Menschen, die zu Wachträumen neigen, ist Hypnosetherapie nicht angezeigt, weil dieser Zustand verstärkt werden kann. Von Gefahren durch die Hypnose kann aber dann keine Rede sein, wenn Indikation und Durchführung richtig sind. Von der sogenannten Schlaflosigkeit angefangen, über Schmerzzustände, Neuralgien, Bettnässen, gewisse Herzstörungen, Bluthochdurck, Asthma bronchiale, Obstipation, Gastritis oder Colitis ulcerosa, Überfunktion der Schilddrüse, Erkrankungen der Haut oder Störungen im Bereich des Nervensystems zählt Prof. Leuner in seiner Arbeit 'Indikationen und spezifische Applikationen der Hypnosebehandlung' viele Leiden auf, bei denen er meint, daß diese helfen könne. Leuner erwähnt sogar günstig verlaufene Hypnoseanwendungen bei Schizophrenen.

Die 'Hypnokatharsis' wurde von Freud und Breuer eingeführt. In ihr soll der Patient unverarbeitete Konflikte abreagieren. Die Hypnose erleichtert hier das Wiederbeleben früherer Ereignisse – sie treten über die Schwelle des Bewußtseins und können sich als aufgestaute Affekte entladen.

Viel von sich reden gemacht hat während der letzte Jahre die 'Reinkarnationstherapie'. Bei diesem Verfahren wird vorausgesetzt, daß es möglich ist, mit Hilfe der Hypnose Menschen nicht nur in frühere Lebensalter, sondern auch in frühere Leben zurückzuführen. In der Tat scheinen sich viele Personen während tieferer Trance-Zustände an – ihrem jetzigen Leben vorangegangene – Existenzen erinnern zu können und erzählen detailliert von ihren damaligen Lebensumständen. Diese Berichte sind oft verblüffend – und auch Dr. Claus Bick erlebte solche 'Reinkarnationserlebnisse' bei seinen Patienten, wenn er sie im Rahmen der von ihm entwickelten Neuro-Hypnose zeitlich zurückführte.

Im Gegensatz zu anderen auf diesem Gebiet tätigen Kollegen wie Prof. Wambach oder Dr. Netherton in den U.S.A. glaubt Bick aber, daß es sich hier um vererbte Bewußtseinsinhalte handelt, die in der Hypnose manifest werden: Der Patient könnte sich also an Begebenheiten aus dem Leben seines Großvaters oder anderer Vorfahren erinnern und sie – wie in einem Film – wiedererleben.

Nach Bick würden dann also nicht nur blaue Augen oder eine krumme Nase, sondern auch Erlebnisinhalte vererbt.

Dieser Annahme Bicks nähert sich von ganz anderer Seite der englische Biologe Rupert Sheldrake, der bewiesen zu haben meint, daß unser Erbgut, dessen Träger die DNS sind, weit mehr in sich birgt, als wir bisher annahmen. Die wendelförmig angeordneten DNS seien – so Sheldrake – von 'morphogenetischen Feldern' umgeben, die auch Erfahrenes und Erlerntes unserer Eltern, Großeltern usw. beinhalten würden. Auf diese Weise ließe sich dann leicht – auch ohne die Annahme früherer Leben, ohne die Reinkarnationslehre – erklären, wenn Menschen in Ausnahmezuständen nicht erlernte Sprachen sprächen, über Städte und Länder Bescheid wüßten, die sie niemals vorher sahen usw. usw.

Auch die 'Reinkarnation in Hypnose' ist nicht neu; und damit komme ich zu Albert de Rochas, der dieses Phänomen ebenfalls schon vor ca. achtzig Jahren entdeckte und erforschte. Ich lese euch einen Ausschnitt des Protokolls von einer seiner unzähligen Sitzungen vor."

„Wird auch Zeit," brummte Pio.

„Büßchen glaubte wohl schon wieder, wir merken nicht, daß er uns linkt und immer neue Sachen hervorholte, die nicht vereinbart waren," ergänzte Pia.

Ich tat gekränkt und unschuldig.

„Na gut, also nur noch Rochas. Im übrigen vielen Dank für eure Güte, daß ich euch für vierzig Mark das edelste Wissensgut vermitteln darf. Sonst werden eigentlich die Lehrer bezahlt und nicht die Schüler.

Rochas schreibt: 'Josefine ist ein junges Mädchen von 18 Jahren. Sie ist Magd bei einem Kleiderhändler in Voiron, Herrn C., der sich, ebenso wie seine Frau, mit Spiritismus beschäftigt, dessen einzige Jünger sie in dieser Stadt sind. Sie hat einen sehr gewöhnlichen Verstand und wird von ihrer Dienstherrschaft sehr familiär behandelt; diese beschuldigen sie nur, ein wenig schlau zu sein. Ich habe sie mittels Längsstrichen eingeschläfert, um die Phänomene kennenzulernen, die sie darbieten werde, und ich war erstaunt, festzustellen, daß ich sie ohne Suggestion ihren Lebenslauf zurück durcheilen lassen konnte.

Sie ist nun im Alter von sieben Jahren. Ich frage sie, was sie macht. 'Ich gehe in die Schule.' – 'Kannst du schreiben?' – 'Ja, ich beginne.' Ich gebe ihr eine Feder in die Hand, sie schreibt sehr gut Mama und Papa. Ich setze die magnetischen Striche fort und führe sie in das Alter von fünf Jahren zurück. 'Zeige uns, wie gut du schreibst.' Sie schreibt in Silben: Pa-pa. Ich gebe ihr ein Taschentuch in die Hand, indem ich ihr sage, dies sei eine Puppe.

Sie scheint sehr zufrieden und beginnt sie zu streicheln. Sie hat alle Ähnlichkeiten mit einem Mädchen dieses Alters. Neue Striche. Sie ist wahrscheinlich in der Wiege und kann noch nicht sprechen. Ich stecke die Fingerspitze in ihren Mund, worauf sie zu saugen beginnt.

Nach einigen Sitzungen, die dazu bestimmt sind, sie geschmeidiger zu machen und die Zeit zu vermindern, die nötig ist, sie in den Zustand dieser ersten Kindheit zu bringen, hatte ich den Gedanken, die Längsstriche fortzusetzen. Befragt, gibt Josefine durch Zeichen Antworten auf meine Fragen. Auf diese Weise erfuhr ich von ihr nach und nach in verschiedenen Sitzungen, daß sie noch nicht geboren sei, daß der Körper, in den sie sich inkarnieren sollte, im Leibe ihrer Mutter sich befinde, um welchen herum sie sich bewege, dessen Empfindungen aber wenig Einfluß auf sie hätten.

Eine neue Vertiefung des Schlafes erzielte die Kundgebung einer Persönlichkeit, deren Natur zu bestimmen mir vorerst einige Mühe machte. Sie wollte weder sagen, wer sie sei, noch wo sie sich befinde. Sie antwortete mir mit rauhem Ton und männlicher Stimme, daß sie da sei, da sie doch mit mir spreche: im übrigen sehe sie nichts, 'sie sei im Dunkeln'.

Nachdem ihr Schlaf noch tiefer geworden war, war es ein seit langem kranker, im Bett liegender Greis, der auf meine Fragen Antwort gab, nach vielen Ausflüchten, wie ein verschmitzter Bauer, der sich zu kompromittieren fürchtet und wissen will, warum man ihn ausfragt. Ich erfahre endlich, daß er Jean-Claude Bourdon heißt und daß das Dörfchen, wo er lebte, Champvent in der Gemeinde Polliat war. Aber er wußte nicht, in welchem Departement. Nach und nach gelangte ich dazu, sein Vertrauen zu erringen. Hier folgt nun, was ich aus seinem Leben erfuhr, dessen verschiedene Perioden ich ihn manchmal wiederholen ließ.

Er ist zu Champvent im Jahre 1812 geboren und bis zum Alter von achtzehn Jahren in die Schule gegangen, weil er dort nicht viel lernte, da er bloß im Winter die Schule besuchte und diese oft schwänzte. Er hat seinen Militärdienst im 7. Artillerieregiment in Besançon gleistet und hätte sieben Jahre beim Militär bleiben müssen, aber der Tod seines Vaters befreite ihn nach vier Jahren davon. Er erinnert sich keines einzigen Namens seiner Offiziere. Dagegen weiß er, daß man sich mit den Kameraden und den Mädchen gut unterhielt; auch erzählt er mir seine Streiche, wobei er seinen Schnurrbart dreht.

In seine Heimat zurückgekehrt, findet er seine gute Freundin Jeannette wieder, die er heiraten sollte und von der er mir vor seiner Abreise errötend gesprochen hatte. Nun weiß er, daß man die Frauen nicht heiraten muß, um sie zu besitzen; er will nicht mehr heiraten und behält Jeannette als Geliebte. Ich mache ihn darauf aufmerksam, daß das arme Mädchen Mutter werden könne: 'Nun, was liegt daran! Sie wird nicht die erste und nicht die letzte sein.' Er altert einsam, indem er sich seine einfache Kost selbst herstellt, sich auf Suppe und Aufschnitt beschränkend. Er hat einen verheirateten Bruder im Dorfe, der Kinder hat. Er beklagt sich über deren Benehmen ihm gegenüber und sieht sie nicht. Er stirbt nach einer langen Krankheit im Alter von 70 Jahren. Während der dieser Krankheit entsprechenden Periode frage ich ihn, ob er nicht daran denkt, den Pfarrer kommen zu lassen: 'Ah, du machst dich über mich lustig. Glaubst du vielleicht an alle Dummheiten, die er erzählt? Geh, wenn man stirbt, so ist's für immer!‘ Er stirbt und fühlt sich aus seinem Körper austreten, aber bleibt ziemlich lange an diesen gefesselt. Er konnte seinem Begräbnis beiwohnen, indem er über dem Sarge schwebte. Er hat ungefähr verstanden, daß die Leute sagten: 'Gut, daß er hin ist‘! – In der Kirche ist der Pfarrer um seinen Sarg geschritten und hat dadurch eine Art leuchtender Mauer erzeugt, die ihn vor den bösen Geistern schützte, die sich auf ihn stürzen wollten. Die Gebete des Pfarrers haben ihn auch beruhigt, aber all das dauerte nur kurze Zeit. Das Weihwasser entfernt gleichfalls die bösen Geister, weil es sie überall auflöst, wo es sie trifft.

Auf dem Friedhofe blieb er bei seinem Körper und hat gefühlt, wie dieser sich zersetzte, was ihm viel Leid bereitete.

Sein Fluidalkörper, der sich nach dem Tode ausgebreitet hatte, nimmt eine kompaktere Form an. Er lebt in der Dunkelheit, die ihm sehr unangenehm ist; aber er leidet nicht, weil er weder getötet noch auch gestohlen hat. Nur hat er manchmal Durst, weil er ein ziemlicher Trunkenbold war. Er erkennt, daß der Tod nicht das ist, was er glaubte, und versteht nicht recht, was ihm widerfahren ist; aber wenn er gewußt hätte, was er jetzt weiß, hätte er sich nicht so sehr über den Pfarrer lustig gemacht.

Ich schlage ihm vor, ihn wieder lebendig zu machen. 'Ah, dafür würde ich dich liebhaben!‘

Die Finsternis, in die er getaucht war, wurde endlich von einigen Strahlen erhellt. Er hatte die Eingebung, sich in einem Frauenleibe wiederzuverkörpern, weil die Frauen mehr leiden als die Männer und weil er die Fehler büßen wollte, die er begangen, indem er die Mädchen behelligte. Dann näherte er sich der, die seine Mutter werden sollte; er umkreiste sie, bis das Kind zur Welt kam. Dann ist er nach und nach in den Körper dieses Kindes eingetreten. Bis zu sieben Jahren sah er um diesen Körper herum eine Art schwebender Nebel, in welchem er viele Dinge bemerkte, die er seitdem nicht mehr erblickte.

Als ich damit fertig war, aus Bourdon die Auskünfte einzuziehen, die ich für nützlich hielt, versuchte ich noch weiter zurückzugehen. Eine längere Magnetisierung während fast dreiviertel Stunden, ohne mich bei irgendeiner Etappe aufzuhalten, führte mich zu Jean-Claude, als er ganz klein war.

Dann eine neue Persönlichkeit. Es ist diesmal eine alte Frau, die sehr böse war; sie hatte eine böse Zunge gehabt und gefiel sich darin, den Leuten Unrecht zu tun. Auch leidet sie sehr viel; ihr Gesicht ist konvulsivisch verzerrt und zuweilen windet sie sich mit dem Ausdruck großen Schmerzes. Sie ist in tiefer Finsternis, umgeben von bösen Geistern, welche häßliche Formen annehmen, um sie zu quälen und um die Lebenden zu quälen, wenn sie können. Dies ist deren größtes Vergnügen. Manchmal wurde sie selbst auch dazu verleitet, ihre Form zu ändern und den bösen Geistern zu folgen, um den Menschen Böses zu tun. Sie spricht mit schwacher Stimme, antwortet aber immer ganz genau auf die Fragen, die ich ihr stelle, anstatt jeden Augenblick zu zanken, wie Jean-Claude es getan. Sie nennt sich Philomene Carteron.

Indem ich den Schlaf noch vertiefe, rufe ich die Kundgebungen der lebenden Philomene hervor. Sie leidet nicht mehr, scheint sehr ruhig, antwortet immer sehr klar und mit trockenem Tone. Sie weiß, daß sie in ihrem Lande nicht geliebt wird, aber niemand wird etwas verlieren, und sie wird sich bei Gelegenheit zu rächen wissen. Sie ist im Jahre 1702 geboren und hieß Philomene Charpigny, als sie Mädchen war. Ihr Großvater mütterlicherseits hieß Pierre Machon und wohnte in Ozan. Sie hat sich im Jahre 1732 zu Chevroux mit einem Manne namens Carteron verheiratet, von dem sie zwei Kinder bekam, die sie verloren hat.

Vor ihrer Inkarnation war Philomene ein kleines Mädchen gewesen, das ganz jung starb. Vorher war sie ein Mann gewesen, der gestohlen und getötet hatte, ein richtiger Bandit. Deshalb hatte sie viel im Dunkeln zu leiden gehabt, selbst nach ihrem Tode als kleines Mädchen, wo sie nicht Zeit gehabt hatte, Böses zu tun, um ihre Verbrechen zu büßen.

Ich konnte das Experiment der aufeinanderfolgenden Leben nicht weiterführen, weil am Schlusse der sehr langen Magnetisation – fast zwei Stunden –, die ich brauchte, um das Medium bis zur Existenz des Banditen zu führen, dasselbe erschöpft schien. Es war peinlich, seine Krisen zu sehen.

Aber eines Tages, als ich sie bis zu diesem Zustand gebracht hatte, drückte ich auf einen Punkt, der sich in der Mitte der Stirn befindet und die Eigenschaft hat, das somnambule Gedächtnis zu erwecken, indem ich ihr befahl, sich mehr in die Vergangenheit zu versetzen. Sie sagte mir dann zögernd und mit verlegener Miene den Kopf wegwendend, daß sie ein Affe gewesen war, ein großer Affe, fast einem Menschen ähnlich.

Ich gestehe, daß ich dieses Geständnis nicht erwartete. Ich bewahrte trotzdem meinen Ernst und begnügte mich damit, mein Erstaunen darüber festzustellen, daß eine Tierseele eine Menschenseele werden könne.

Sie antwortete mir, daß es bei den Tieren wie bei den Menschen gute und schlechte Naturen gäbe und daß man, Mensch geworden, die Instinkte bewahre, die man als Tier besessen. Ein andermal sagte sie mir unter denselben Umständen, daß sie zwischen ihrem Zustand des Banditen und des Affen mehrere Verkörperungen durchgemacht habe. Sie erinnerte sich, im Walde gelebt und Wölfe getötet zu haben, und in diesem Augenblick nahm sie ein wildes Aussehen an...' –

Die heutigen 'Reinkarnationstherapeuten' sind nun der Ansicht, daß sich traumatische Erfahrungen in früheren Existenzen auf das gegenwärtige Leben auswirken könnten, und versuchen – auf einem ähnlichen wie dem kathartischen Wege – diese Spuren zu eliminieren. Über die Hypnose und ihre verschiedenen Erscheinungs- und Anwendungsarten lassen sich Bibliotheken schreiben: archaische Ekstase-Techniken, die Tausende von Jahren vor Christus geübt wurden, magische Praktiken, Heilsuggestionen durch Priester, asiatische Versenkungsmethoden bis zum Autogenen Training, derzeitige Meditationstechniken und die medizinische Hypnose – all das gehört in denselben Formenkreis.

Leider aber hat es die westliche Wissenschaft lange Zeit versäumt, unser Bewußtsein zu erforschen, das uns doch aber die einzige Möglichkeit bietet, überhaupt etwas wahrzunehmen. Es ist erstaunlich, daß sich hier immer nur Einzelne bemühten – aber es scheint, daß unsere Zeit viel offener auch für physikalisch noch nicht Erklärbares geworden ist, woran es im Bereich der Hypnose nicht mangelt."

Als ich eine Pause mache, fragt Pio: „War das jetzt alles?"

„Eine tolle Sache hätte ich noch. Rochas kam nämlich auf die Idee, seine Versuchspersonen nicht nur in die Vergangenheit zu führen, sondern auch in die Zukunft. Das tat er auch mit Josefine."

„Und was kam dabei heraus?" wollte Pia wissen.

„Ich lese euch den betreffenden Ausschnitt des Protokolls vor.

'Sie reinkarniert sich in ein kleines Mädchen namens Elise, das im Alter von drei Jahren an einer Angina stirbt. In diesem Augenblick führt sie die Hand zu ihrem Halse und scheint sehr viel zu leiden. Sie stirbt. Das Empfindungsvermögen, das sich wieder um ihren Körper gelagert hatte, verschwindet von neuem. Als sie gestorben ist, denkt sie an ihre Mutter und möchte sie gern wiedersehen. Sie leidet nicht und befindet sich in einer ziemlich leuchtenden und lichterfüllten Atmosphäre. Sie reinkarniert sich in ein kleines Mädchen namens Marie, deren Vater, Edmond Baudin, Schuhwarenhändler in Saint-Germain du-Mont-de'Or ist; ihre Mutter heißt Rosalie.

Ich frage sie, als sie zwei Jahre alt ist, dann mit sechs, hierauf mit zwölf Jahren. Zu diesem Zeitpunkte frage ich sie, in welchem Jahre man sich befindet. Sie kann mir nicht antworten und sucht Ausflüchte: Sie habe keinen Kalender, ihr Vater will nicht etc. Mit sechzehn Jahren antwortet sie mir, daß man das Jahr 1970 schreibe und schreibt ihren Namen. Es ist ein Freitag, aber sie weiß nicht, in welchem Monat. Man ist in einer Republik. Durch Suggestion führe ich sie zurück, indem ich noch ihre Hände halte, aber ich mache Anstrengungen, das Fluid zurückzuhalten. Sie durchschreitet dieselben Phasen in derselben Ordnung, aber in entgegengesetzter Reihenfolge: Umherschweifen mit peripherer Unempfindlichkeit, Tod mit den Anzeichen der Angina, Umherschweifen, Niederkunft mit demgemäßen Krämpfen und Zuckungen."

Pia hat aufgehorcht.

„Hör mal," sagt sie, „wenn dein Rochas diesen Versuch Ende des vergangenen oder zu Beginn unseres Jahrhunderts gemacht und sein Medium – oder wie immer du diese Josefine nennst – damals behauptet hat, sie würde 1970 wiedergeboren sein, dann müßte man sie doch finden, wenn sie jetzt als Marie Baudin lebt."

„Das habe ich auch gedacht. Stell dir vor, was das für eine Sensation geben würde: Junges Mädchen sagt im Jahr 1904 seine Wiedergeburt voraus und wurde jetzt unter dem damals angegebenen Namen tatsächlich gefunden! Dann wäre die Lehre von der Reinkarnation bewiesen, zugleich die Unsterblichkeit der Seele – es wäre überhaupt nicht auszudenken. Man könnte alle seine vergangenen und zukünftigen Existenzen erfahren…"

„Würdest du dir das wünschen?" fragte Pio.

„Das ist etwas ganz anderes," wehrte ich ab. „Zunächst geht es um wissenschaftliche Tatsachen – nicht darum, wie der einzelne dazu steht."

„Dann such doch das Mädchen!" rief Pia.

„Habe ich ja getan, du einzige Tochter. Ich habe einfach nach Saint Germain du-Mont-d'Or geschrieben und um Informationen über die Familie des Schuhwarenhändlers Edmond Baudin gebeten."

„Hast du vorher nachgesehen, ob es diesen Ort gibt?"

„Nein. Aber es gab ihn."

„Und? Und?" riefen jetzt Pia und Pio gleichzeitig.

Sie waren nun wirklich ganz aufgeregt.

„Und was hat die Polizei geantwortet?" wollten sie voller Ungeduld wissen.

„Le Maire, der Bürgermeister des Städtchens hat mir geschrieben:

Département du Rhône
MAIRIE DE ST-GERMAIN-AU-MT-D'OR
Code postal: 69650 Saint-Germain-au-Mont-d'Or
Téléphone: (78) 91-25-21

Monsieur Franz Baake, Psychologue
1 Berlin 30, Bamberger Straße 18/1, Deutschland

Monsieur, Votre lettre du 4 mars relative à une famille Baudin, (M. Baudin marchand de chaussures, sa femme Rosalie, sa fille Marie) a retenu toute notre attention…"

„Pio unterbrach mich mit der Bitte, den Brief gleich zu übersetzen.

„Also gut," willigte ich ein. „Der Bürgermeister schreibt weiter: Wir haben diesbezüglich schon 1959 eine Anfrage von einem Herrn Coquillat aus Saujon-Charante Maritime, Carnotstr. 69, gehabt, der ein altes Buch über den Spiritismus gelesen hatte, in dem behauptet wird, daß im Jahre 1972 in Saint-Germain-au-Mont-d'Or ein junges

Mädchen von sechzehn Jahren leben würde, welches die Tochter eines Schuhhändlers namens Edmond Baudin und dessen Frau sei.

Die damals unternommenen Nachforschungen haben erbracht, daß kein Kind dieses Namens um 1955/56 hier geboren wurde und daß eine solche Familie mit Namen Baudin nicht existiert.

Wir können Ihnen versichern, daß weder damals noch heute in Saint-Germain eine solche Familie bekannt ist. Darüber hinaus gibt es hier auch keinen Schuhverkäufer.

Veuillez agréer, Monsieur, l'expression de mes sentiments distingués.

Le Maire, H. Cotillon"

„Also nichts." Pia war sehr enttäuscht.

„Du siehst," bemerkte dagegen der Sohn, „deine ganze Parapsychologie ist Quatsch. Der arme Bürgermeister wird sich gewundert haben, daß sich 1959 erst ein Spiritist aus Saujon – und Jahre später ein deutscher Psychologe nach einem Mädchen, der Tochter eines Schuhmachers Edmond Baudin, erkundigt, das es nie gegeben hat. Was der sich wohl gedacht haben mag..."

Wir lachten und stellten uns die Diskussion in dem Rathaus des kleinen Städtchens vor.

„Der Spiritist war eben auf dieselbe Idee gekommen wie ich. Und Pia wollte ja auch, daß ich die kleine Marie suchen sollte."

„Sicher ist nicht alles Quatsch," stand mir die Tochter bei, „aber ich möchte damit nichts zu tun haben."

„Weil du Angst hast," sagte Pio, „mich aber interessiert der ganze Mist nicht."

Sprach's, erhob sich, ging in sein Zimmer und setzte sich wieder vor seinen Computer.

Doch abends, beim Gute-Nacht-Sagen, mußte ich meine Schulden bezahlen.

13.

Das Abendbrot ist wieder einmal vorbei, der Tisch abgeräumt – und Pio mit dem Geschirrspülen fast fertig. Bei der Organisation der Haushaltsführung ist ihm nämlich das Abwaschen und Wegbringen des Abfalls zugeteilt worden, Pia die Wäsche – und mir der Rest.

An sich hieße es nun: ins Bad und ins Bett! Aber kaum ist der letzte Teller abgetrocknet, erhebt sich wieder das Geschrei: „Erzähl was von Sternthaler!“

Ich entwickle mich langsam nicht nur zur Mutter – ich selbst vergleiche mich allerdings eher mit einer alten, fetten Lagerhausratte, die auf einem Kornspeicher hin- und herrennt und eifrig Körnchen um Körnchen für die Brut zusammenträgt – sondern auch zur Scheherezade, der Erzählerin der Märchen von 'Tausendundeine Nacht'. Diesmal – denke ich – lege ich euch rein. Und zur großen Verwunderung meiner beiden Schreihälse beginne ich sofort von einem Abenteuer Sternthalers zu berichten. Was die Schreihälse noch nicht wissen, ist, daß es sich um eine Art Kurzgeschichte handelt.

„Also“, beginne ich wie üblich, „einmal stolzierte Samuel – er war noch ein kleiner Junge – durch den Garten seiner Eltern. Nebenan züchtete der Nachbar Bienen. Neugierig sah Sternthaler durch den Zaun – und, ehe er sich versah, wurde er gestochen.“

„Wie alt war Samuel da?“ wollte Pia wissen.

„Er war gerade in die Schule gekommen, aber natürlich schon damals sehr aufgeweckt. Der Stich tat ihm weh – und er beschloß, sich an den Bienen zu rächen. Eilig rannte er zu seinem alten Buddelplatz, machte mit etwas Wasser Modderpampe – und stieg über den Zaun in des Nachbars Garten. Todesmutig näherte er sich den Bienenkörben, griff in sein Spieleimerchen mit der Pampe – und in einzelnen blitzschnellen Aktionen verklebte und verstopfte er die Fluglöcher, so daß keine Biene mehr raus noch rein konnte. Und in sicherer Entfernung beobachtete er mit Entzücken die immer aufgeregter herumsausenden Tiere. Er klatschte vor Freude in die Hände, lauschte dem ungeheuren Gebrumm in den Körben und rief ein um das andere Mal: 'Das habt ihr nun davon! Das habt ihr nun davon!' Dann trabte er zufrieden nach Hause.

Es vergingen nur wenige Stunden, als es an der Wohnungstür Sturm klingelte. Der Nachbar erschien in furchtbarer Wut – und Sternthalers Vater hatte für dessen Zorn Verständnis. Denn er legte Samuel kurzerhand übers Knie und verprügelte ihn. Der aber fühlte sich entsetzlich ungerecht behandelt, verteidigte sich und schrie unentwegt: 'Die haben ja angefangen, die haben ja angefangen...'

Und das war die Bienen-Story", schließe ich und rufe hoffnungsfroh: „Ins Bad und ins Bett!"

Pia und Pio machen beleidigte Gesichter, doch keine Anstalten, meiner Anordnung zu gehorchen.

„Büßchen", fängt die Tochter an, „hau uns nicht übers Ohr. Das war eine dumme Kleinkindergeschichte, aber keine echte Sternthaler-Story. Deshalb erzähl noch was anderes."

„Mir fällt nichts ein, ich schwöre euch, mir fällt im Augenblick nichts mehr von Samuel ein, ihr Blutsauger, ihr Vampire – wäre ich doch Sternthaler nie im Leben begegnet!"

„Dann erzähl was von dir!" fordert Pio unerbittlich.

„Ich weiß auch von mir nichts mehr", rufe ich verzeifelt, aber Pia und Pio fallen über mich her, schlingen ihre Arme um mich, küssen mir Augen, Wangen, Mund und Ohren und schreien:

„Erzähl was von dir – egal was!"

Nun ist es ja wirklich etwas Entzückendes, derart beschmust zu werden – und so halte ich still und lasse alle Zärtlichkeiten über mich ergehen. Das ist aber nun wieder insofern ein Fehler, als Pia und Pio mein Schweigen als Einverständnis nehmen, von mir ablassen und mich erwartungsvoll ansehen. Aber ich weiß wirklich keine Geschichte mehr und sage es ihnen.

Da denken die beiden angestrengt nach – und plötzlich ruft Pia:

„Der gemeine Sternthaler konnte sich nicht mehr an sein erstes Mädchen erinnern, als ihn Dr. Freudenberg danach fragte. Weißt du den Namen deiner ersten richtigen Freundin noch?“

„Ach, du lieber Himmel“, erwidere ich erschrocken und sehe natürlich sofort dieses Mädchen vor mir: mit weißer Bluse und weitem, knallroten Rock, dunklen großen Augen und langem schwarzen Haar.

„Wie hieß sie? Weißt du ihren Namen noch, Tschitschly?“

„Ich bin nicht Sternthaler“, versetze ich mürrisch.

„Dann erzähle, erzähle“, ruft das Gesindel wieder.

„Wenn ihr euch vorher schnell und gründlich die Zähne geputzt und gewaschen habt“, versuche ich noch einen kleinen Vorteil herauszuschlagen.

Pia und Pio stürzen davon – wenig später höre ich ihr Wir-sind-fertig-Gebrüll. Und da liegen sie Kopf an Kopf, strahlen siegesfroh und machen mir an der Bettkante Platz. Mein Gott, sind diese Kinder süß...

„Also“, fange ich wieder an, „ich bin sicher, daß ihr über mich lachen werdet. Stellt euch vor, noch in der Abitursklasse hatte keiner von uns eine Freundin. Wir lebten in dem alten humanistischen Backsteinklotz wie im Kloster: aber ganz freiwillig. Wir hatten sehr intensive Interessen. Der eine widmete seine ganze Freizeit der Chemie, der andere komponierte, der dritte schrieb Gedichte...“

„Das war unser Daddybüßchen“, unterbricht mich Pia.

„So waren wir alle sehr unerfahren, altmodisch – ihr würdet sagen: Stulle. Deshalb werdet ihr lachen, wenn ich euch die Geschichte erzähle, wie sie sich zugetragen hat – und eigentlich will ich nicht, daß ihr lacht. Denn ich bin immer noch altmodisch und wahrscheinlich werdet ihr mich einen 'Softy' nennen, um in eurer Sprache zu reden.

Das Mädchen hieß Giovanna, war sechzehn Jahre alt und die Tochter eines Gastwirts. Ich hatte in Italien ein Stipendium bekommen und mich – soweit das meine Schüchternheit zuließ – schon sehr um Giovanna bemüht. Ihr würdet sagen, ich hätte sie 'angemacht'. Eure Wortschöpfungen sind wirklich grauenerregend.“ –

Es wird – wieder einmal – viel zu spät. Aber besonders Pia möchte von der ersten großen Liebe ihres Vaters alles ganz genau wissen...

14.

Der Berliner Zoo gab den Tod des beliebten kleinen Panda-Bären bekannt. Eine Intensivstation war für ihn eingerichtet worden, mehrere Spezialisten – Tierärzte und Human-Mediziner – hatten sich Woche um Woche, Tag und Nacht um ihn bemüht, die teuersten Medikamente waren aus anderen Ländern eingeflogen worden, die Presse hatte auf den Titelseiten vom Befinden des Bären berichtet – und nun war das Tier doch gestorben... Pio erzählte es mir, als er aus der Schule kam.

„Na endlich“, sagte ich.

Pio zog erstaunt die Augenbrauen hoch.

„Du freust dich, daß der Panda tot ist?“

„Es widerspricht meiner Natur, mich darüber zu freuen“, antwortete ich, „aber jeder vernünftige Mensch müßte sich darüber freuen. Glaube mir, man müßte sich freuen.“

Pio schüttelte den Kopf. „Warum denn bloß?“

„Überleg doch mal die Schizophrenie der Leute, die so ein Geschrei um diesen Bären machen“, versuchte ich ihm zu erklären. „Oder meinst du nicht auch, daß die unzähligen Tiere, die von denselben Zooleuten Tag für Tag irgendwelchen Bestien zum Fraß vorgesetzt werden, unser Mitleid viel mehr verdienten? Wie lange sitzt ein Häschen zitternd im Käfig einer Schlange, bis das Reptil sich anschickt, es zu verschlingen? Warum läßt man bei solchen Fütterungen das Publikum nicht zusehen? Warum macht man das nur heimlich und im Verborgenen? Hast du darüber je eine Zeitung schreiben sehen?

Und kämpfen nicht nur einige wenige gegen die wochen- und monatelange Qual von Millionen Tieren, die wegen eines neuen Badezusatzes und anderen Unsinns zu Tode geschunden werden? Sieh in die Augen von einem Äffchen, das gefesselt und mit aufgeschnittenem Leib mißbraucht wird, um irgendwann wie Müll weggeworfen zu werden. Stell dir vor: Auf der ganzen Welt werden jährlich etwas dreihundert Millionen Tiere, fast eine Million täglich, oft wegen einer Seife, eines Lippenstifts, also aus rein geschäftlichen Interessen zu Tode gequält. Können wir erwarten, daß diese Menschheit dafür gesegnet wird? Oder muß sie vielleicht dafür eines Tags mit gleichem Leid, gleicher Qual bezahlen?

Hast du je eine so große Pressekampagne, wie sie um den Panda gemacht wurde, wegen der Kinder gesehen, die jährlich überfahren werden? Im Gegenteil: Die Presse jubelt, wenn die Automobilindustrie Konjunktur hat. Und maßgebliche Politiker in Bonn weigern sich, wirksamere Geschwindigkeitsbegrenzungen einzuführen, die, wie man ausgerechnet hat, eintausendzweihundert Menschen im Jahr das Leben retten würde. Man könnte ja Wähler und Parteispenden verlieren.

Der Familienminister predigt, die Deutschen müßten mehr Kinder zeugen – doch die Babies werden krank und sterben sogar am Smog. Aber die Parteien bekommen ja Zuwendungen von diesen Konzernen, die Wasser, Boden und Luft verseuchen.

Alle haben Angst vor einem Krieg, der die Welt vernichtet. So ein Krieg ist ja gar nicht mehr notwenig. Jeder Tag zerstört etwas mehr von unserer Erde. Wir sind ein Staat von korrupten Krämerseelen – ohne jede Moral. Spitzenpolitiker sind oft eine Negativauslese. Und die Wirtschaft hat die Rolle des Krieges übernommen – ihre Sprache verrät uns das ja schon. Sie benutzt die Vokabeln der Militärs. Da ist von der Verkaufsfront die Rede, vom Werbefeldzug, von der Umsatzstrategie, vom Generaldirektor. Und unbarmherzig wie Militär ist diese Wirtschaftspolitik auch: Sie vernichtet Tausende und Tausende von Tonnen an Lebensmitteln und läßt Millionen Menschen in aller Welt verhungern, um die Preise hochzuhalten und zu verdienen. Stell dir vor, unsere Familie hätte Überfluß an Lebensmitteln, und neben uns wären kinderreiche Nachbarn am Verhungern. Und wir würden unsere Lebensmittel vor den Augen der Nachbarn verbrennen, würden sie verhungern lassen, weil sie die von uns verlangten hohen Preise nicht bezahlen könnten. Du würdest mich einen Verbrecher nennen, du würdest ein Grauen vor mir empfinden. Aber die Männer und Frauen in unseren Regierungen, die so etwas zulassen – sind das etwa ehrenwerte Leute? Und die Journalisten auch, die riesengroß über den Panda-Bär berichten, anstatt täglich das unnötige aus 'wirtschaftspolitischem' Profitdenken verursachte Sterben von Millionen – von vierzigtausend Kindern täglich – anzuprangern? Um fünfzigtausend Drogenabhängige in Westdeutschland machen sie ab und zu etwas Geschrei – von den eineinhalb Millionen behandlungsbedürftigen Alkoholikern wirst du seltener etwas lesen; die haben sich ja auch mit Erlaubnis der Regierung zugrundegerichtet und Steuern dafür bezahlt.

Täglich werden, was wir weitgehend verhindern könnten, zwei- bis dreitausend Menschen blind, werden zu Bettlern, können nie wieder sehen.

Und dabei kostet zum Beispiel die Behandlung des Trachoms, der berüchtigten Ägyptischen Augenkrankheit, nur ein paar Mark, also nicht einmal die Eintrittskarte für ein Fußballspiel. Millionen könnten sehen: Kinder, Frauen, Männer – wenn wir nicht so unbarmherzig träge wären. Nicht umsonst hat die Katholische Kirche die Trägheit zu einer der 'Todsünden' erklärt."

Ich hatte mich aufgeregt. Immer wieder nahm ich mir vor, gelassener zu werden.

Aber es ging manchmal einfach nicht.

Hatte nicht auch Christus voll Zorn die Krämer aus dem Tempel gejagt? Wenn Christus wütend wurde, durfte ich es auch werden.

„Das modernste Kampfflugzeug soll mit allem Drum und Dran hundert Millionen Mark kosten," fuhr ich fort. „Die Verteidigungsausgaben betragen derzeit achthundert Milliarden Mark, das sind in ein paar Jahren für achthunderttausend Millionen Mark Schrott. So vergeudet man die Schätze der Erde und vernichtet die Natur.

Und diese Aufzählung des Grauens könnte man natürlich noch Stunden und Tage fortsetzen. Ich habe dir nur ein paar Zahlen genannt, die ich behalten habe, weil sie mich erschütterten."

„Und was tust du?" fragte Pio, „was tun deine Freunde?"

„Sicher viel zuwenig", gab ich zu, „aber manche erreichen doch eine ganze Menge, wie zum Beispiel Ben Wargin. Du kennst seinen Slogan: Der Baum bist du."

„Seid ihr schon lange befreundet?"

„Ewigkeiten", antwortete ich.

Inzwischen hatte sich auch Pia zu uns gesellt. Wie zu erwarten, ging sogleich die Bettelei los: „Erzähl, was ihr früher so gemacht habt!" Aber ich wehrte eilig ab und erklärte den Kindern nur: „Ben war schon immer sehr engagiert – auch als er noch nicht daran ging, Berlin in einen Wald von Ginkgo-Bäumen zu verwandeln.

15.

„Die Liebe ist ohne Zweifel das wichtigste im Leben," sagte ich zu den Kindern. „Eigentlich müßte man täglich vierundzwanzig Stunden ohne Maß und Grenzen lieben."

„Das dürfte sehr schwer sein," antwortete Pio.

Wieder einmal waren wir in eine Diskussion über den Sinn dieses Daseins geraten.

„Dafür läßt die Liebe alles Beschwerliche leicht fallen. Wenn man zum Beispiel verliebt ist, nimmt man ja die größten Mühen auf sich, ohne daß es einem im geringsten schwerfällt."

„Aber sonst eben nicht," meinte Pia.

„Man muß eben immer verliebt sein," erklärte ich, „in seine Arbeit, in seine Mitmenschen, in den lieben Gott. Man kann es lernen und sollte es üben. Die Seele ist wie ein nasses Stück Holz im Feuer: Erst wird es schwarz, dann wird es zur Fackel."

„Und was ist mit dem Glauben?" fragte Pio.

„Die Liebe steht weit über ihm," antwortete ich. „Teufel glauben auch – aber sie lieben nicht. Ich bin der Ansicht, daß wir hier auf der Erde für eine Art Himmel erzogen werden. Und das kann durch nichts anderes geschehen, als daß wir in der Liebe immer vollkommener werden."

„Und was wird von uns den ganzen Tag verlangt?" entgegnete Pio, „nichts als Arbeit, Pflichterfüllung, Pünktlichkeit, Zuverlässigkeit – vor allem also Leistung."

„Für mich kommt es darauf an, daß ihr zu liebevollen, gütigen und weisen Menschen werdet."

„Du bist doch kein Maßstab," lachte Pia.

„So? Bin ich nicht? Aber vielleicht vertrete ich den Maßstab Gottes?"

„Jetzt wird er wieder ganz weltfremd," wehrte Pio mit einer geringschätzigen Handbewegung ab.

„Bis du sicher?" fragte ich. „Als ich etwa so alt war wie du – es war kurz nach dem Krieg – stand ich einmal mit meiner Mutter in der Küche. Ich glaube, wir bereiteten zusammen das Abendbrot vor. Jedenfalls kam es mir plötzlich in den Sinn, sie zu fragen, was sie in ihrem Leben besonders bedauern würde: wenn sie jetzt nachdächte, was ihr da am meisten leid täte.

Ich habe euch ja oft erzählt, was für eine hübsche, vielseitig interessierte und künstlerisch begabte Frau eure Großmutter war. Sie sang, malte, beherrschte mehrere Sprachen und gewann Preise in Reit- und Springturnieren. Von falscher Sentimentalität war sie weit entfernt.

Jetzt sah sie mich einen Augenblick überrascht an, und dann, ohne lange zu überlegen, erzählte sie mir folgendes Erlebnis:

Als junges Mädchen war sie mit einigen Freundinnen in den Alpen unterwegs. Bergsteigen war damals ihre große Leidenschaft. So richtig professionell kletterte die Gruppe, indem sie Haken einschlug und sich anseilte, senkrechte und überhängende Felswände hoch, überwand Gletscherspalten und gelangte höher und höher. Auf der letzten Almwiese, wo noch ein bißchen spärliches Gras wuchs, weidete ein Junge seine Ziegen. Die Mädchen machten dort Rast, und meine Mutter fand den kleinen Hirten so niedlich, daß sie eine Aufnahme von ihm machte.

Der Junge war noch nie fotografiert worden und bat sie inständig, ihm doch ein Bild zu schicken. Meine Mutter versprach es und schrieb sich seine Adresse auf. Dann zogen die Mädchen weiter. Aber noch lange kletterte der Junge ihnen von Gipfel zu Gipfel nach, schwenkte seinen grünen Hut, hielt die Hände an den Mund und rief immer wieder, sie möchte es doch auch ja nicht vergessen. Und meine Mutter antwortete ihm, sie würde das Bild ganz sicher schicken.

Aber als sie wieder zuhause war, verschob sie es von Woche zu Woche – und endlich hatte sie die Adresse verloren.

Damals, als junges Mädchen, nahm sie die Sache nicht so ernst. Aber je älter sie wurde, desto häufiger mußte sie an den kleinen Hirten denken. Sie stellte sich vor, wie der Junge Woche um Woche, Monat um Monat auf sein Bild gewartet hatte. Wahrscheinlich kam der Briefträger sowieso nur alle Jubeljahr da hoch in die Berge zu den Almbauern. Und jedesmal hatte dem Jungen das Herz geklopft: Diesmal würde er sein Bild bekommen, würde der Postbote einen Brief für ihn haben...

Als sie mir das erzählte, hatte meine Mutter bereits ihren Mann verloren, war durch Bomben verschüttet gewesen, bettelarm geworden – und stand in Hunger und Elend allein mit fünf Kindern da. Man kann also sagen, daß sie viel durchgemacht hatte. Und trotzdem fiel ihr auf meine Frage zuerst der Hirtenjunge ein. Warum? Wenn es für uns so etwas wie eine höhere Instanz, einen Gott gibt, der unser Leben beurteilt, dann wird er mich nach meinem Tod nicht fragen, ob ich Filmpreise bekommen oder viel Geld verdient habe. Und bei anderen wird es ihn wenig interessieren, ob sie Brücken bauten oder irgendwelche hohe berufliche Positionen erreichten.

Zählen wird für ihn ganz allein, was man aus Liebe getan – oder aus Lieblosigkeit unterlassen hat. Das ist meine 'weltfremde' Überzeugung, mit der ich mich allerdings in nicht ganz schlechter Gesellschaft befinde."

„Jetzt kommen Pappi gleich wieder die Tränen," lachte Pia – aber ihr Lachen klang etwas gezwungen.

Das Telephon klingelte. Pio sprang auf und rief: „Das ist sicher für den Alten, jetzt muß er aufhören herumzusülzen."

Es war Brigitte, die in aufopfernder Weise versuchte, Ordnung in das Chaos meiner Geldangelegenheiten zu bringen – wenn man von solchen sprechen konnte. Zu meinem Entsetzen bat sie mich, wegen meines Einkommensteuerbescheids zum Finanzamt zu gehen. Was sollte ich dort sagen? Ich wußte ja selber nicht, wovon wir gelebt hatten und weiter leben würden. Genausogut hätte man mich fragen können, wie Christus die Fünftausend gespeist hatte. –

Der sympathische Beamte blätterte in meinen Unterlagen. Dann meinte er freundlich:

„Also – sie schlagen sich mit Pia und Pio so durch..."

Es blieb mir nicht viel anderes übrig, als das mit einigen Auskünften zu bestätigen. Dann wünschte er mir und den Kindern mit großer Herzlichkeit weiter alles Gute und entließ mich.

„Wie war's?" riefen Pia und Pio, als ich nach Hause kam.

„Echt ätzend," erklärte ich in ihrer Sprache, „tierisch geiler Heyday."

„Muß eine hübsche junge Beamtin gewesen sein," folgerte Pio aus meiner Antwort.

16.

Wenn Pia und Pio in der Schule ihre Religionszugehörigkeit nennen sollten, gab es immer die gleiche Schwierigkeit.

„Evangelisch?“ wurden sie gefragt.

„Nein,“ antworteten die Kinder.

„Also katholisch,“ wollten die Lehrer eintragen.

„Katholisch auch nicht,“ entgegneten Pia und Pio.

„Ihr seid also ohne Glauben? Kleine Heiden?“

Als solche fühlten sich Sohn und Tochter aber keineswegs – waren sie doch im Geist des Evangeliums erzogen worden.

„Pappi,“ baten sie mich eines Tages um Rat, „was sollen wir denn bloß sagen?“

„Die Wahrheit,“ antwortete ich ihnen. „Sagt, ihr wäret Christen.“

Nach der nächsten Versetzung, als ein neues Klassenbuch angelegt wurde, kamen sie nach dem ersten Schultag begeistert nach Hause.

Die neuen Klassenlehrer, so berichteten sie, hätten bei den Eintragungen wieder gefragt: „Evangelisch?“

„Nein,“ hatten die Kinder – schon in geheimer Vorfreude auf das, was kommen würde – erwidert.

„Also Katholiken?“

„Auch nicht.“

„Na, was denn?“ kam es ungeduldig.

„Christen,“ antworteten Pia und Pio – und die Lehrer hätten dumme Gesichter gemacht und nicht gewußt, was sie nun eintragen sollten. –

„Warum sind wir eigentlich nicht in einer Kirche?“ fragten mich die Kinder, als wir eines Abends im Fernsehen den sympathischen polnischen Papst irgendwo in Südamerika durch die jubelnden Massen fahren sahen.

„Das seht ihr doch gerade selbst wieder – da, vor euch auf dem Bildschirm."

„Äh?" machten Pia und Pio verständnislos.

„Die Priester und Pfarrer predigen, woran sie selbst nicht glauben, wonach sie nicht leben – und die Kirchen haben eine Vergangenheit, die das mörderischste Treiben aller politischen Institutionen in den Schatten stellt. Jesus ist entsetzlich verraten und vermarktet worden. Soll ich das mitmachen?"

„Tschitschly," wandte Pia ein, „ich weiß ja, daß du so etwas nicht ohne Grund sagen würdest, doch was hat diese Fernsehübertragung damit zu tun?"

„Aber Liebling," versuchte ich ihr zu erklären, „denk doch mal nach. Da predigen diese Leute, daß auf der Welt ohne den Willen Gottes nichts geschehen könne: Kein Spatz fiele vom Dach, und auf deinem Haupte würde nicht ein einziges Haar gekrümmt.

Vielleicht stimmt das sogar – ich weiß es nicht. Aber sieh dir nun diesen Stellvertreter Christi an, wie er in einer gepanzerten Limousine seinen Segen austeilt. Er scheint doch kein großes Vertrauen zu den Versprechungen seines Chefs zu haben, wie?"

„Pappi," rief Pia empört, „wie kannst du von Gott als 'Chef' sprechen!"

„Vielleicht weil der Gott dieses Papstes nicht der meine ist. Stell dir vor, Christus wäre in einem gepanzerten Wagen in Jerusalem eingezogen..."

Jetzt mußten die Kinder lachen.

„Und so ist es mit allem," fuhr ich fort. „Sie predigen: 'Sorget nicht für den nächsten Tag' – und selbst haben sie sich mit hohen Gehältern, Pensionen und schönen Pfarrhäusern derart abgesichert, daß ihnen – unkündbar, wie sie sind – bis zu ihrem Tode nichts passieren kann. Jeder Geschäftsmann, ob Bäcker oder Industrieller, jeder Angestellte ist einem größeren existentiellen Risiko ausgesetzt als diese merkwürdigen Nachfolger Christi. 'Umsonst habt ihr empfangen – umsonst gebt auch' lehrte Jesus – aber unsere Seelsorger lassen ihre Steuern vom Staat, vom Finanzamt einziehen; und wenn du nicht rechtzeitig zahlst, kommt der Gerichtsvollzieher und pfändet dir die Sachen weg. Könnt ihr da sagen, daß diese Faselhänse wie 'die Lilien auf dem Felde' leben – oder wie 'die Vögel unter dem Himmel'? Die nicht sorgen und von ihrem himmlischen Vater doch ernährt werden? Jesus konnte das alles lehren, er hat es ja auch vorgelebt. Er besaß nichts: bei seiner Geburt keine Wiege – und als er starb, mußte man sich für ihn von einem reichen Mann sogar ein Grab für drei Tage ausborgen.

'Wenn ihr Glaube habt wie ein Senfkorn,' sagte Christus, 'könnt ihr das gleiche tun wie ich – und noch mehr.' Und nun seht euch an, was unsere Theologen können: gar nichts.

,Gehet hin in alle Welt und lehrt das Evangelium und heilt die Kranken,' predigte Jesus. Habt ihr schon einmal einen Pfarrer Kranke heilen sehen? Aber woher sollte ihnen auch die Vollmacht dazu kommen, wenn der Glaube selbst des Mannes, den sie zum Stellvertreter Christi ernannt haben, so gering ist, daß er sich hinter Panzerglas versteckt, wenn er sich unter seine Schäflein begibt.

Lest das Evangelium: 'Nicht jeder, der zu mir sagt: Herr, Herr! wird in das Reich der Himmel eingehen, sondern wer den Willen meines Vaters tut, der in den Himmeln ist. Viele werden an jenem Tage zu mir sagen: Herr! Herr! Haben wir nicht in deinem Namen geweissagt...

Und dann werde ich ihnen bekennen: Ich habe euch niemals gekannt. Weicht von mir, ihr Übeltäter...'

Unsere Kirchenleute 'haben ihren Lohn bereits dahin'. Und wenn diese Organisationen überhaupt noch bestehen, dann deshalb, weil es immer wieder einen Franz von Assisi, eine Mutter Teresa oder einen Padre Pio gibt; und nicht nur die – es gibt sie ähnlich zu Tausenden, unerkannt, nicht vom Fernsehen entdeckt. Denen verdanken die Kirchen, daß sie heute noch existieren."

Nach einer Weile des Schweigens – das Programm hatte inzwischen gewechselt und zeigte den Bundestagsabgeordneten Lämmermann, der sich lächerlicherweise mit erhobenem Zeigefinger unterstand, die Sowjetunion eindringlich vor irgend etwas zu 'warnen' – fragte Pia: „Aber das mit den politischen Institutionen, Pappi, hast du bloß so gesagt. Du meintest sicher nur die katholische Kirche, die Hexenverbrennungen und so."

„Wie kommst du darauf, daß Hexen nur von den Katholiken verbrannt wurden?"

„Na, Luther und die Protestanten haben doch damit Schluß gemacht."

„Du ungebildetes Kind," rief ich, „wer hat dir denn diesen Unsinn weisgemacht? Die Evangelischen haben mit den Katholiken im Hexenverbrennen gewetteifert und hatten in Luther einen eifrigen Fürsprecher, der auch noch alle möglichen anderen Unglücklichen umgebracht sehen wollte!"

„Beweise!" sagte Pio in seiner kurzen Art – und sein Gesicht drückte genauso ungläubiges Staunen aus, wie das seiner Schwester, die hinzufügte: „Diesmal übertreibst du sicher."

„Laßt mir ein paar Minuten Zeit, dann bringe ich euch die verlangten Beweise," entgegnete ich. „Es gibt genug Material darüber, aber man muß sich darum bemühen. Freilich: In der Schule und auch in den Universitäten wird – was Luthers Werke betrifft – meist mit Auszügen gearbeitet, und wenn etwas den großen Mann diskriminieren könnte, wird es weggelassen. Wer nimmt es schon auf sich und liest die Schriften des Reformators in der Urform. Dieses alte Deutsch ist oft schwierig zu verstehen. Aber Geduld, ich habe ein paar Unterlagen, die sicher ausreichen werden, euch zu überzeugen."

Nachdem ich das Notwendige zusammengetragen hatte, versuchte ich – wie so oft – meine Kinder von gängigen Klischee-Vorstellungen zu befreien. Sie sollten lernen, Meinungen, Urteile oder Ansichten nicht ungeprüft zu übernehmen.

„Wenn Eichmann und andere nationalsozialistische Größen Verbrecher waren – und wer möchte das bezweifeln –, so war doch Martin Luther, dem zu Ehren man Jubelfeiern ausrichtet, ein bei weitem größerer. Denn Eichmann war letztlich nur einer von vielen Henkern, untertan der Obrigkeit, und zwar in ähnlichem Sinn, wie es Paulus und Luther befahlen. In seiner 'Ermahnung zum Frieden auf die zwölf Artikel der Bauernschaft in Schwaben' schreibt Luther im Jahr 1525 sogar ausdrücklich, daß man sich auch gegen ein verbrecherisches Regime nicht auflehnen dürfe: 'Daß die Obrigkeit böse und unrecht ist, entschuldigt keine Rotterei noch Aufruhr. Denn die Bosheit zu strafen, das gebührt nicht einem jeglichen, sondern der weltlichen Obrigkeit, die das Schwert führt. Wie Paulus Römer 13 und Petrus 1. Pet. 3 sagt, daß sie – die bestehenden Obrigkeiten – zur Strafe der Bösen von Gott verordnet sind."

Pio unterbrach mich. „Das würde ja bedeuten, Hitler war den Deutschen von Gott verordnet."

„Na, nicht nur uns," fiel Pia eifrig ein, „allen, die unter ihm zu leiden hatten."

„Richtig," bestätigte ich. „Selbst wenn Eichmann erkannt hätte, daß die Führung des Dritten Reichs 'böse und unrecht' gewesen ist, hätte er doch nach Luther die Hand gegen seinen Führer nicht erheben dürfen. Es war gewissermaßen sein persönliches Pech, daß ihm Hitler die Vernichtung der Juden befahl. Hätte der Reichskanzler angeordnet, Eichmann möge dafür Sorge tragen, daß arme jüdische Jungen und Mädchen in aller Welt monatlich ein Lebensmittelpaket erhalten sollten, wäre es für Eichmann genauso die Erfüllung einer nationalen Pflicht gewesen, Güterzüge mit Lebensmitteln für jüdische Kinder zu organisieren. Nicht so Luther. Der war kein Rad im Getriebe einer mörderischen Maschine – der predigte den Antisemitismus von sich aus, und was er sprach und schrieb, wurde zum Unglück und Tod von Unzähligen. Denn er hetzte nicht nur gegen die Juden, er forderte auch den Mord an 'Hexen', aufständischen Bauern, oder sogar an unehelichen Kindern...

Und was damals wirklich zu reformieren gewesen wäre, ignorierte dieser entsetzliche Mann. Im Gegenteil: Er machte das dunkle Mittelalter noch finsterer. Sogar der Teufel – bis zu Luther von einem pfiffigen Bäuerlein noch übers Ohr zu hauen, im Volksglauben halb ernst, halb scherzhaft genommen – wurde durch Luther zu einer wahrhaft furchtbaren Erscheinung. Was hat er reformiert? Theologische Streitereien? Kirchliche Dogmen? Wenn man zur Verteidigung des Exmönchs antwortet, er hätte ja aber doch die Bibel übersetzt, dann kann man mit demselben Recht zugunsten Hitlers anführen, der Diktator habe die Autobahnen gebaut. Und wenn man meint, Luther sei aber doch 'sonst' ein großer Mann gewesen, so muß man fragen: wo oder wie 'sonst'?

Man kann die Bibelübersetzung in ihrer Schönheit nicht schmälern – ebenso wie man nicht bestreiten kann, daß die Autobahnen ohne Rücksicht auf die Kosten so gebaut wurden, daß sie den landschaftlichen Schönheiten gerecht wurden. Aber ist die Bibelübersetzung den Feuertod einer einzigen Frau wert, die auf den Einfluß des 'Reformators' hin verbrannt wurde? Wenn man von der Diktatur, dem Judenmord, dem Zweiten Weltkrieg und einigem anderen absieht, war Hitler vielleicht auch 'ein großer Mann'? Leider hat die 'historische Größe' der meisten Männer Millionen Tote im Gefolge.

Was die Historie und unsere Geschichtsschreiber betrifft, so haben wir uns daran gewöhnt: ob es sich dabei um Alexander den Großen, Napoleon oder Friedrich den Großen handelt. Wenn es aber um das Evangelium geht, sollte man der unwissenden Mitwelt keine potentiellen Mörder als Beispiel großartigen Christentums hinstellen. Das heißt Schindluder mit dem Glauben des Volkes treiben, das heute – wie ihr – aufgrund geschickter Propaganda tatsächlich annimmt, Luther sei den grauenvollen Auswüchsen seiner Zeit entgegengetreten. Im übrigen hat Luther nicht – wie alle Welt denkt – die erste Bibelübersetzung geliefert. Schon etwa 100 Jahre vor ihm gab es eine erste deutsche Übersetzung – und zu seiner Zeit existierte auch die sogenannte 'Kölner Bibel', eine niederdeutsche Übertragung, die auf die Vulgata zurückging."

„Aber Luther war doch ein Kind seiner Zeit," warf Pia ein. „Entschuldigt das nicht vieles?"

„Pialein, Schreibtischtäter wie er – Eichmann hat ja auch keinen Juden persönlich umgebracht – haben diese Zeit ja erst zu so einer furchtbaren Zeit gemacht. Es gab damals genug Persönlichkeiten, die unter Einsatz ihres Lebens dem vielfachen Terror Einhalt zu gebieten versuchten. Nicht die Berufs-Christen – ob evangelisch oder katholisch – waren es, die der etwa 500 Jahre wütenden Hexenverbrennung ein Ende gemacht hätten; das waren Humanisten, Philosophen, Ärzte, Naturwissenschaftler.

Nietzsche schrieb: 'Nicht ihre Nächstenliebe, sondern ihre Ohnmacht hindert die Christen von heute, uns zu verbrennen.' Zitiert man etwas aus Luthers Werken, das gegen den 'Reformator' spricht, so wird er in der Regel mit dem Einwand verteidigt, man habe das Zitat 'aus dem Zusammenhang gerissen'. Deshalb lese ich euch längere Passagen vor, zum Beispiel aus seiner Schrift 'Von den Juden und ihren Lügen': 'Darum wisse du, lieber Christ, und zweifle nicht daran, daß du nächst dem Teufel keinen bittereren, giftigeren, heftigeren Feind hast als einen rechten Juden, der mit Ernst ein Jude sein will. Darum, wo du einen rechten Juden siehst, magst du mit gutem Gewissen ein Kreuz für dich schlagen und frei und sicher sprechen: Da geht ein leibhaftiger Teufel.'"

„Laß mal sehen," unterbrach mich Pio und las den Text noch einmal selbst. Dann gab er mir kopfschüttelnd das Buch zurück.

„Wie man den 'Teufeln' zu Leibe gehen kann, sieht Luther so: 'Erstens soll man ihre Synagogen oder Schulen mit Feuer anstecken und, was nicht verbrennen will, mit Erde überhäufen und zuschütten, daß kein Mensch einen Stein oder eine Schlacke davon sehe ewiglich... Zum anderen soll man auch ihre Häuser desgleichen zerbrechen und zerstören. Denn sie treiben drin, was sie in ihren Schulen treiben. Dafür mag man sie etwa unter ein Dach oder in einen Stall tun, wie die Zigeuner...

Zum dritten soll man ihnen alle ihre Betbüchlein und Talmudisten nehmen, in denen solche Abgötterei, Lügen, Fluch und Lästerung gelehrt wird.

Zum vierten soll man ihren Rabbinen bei Leib und Leben verbieten, hinfort zu lehren; denn dieses Amt haben sie mit allem Recht verloren...

Fünftens soll man den Juden das Geleit und die freie Straße ganz aufheben. Denn sie haben nichts auf dem Lande zu schaffen, weil sie weder Herren noch Amtleute noch Händler oder dergleichen sind. Sie sollen daheim bleiben...

Sechstens soll man ihnen den Wucher verbieten und ihnen alle Barschaft und Kleinodien an Silber und Gold nehmen... Und dies ist der Grund dafür: Alles, was sie haben, haben sie uns gestohlen und geraubt durch ihren Wucher...'

Aufmunternd weist Luther seine Landsleute auf die Pogrome in anderen Ländern hin: '...so laßt uns bei der natürlichen Klugheit der anderen Nationen wie Frankreich, Spanien, Böhmen usw. bleiben und mit ihnen abrechnen, was sie uns abgewuchert haben; und darnach gütlich geteilt, sie aber auf jeden Fall zum Land hinausgetrieben!‘

Und seufzend stellt der ’Reformator‘ fest: ’Wir wollten gerne ein Geschenk dazu geben, daß wir sie los wären, denn sie sind uns eine schwere Last wie eine Plage, Pestilenz und lauter Unglück in unserem Lande...‘

Und an anderer Stelle: ’Was wollen wir Christen nun mit diesem verworfenen, verdammten Volk der Juden tun? ...kurz und gut, es sind junge Teufel, zur Hölle verdammt.‘“

Pia sah bestürzt aus. „Aber Pappi, alle feiern ihn. Bei einem Festakt Luther zu Ehren saßen neulich der Bundespräsident, der Bundeskanzler, der evangelische Landesbischof, ein Kardinal und ein Vertreter der Juden zusammen. Wie ist das möglich?“

Ich zuckte die Achseln: „Ein Mann, der so bedingungslos predigt ’Seid untertan der Obrigkeit‘ nützt allen. Jedenfalls wurden Luthers Ratschläge von den Nationalsozialisten präzise befolgt – sie konnten sich immer auf ihn berufen: Gleich nach dem Teufel kamen die Juden – wenn man sie nicht selbst gar als ’junge Teufel‘ ansah.

Synagogen und Schulen sollten in Flammen aufgehen, ihre Häuser zerstört, sie selbst wie die Zigeuner in Ställe zusammengetrieben werden. Bei ’Leib und Leben‘ wurde ihren Geistlichen das Lehren verboten, die Bewegungsfreiheit auf den Straßen eingeschränkt oder aufgehoben. Ihr Hab und Gut hat man ihnen genommen und ’gütlich geteilt‘, sie selbst zunächst zum Lande hinausgetrieben – später vernichtet.

In einer seiner großen Reden verglich Propagandaminister Dr. Goebbels die Juden mit dem Kartoffelkäfer, der seiner Natur nach zerstören müsse... Eine ’Plage, Pestilenz‘, wie Luther schrieb. Aber so schlimm diese Tiraden des ’Reformators‘ auch klingen mögen – im Vergleich zu dem, was er mit seinen theologischen Gegnern vorhatte, sind sie noch harmlos. Da forderte er die Fürsten, die Könige und die Kaiser auf, die Entscheidung nicht mehr mit Worten, sondern mit Gewalt herbeizuführen:

’Wenn wir die Diebe mit dem Galgen, die Räuber mit dem Schwert, die Ketzer mit dem Feuer strafen, warum greifen wir nicht lieber diese Lehrer des Verderbens, diese Kardinäle, diese Päpste und diesen ganzen Unrat des römischen Sodom, das die Kirche unablässig zugrunde richtet, mit allen Waffen an und waschen unsere Hände in ihrem Blut?'

Auch die Bücherverbrennung hat Luther den Nationalsozialisten vorgemacht: Am 10. Dezember 1520 verbrannte er in Wittenberg auf einem Schindanger vor Professoren und Studenten Schriften der scholastischen Theologie und mehrere Ausgaben des kanonischen Rechts, das damals Rechts- und Gesellschaftsordnung für große Teile Europas war. 'Was erfrecht sich dieser räudige Mönch?' rief Luthers Zeitgenosse, der Jurist Henning Goede, aus."

„Die Christen haben ja schon im Jahr 390 die Serapeion-Bibliothek in Alexandria mit zweihunderttausend Schriftrollen verbrannt," erinnerte mich Pio. Immer, wenn ich daran dachte, fühlte ich wirklichen körperlichen Schmerz.

Was für ein riesiges Wissen der antiken Welt war da vernichtet worden. Doch ich zwang mich, beim Thema zu bleiben.

„Kann man sich vorstellen, daß ein Christ im Gebet um Flüche bittet? Daß er im Gebet vor seinen Gott hintritt und einen Fluch erfleht? Luther scheute sich nicht, uns das in seinen 'Tischreden' mitzuteilen: 'Erasmus ist der nichtswürdigste Ungläubige, der jemals die Erde schändete... Wenn ich bete, so bete ich um einen Fluch auf Erasmus!'

Christus lehrte zwar, daß dem höllischen Feuer verfallen sei, wer zu seinem Nächsten sagt: du Narr – und das ist ja doch ziemlich harmlos –, aber für den Reformator war das wohl nicht maßgebend."

„Meinte Luther Erasmus von Rotterdam, der ihm zur Bibelübersetzung so viele wichtige Unterlagen geliefert hatte?" fragte Pia.

„Genau den – und natürlich war Erasmus nicht ungläubig. Er war als niederländischer Theologe und Philologe einer der berühmtesten Humanisten und recht kosmopolitisch eingestellt. Er bemühte sich um eine Synthese von Antike und Christentum.

Man hat manchmal den Eindurck, Luther habe das Evangelium – insbesondere die Bergpredigt – nie gelesen; und dabei hat er es doch in eine so wunderbare Sprache übersetzt.

Luthers Unmenschlichkeit wird in der Literatur nur vereinzelt und sehr selten erwähnt. Es ist, als habe man eine stillschweigende Übereinkunft getroffen, diesen deutschen Heros unangetastet zu lassen. Solche – eher beiläufigen – Bemerkungen, wie sie Alex Möller in seinem Buch 'Tatort Politik' bringt, sind nicht häufig zu finden: 'Selbst Luther beteiligte sich an der Hetze gegen die Juden: 'Trau keinem Fuchs auf grüner Heid – und keinem Jud bei seinem Eid.' – Auch die Euthanasie wurde von Luther befürwortet. So empfahl er 1541, einen zwölfjährigen 'Wechselbalg' – ein nichteheliches Kind – im Fluß zu ertränken, da es nur ein Stück Fleisch ohne Seele sei und vom Teufel stamme.'

Wie wir gesehen haben, hat sich Luther über die Juden noch ganz anders ausgelassen – und es ist bezeichnend, daß Möller als Beispiel für Luthers Antisemitismus nur diesen kleinen, eher harmlosen Vers bringt, der von den Nationalsozialisten als Titel einer Kinderfibel 'für große und kleine Kinder' benutzt wurde, die 1936 'auf keinem Weihnachtstisch fehlen' sollte. Dagegen scheut Möller sich nicht, Luthers Eintreten für die Euthanasie zu erwähnen, wobei man fragen muß, ob das Ertränken eines zwölfjährigen Kindes 'Euthanasie' genannt werden kann...

Auch hier kehrt Luther das Gebot Christi in sein Gegenteil um: Jesus drohte, daß es für jemanden, der einem dieser Kleinen etwas zuleide täte, besser sei, daß ihm ein Mühlstein um den Hals gehängt und er ersäuft würde. Der Reformator der Lehre Jesu will Kinder ersäuft sehen; was sein Heiland sagte, scheint ihm offensichtlich nur für evangelische, eheliche Kinder zu gelten. Auch hier hatten die Nationalsozialisten in Luther jemanden, der ihnen bei ihren Massentötungen 'unwerten Lebens' als Rechtfertigung dienen konnte. In allen grundsätzlichen Dingen hat Luther nicht getan, was Jesus gefordert hat. Lest zum Beispiel nach, wie scharf Christus Ehebruch verurteilt. Doch Luther setzte sich buchstäblich über alles hinweg, was der Gottessohn lehrte, wenn es seinem politischen Kalkül nützlich war. So scheut er nicht davor zurück, eine 'Doppelehe' des Philipp von Hessen offiziell zu billigen. Der seinerseits hatte die erste protestantische Universität in Marburg gegründet. Eine Hand wäscht die andere..."

„Pappi, du bist schlimm", bemerkte Pia.

„Ich bin nicht schlimm, ich habe mich nur nie angepaßt. Ich übernehme keine heiligen Kühe, weder von Theologen, Philosophen oder Politikern. Vielleicht ist das unklug – denn so erhältst du von keiner Seite Förderung; niemand kann dich für sich vereinnahmen, du nützt keiner Partei, keiner Kirche, keiner Rasse. Und so stehst du ziemlich einsam da. Doch weiter: Man muß immer wieder fragen: Was hat der Reformator reformiert? Lassen wir dabei theologisches Gezänk über die Auslegung des Evangeliums unberücksichtigt. Ist er etwa sozialen Mißständen entgegengetreten?

Als die bis aufs Blut ausgesaugten, weitgehend rechtlosen Bauern 1524/25 in 12 Artikeln unter Berufung auf die Bibel ihre sozialen Forderungen stellen, als sie sich weigern, ihren adligen Herren weiterhin das 'Recht der ersten Nacht' zu gewähren – das hieß, daß einer, der heiraten wollte, sein Mädchen zunächst seinem Grafen, Fürsten etc. ins Bett legen mußte –, da schreibt Luther, man sollte die aufständischen Bauern wie tolle Hunde totschlagen: 'Drum solle hier zuschmeißen, würgen und stechen heimlich oder öffentlich wer da kann und gedenken, daß nichts giftigeres, schädlicheres, teuflischeres sein kann, als ein aufrührerischer Mensch, gleich als wenn man einen tollen Hund totschlagen muß...' Luther war die bittere Not der Bauern natürlich bekannt – und zuerst hatte er sich auch auf ihre Seite gestellt. In einer Schrift 'An die Fürsten und Herren' schrieb er: 'Denn das sollt ihr wissen, liebe Herren, Gott schafft's also, daß man nicht kann, so will noch soll eure Wüterei die Länge dulden. Ihr müßt anders werden und Gottes Wort weichen. Tut ihrs nicht durch freundliche willige Weise, so müßt ihr's tun durch gewaltsame und verderbliche Unweise. Tun's diese Bauern nicht, so müssen's andere tun. Und ob ihr sie alle schlügt, so sind sie noch ungeschlagen. Gott wird andere erwecken. Denn er will euch schlagen und wird euch schlagen. Es sind nicht die Bauern, liebe Herren, die sich wider euch setzen, Gott ist's selber, der sich wider euch setzt, heimzusuchen eure Wüterei.'

Solche Worte aus der Feder des Reformators mußten den Bauern Mut machen – und sie setzten in der Tat ihre Hoffnungen und ihr ganzes Vertrauen in den Kirchenmann, der sie so schnell verraten und sich wieder auf die Seite der Mächtigen stellen sollte. Wenn der Bauernaufstand so rasch ein gewaltiges Ausmaß annahm, dann nicht zuletzt deshalb, weil sich die Bauern von Luther unterstützt und in ihm einen der ihren sahen. Wie furchtbar sollten sie das büßen! Denn der Adel nützte den Freibrief des Reformators auf entsetzliche Weise: Die Bauern wurden nicht nur totgeschlagen wie tolle Hunde, sondern auf alle nur vorstellbare Arten gefoltert und verstümmelt. War es zuerst 'Gott selbst', der sich der 'Wüterei' des Adels entgegenstellte –, so machen die Bauern bei Luther eine plötzliche Metamorphose zu – natürlich! – leibhaftigen Teufeln durch.

Dabei schämt sich der 'Reformator' nicht, die sozialen Forderungen der Bauern zu verdammen und sogar die Leibeigenschaft zu verteidigen. Denn, so argumentiert er in seiner 'Ermahnung zum Frieden auf die zwölf Artikel der Bauernschaft in Schwaben', es sei wider das Evangelium und räuberisch, seinem Herrn den eigenen Leib wegzunehmen, der ja doch dem Herrn gehöre. Wörtlich schreibt dieser merkwürdige Gottesmann: 'Auf den dritten Artikel. Es soll keine Leibeigenen geben, weil uns Christus alle befreit hat. Was ist das? Das heißt christliche Freiheit ganz fleischlich machen. Haben nicht Abraham und andere Patriarchen und Propheten auch Leibeigene gehabt? Lest Sankt Paul, was er von den Knechten, welche zu der Zeit alle leibeigen waren, lehret. Darum ist dieser Artikel stracks wider das Evangelium und räuberisch, da so ein jeglicher seinen Leib, der seinem Herrn zu eigen geworden ist, seinem Herrn nimmt.'

Aber 'sonst' – nach allem, was ich jetzt vorgelesen habe, ist Luther ein großer Mann gewesen, der mir und euch ein Vorbild sein soll? Prof. Werner Stein schreibt in seinem großen 'Kulturfahrplan', nach Veröffentlichung der Schrift 'Wider die räuberischen und mörderischen Rotten der Bauern' hätten sich weite Volkskreise enttäuscht von Luther abgewandt.

Aus der Bibel, dem sogenannten Wort Gottes, holen sich ja Theologen und Machthaber seit nun fast zweitausend Jahren jeweils das, was sie zur Beherrschung des 'verstockten' Volkes brauchen. Da das mit dem, was Jesus gelehrt hat, nicht zu machen ist, werden die Apostel und die Bücher des Alten Testaments nach Belieben herangezogen; auch wenn ihr Inhalt in krassem Gegensatz zur Lehre Christi steht. Der Eiferer und Frauenfeind Paulus ist besonders gut zu zitieren. Wenn Luther sich auf den ersten Petrus-Brief beruft, so hätte er selbst zunächst beherzigen sollen, daß Petrus dort, im 3. Kapitel, eindringlich mahnt, nicht 'Scheltworte mit Scheltworten' zu vergelten, sondern zu segnen, weil die Christen zum Segnen berufen seien. Aber Luther hatte für die Ärmsten der Armen nur 'Scheltworte', soweit er nicht dazu aufforderte, sie umzubringen: 'Teufelswerk treiben sie,' schrieb er. 'Die sich wider ihre Herren setzen, haben verwirkt Leib und Seele, als treulose, meineidige, lügenhaftige, ungehorsame Buben und Bösewichter.'

Da sich die Bauern – zu recht! – auf das Evangelium beriefen, waren sie zudem auch 'Gotteslästerer', die dem Teufel dienten, weshalb sie wohl zehn mal den Tod an Leib und Seele verdienten.'

Betrachtet die Geschichte: Entsetzliche Dinge geschahen und geschehen, wenn Staat und Religion gemeinsam das Regiment führen. Dann ist jedem Unrecht, jeder Art von Fanatismus Tür und Tor geöffnet. So teilt denn Luther auch seinen Oberen mit: 'Ich glaube, daß kein Teufel mehr in der Hölle ist, sondern sie sind alle in die Bauern gefahren...'

Sogar eine 'heidnische Obrigkeit' – so schreibt Luther – hätte das Recht und die Macht, die Bauern zu strafen. Ein Fürst sei hier 'der Diener des Zorns Gottes'. Erschlagene Bauern wären mit Leib und Seele verloren und ewig des Teufels – wer aber von der Obrigkeit fiele, sei ein rechter Märtyrer für Gott. Hundert Tode gar soll ein Christ erleiden, der auch nur ein Haarbreit für die Sache der Bauern eintritt.

Als gegen seine Ausfälle Proteste laut wurden, antwortete Luther: 'Und zum ersten soll man die warnen, die mein Büchlein tadeln, daß sie das Maul halten und sich vorsehen, denn gewißlich sind auch sie aufrührerisch... Mit der Faust muß man solchen Mäulern antworten, daß der Schweiß zur Nasen ausgehe...

Sagt man, ich sei gar ungütig und unbarmherzig hierin, antworte ich: barmherzig hin, barmherzig her – wir reden jetzt von Gottes Wort, der will den König geehrt und die Aufrührerischen verderbt haben...'

Zynisch wird der Reformator, wenn er die Bauern belehrt, sie hätten nun wohl gelernt, 'wie ihnen zu wohl gewesen ist und sie die guten Tage im Frieden nicht ertragen konnten.'"

Zu meinen Füßen stapelte sich die Literatur – und meine Kinder sahen ängstlich auf die Bücher, aus denen ich noch nicht vorgelesen hatte.

„Dauert es noch lange, bis du fertig bist?“ fragte Pia. „Das ist ja alles sehr interessant – aber langsam reicht's mir.“

„Du hast gemeint, ein Vergleich zwischen Politikern und Inquisitoren sei nicht zulässig, deshalb gestatte mir dazu noch einige Zitate.

'Wenn die Hexe den Teufel als ihren Herrn anerkannt hat,' schreibt Herbert Haag in seinem Buch 'Teufelsglaube', 'pflegt sie nachts mit ihm auf schändliche und widernatürliche Weise geschlechtlichen Umgang. Obwohl sie dabei Schmerzen erleiden muß und vom Teufel schamlos mißbraucht wird, sucht sie angeblich freiwillig und sehnsuchtsvoll diese 'Buhlschaft'... Ob aus einer solchen Verbindung tatsächlich Kinder entstehen, war bis zur Zeit des Thomas von Aquin umstritten. Er selbst vertrat jedoch die Ansicht, daß der Teufel wegen seiner Immaterialität sich zuerst als Succubus das Sperma beschaffen müsse...'

Über Luther schreibt Haag: 'Geschlechtsverkehr der Hexen mit Dämonen nimmt er unter Berufung auf hervorragende Autoren, womit Augustinus und Thomas gemeint sind, ebenso gläubig an wie ihre Fähigkeit, Milch zu melken, Wetter zu machen und durch die Luft zu reiten. Deshalb verteidigte er auch die gewaltsame Ausrottung der 'Teufelshuren' und sprach sich, vor allem in Predigten und Tischreden, immer wieder gegen jede Barmherzigkeit mit Hexen aus. Ja, nach der Nachmittagspredigt am 22.8.1529 tat er persönlich einige Hexen in den Bann.

Wegen seines hohen Ansehens, das er in den protestantischen Kirchen genoß, wurde er auch in den Fragen des Teufels- und Hexenglaubens zur Autorität, so daß die lutherischen Theologen in ihren lawinenartig anschwellenden Hexenpredigten neben der Bibel sich auch auf ihn berufen konnten, was im Volk schwerwiegende Folgen hatte. Nicht von ungefähr wurden in Wittenberg bereits am 29.6.1540, zu einer Zeit, wo in Deutschland Hexenverbrennungen noch recht selten waren, vier Menschen als Hexen und Zauberer verbrannt.'

Nichts da also mit der weitverbreiteten Ansicht, Luther habe dazu beigetragen, den Greueln des Mittelalters ein Ende zu bereiten.

Und Soldan-Heppe schreibt in seiner 'Geschichte der Hexenprozesse': 'Auch die Reformation hat das Übel nicht gebrochen. Luther, Zwingli, Calvin kämpften gegen große und kleine Auswüchse des Pfaffentums; ihrem bizarrsten und blutigsten, dem Hexenprozesse, hat kein Reformator die Maske abgezogen, vielmehr fuhren die Protestanten – nach kurzem Besinnen – fort, mit den Katholischen in unsinniger Verfolgungswut zu wetteifern...'

Wie sehr entrüsten sich die Kirchen heute über Verfolgungen in den kommunistischen Ländern. Aber als sie die Macht in Europa innehatten, haben sie so gewütet, daß im Vergleich zu ihren Folterkammern die Schrecken der Arbeits- und Konzentrationslager von Diktatoren zu verblassen drohen."

„Pappi!" rief, nein schrie Pia jetzt, „bist du verrückt geworden?"

„Leider weiß ich nur zu genau, was ich sage – und ich bin auch sicher, daß du mir zustimmen wirst."

„Das halte ich für unmöglich", erklärte sie.

„Dann sind ein paar ausführlichere Darlegungen notwendig, die ich dir eigentlich ersparen wollte. Aber unglaubwürdig möchte ich in deinen Augen nicht scheinen. In seinem 'Beitrag zur deutschen Geschichte' schildert von Wächter die Anwendung der Folter: 'Man begann die Tortur – auch die peinliche Frage, die scharfe Frage genannt – gewöhnlich mit dem Daumenstock, indem man den Angeklagten entblößte und anband und dessen Daumen in Schrauben brachte, diese langsam zuschraubte und so die Daumen quetschte. Half dieses nichts, so nahm man die Beinschrauben oder spanischen Stiefel, durch die Schienbein und Waden glattgepreßt wurden, nicht selten bis zur Zersplitterung der Knochen. Zur Erhöhung der Qual wurde dabei noch zwischendurch mit dem Hammer auf die Schraube geschlagen. Um nicht durch das Jammergeschrei der Gefolterten molestiert zu werden, steckte ihnen der Scharfrichter ein Kapistrum in den Mund, das das Schreien unmöglich machte. Der nächstfolgende Grad der Folterung war der Zug, die Expansion oder Elevation. Dem Angeschuldigten wurden hierbei die Hände auf den Rücken gebunden und an diese ein Seil befestigt. An diesem Seile wurde nun der Unglückliche bald frei in der Luft schwebend durch einen an der Decke angebrachten Kloben, so im Waldeck'schen, bald an einer aufgerichteten Leiter, bei der oft in der Mitte eine Sprosse mit kurzen, spitzen Hölzern – dem 'gespickten Hasen' – angebracht war, gemächlich in die Höhe gezogen, bis die Arme ganz verdreht über dem Kopf standen, worauf man ihn mehrmals rasch hinabschnellen ließ und 'gemächlich' wieder hinaufzog.

Erfolgte auch jetzt noch kein Geständnis, so hing man den Gefolterten, um die Glieder noch ärger und noch qualvoller auseinanderzurecken, schwere Gewichte an die Füße und ließ ihn so eine halbe, oft eine ganze Stunde und noch länger hängen, legte ihm oft auch noch die spanischen Stiefel an... Half auch diese oder eine ähnliche Tortur nichts, so träufelte man dem Inquisiten brennenden Schwefel oder brennendes Pech auf den nackten Körper oder hielt ihm brennende Lichter unter die Arme oder unter die Fußsohlen oder andere Teile des Körpers.' Soldan-Heppe berichtet weiter: 'Im Fürstentum Münster pflegte der Scharfrichter dem Angeklagten in diesem letzten Stadium der Folter die Arme und die Schulterknochen aus ihrem Schultergelenk ausbrechen, die Arme rückwärts am Hinterkopf fest zusammenschnüren und ihn durch seine Knechte so aufziehen zu lassen, daß seine Füße einige Spannen weit vom Boden hingen. Zur Vergrößerung der Schmerzen brachte der Scharfrichter in Zwischenpausen an den Händen und Füßen der Unglücklichen wieder die Daumenschrauben und die spanischen Stiefel an und ließ sie von Zeit zu Zeit versetzen und fester anschrauben. Außerdem schlugen ihn die Henkersknechte mit Ruten oder mit Lederriemen, die am Ende mit Blei beschwert oder mit scharfen Haken versehen waren, und zwar so lange, bis der Scharfrichter mit der Peinigung einzuhalten befahl, damit nicht der Tod des Gefolterten erfolge.'

Man spricht zwar allgemein von den Hexenverbrennungen – aber Männer und Knaben blieben in keiner Weise von der Verfolgung verschont. Sie wurden genauso gequält wie Mädchen und Frauen, und Soldan-Heppe bemerkt dazu, es hieße den Teufel beleidigen, wolle man diese Folterungen satanisch nennen. Er meint, die Konquistatoren in der Neuen Welt und selbst die entmenschte Soldateska in der schrecklichsten Epoche des Dreißigjährigen Krieges waren mild zu nennen gegen jene blutgierigen Bestien in Menschengestalt. Nehmen wir den Fall des Braunschweiger Rechtsgelehrten Hennig Brabant: 'Als man ihm in unerhörten Folterqualen das Bekenntnis eines Bündnisses mit dem Teufel abgepreßt, erfolgte am 17. September 1604 seine Hinrichtung. Auf der Richtstätte auf dem Hagenmarkt wurden Brabant, durch die Tortur ohnehin 'bejammernswert gerissen', erst zwei Finger der rechten Hand abgehauen. Dann wurde er mit glühenden Zangen an den Armen und an der Brust gezwickt, hierauf nackt auf einen Schlachttisch gelegt und entmannt. Damit er nicht durch Ohnmacht dem vollen Schmerz aller Peinigungen entgehe, hielt man ihm Kraftwasser vor. Der Henker zerschlug ihm dann langsam die Brust mit einem hölzernen Hammer, ritzte den Leib auf, riß das Herz heraus und schlug es dem Sterbenden ins Gesicht. Sein Körper, in fünf Teile zerstückelt, wurde an den fünf Toren der Stadt aufgehängt. Die fünf unmündigen Kinder des scheußlich Hingemordeten verloren ihr Vermögen. Sie lebten und starben im Elend.'

In zeitgenössischen Berichten heißt es: 'Es sind etliche Mägdlein von sieben, acht, neun und zehn Jahren unter diesen Zauberinnen gewesen, deren zweiundzwanzig hingerichtet und verbrannt wurden... Studenten und Edelknaben von neun, von zehn, von elf, zwölf, dreizehn, vierzehn Jahren sind hier verbrannt. Summa, es ist ein solcher Jammer, daß man nicht weiß, mit was Leuten man conversieren und umgehen soll...'

Wer einmal – von irgend jemandem denunziert – in die Fänge der Inquisitoren geraten war, durfte keine Hoffnung auf ein Entkommen hegen. Wenn er während der Folterungen, weil er den Schmerz nicht ertragen konnte, irgendwelchen haarsträubenden Unsinn erfand, so hatte er sich sein Urteil gesprochen. Widerstand er allen Qualen, so konnte er das nur 'mit Hilfe des Teufels' fertiggebracht haben und hatte sich auf diese Weise gerichtet. Typisch dafür, daß es fast nie ein Entrinnen gab, ist folgender Prozeß: Fünf oder sechs Frauen wurden in der kleinen Stadt Lindheim gemartert, damit sie bekennen sollten, auf dem Kirchhof des Ortes ein vor kurzem gestorbenes Kind ausgegraben und zu einem Hexenbrei verkocht zu haben. Sie gestanden dies zu. Der Gatte einer dieser Unglücklichen brachte es endlich dahin, daß das Grab in Gegenwart des Ortsgeistlichen und mehrerer

Zeugen geöffnet wurde. Man fand das Kind unversehrt im Sarge. Der fanatische Inquisitor hielt jedoch den unversehrten Leichnam für eine 'teuflische Verblendung' und bestand darauf, daß, weil sie es doch alle eingestanden hätten, ihr Geständnis mehr gelten müsse als der Augenschein. Sie seien deshalb zur Ehre des dreieinigen Gottes, der die Zauberer und Hexen auszurotten befohlen habe, zu vertilgen. Sie wurden in der Tat verbrannt.

Hier muß ich einfügen, daß mit der Einführung der Inquisition bestimmt wurde, Todesstrafen durch die weltliche Obrigkeit vollstrekken zu lassen, 'da die Kirche nicht nach Blut dürste.'

Luther war überzeugt, daß der Teufel imstande sei, Kinder zu stehlen und sie anderen Leuten als 'Wechselbälge' unterzuschieben. Auch glaubte er, Satan könne die Gestalt eines schönen Jünglings oder einer Jungfrau annehmen, um die Menschen zu betrügen. Er ist – wie auch Soldan-Heppe bestätigt – für die strengste Bestrafung der Zauberinnen, die Leib und Gut ihres Nächsten beschädigen, und will sie zum Scheiterhaufen geführt sehen.

Der Kulturhistoriker Georg Steinhausen führt aus: 'Niemand aber hat diese Rolle – des Teufels – mehr gefördert als Luther, der sich förmlich in die Teufelsidee verrannte.'

Die Gefolterten aber – um den Qualen zu entgehen – erfanden immer ungeheuerlichere Geschichten und denunzierten auf Verlangen zahllose Mitbürger, so daß es zu Hunderttausenden von Verhaftungen und Hinrichtungen kam. Außerdem war das Ganze ein großes Geschäft: Die Inquisitoren konnten Leibesstrafen in Geldstrafen umwandeln und die armen Opfer waren bereit, alles zu geben. Viele der Betroffenen mußten eine jährliche Steuer zahlen, um nicht wieder vor Gericht gezogen zu werden. Das Hab und Gut der Ketzer wurde sowieso konfisziert. An 'Reinigungseiden' und lossprechenden Urteilsbriefen verdienten die bischöflichen Offizialate, die Henker ritten in Gold und Silber gekleidet einher. Soldan-Heppe bringt eine Originalrechnung der Einäscherung von elf Hexen, die 425 Reichstaler einbrachte. Davon erhielt der Bürgermeister 9 Taler und 6 Groschen, der Rat 9 Taler und 6 Groschen, der Vogt 18 Taler und 12 Groschen, die Gerichtsschöffen 18 Taler und 12 Groschen, der Stadtschreiber 9 Taler und 6 Groschen, der Stadtdiener 9 Taler und 6 Groschen. Der

Rest von 351 Talern und 23 Groschen wurde dem Fürstbischof von Breslau ausgehändigt.

Nicht erwähnt sind in diesem Fall die Auslagen für die Geistlichen, die mit der Seelsorge der Verhafteten zu tun hatten, Spesen und Diäten der Beteiligten, das Holz für den Scheiterhaufen – bis zum Lohn für das Aschewegfegen.

Als eine Linderung der Strafe galt es, wenn der Verurteilte zuvor enthauptet oder erwürgt – und dann erst verbrannt wurde. Eine Gnade bedeutete es auch, wenn dem Opfer ein Pulversack umgehängt wurde, der mit dem Opfer explodierte, so daß der schreckliche Feuertod abgekürzt wurde.

Vorher achtete man streng darauf, daß der Verurteilte nicht etwa – vom Teufel gereizt! – einen Selbstmordversuch unternehmen konnte. Von entscheidender Bedeutung für die zum Tode Verurteilten war auch die Windrichtung, ob – wie in der 'Geschichte der Hexenprozesse' erklärt wird – der Luftstrom dem Opfer des theokratischen Fanatismus den Qualm ins Gesicht oder von ihm wegtrieb. In letzterem Falle hatten sie den bitteren Kelch bis auf die Neige zu leeren und alle Stadien des langsamen Verbrennens durchzumachen. Manche hatten moralische Kraft genug, lautlos den letzten Schlag des Herzens zu erwarten. Andere brachen, vom Schmerz übermannt, in schreckliches Gebrüll aus.

Damit nun den 'Kleinen kein Ärgernis gegeben' würde, war den Delinquenten die Mundsperre – eine Art Bremse – angelegt und die Zunge gebunden. So vernahmen die Zuschauer nichts als das Knistern des brennenden Holzes und den monotonen Wechselgesang zwischen einem Priester der Inquisition und seinen Chorknaben beim Rezitieren der Litanei – bis der Leib des Ketzers verkohlt zusammensank. –

Fast täglich werden wir noch in irgendeiner Weise mit der Barbarei des Nationalsozialismus konfrontiert – die ist jetzt einige Jahrzehnte her. Seit der letzten Hexenverbrennung sind etwa zweihundert Jahre vergangen. Wo ist ein Unterschied? Etwa in dieser Zeitdifferenz? Es hätte wirklich viel für Luther zu reformieren gegeben – ihn zu feiern besteht kein Grund und muß für jeden Juden und Christen ein Schlag ins Gesicht sein."

Pia und Pio hatten mich – ganz gegen ihre Gewohnheit – sehr lange reden und vorlesen lassen. Ihre Gesichter drückten eine solche Betroffenheit aus, daß sie mir leid taten.

„Ich kann das alles nicht glauben", bemerkte Pia endlich, „und muß doch annehmen, daß alles stimmt, was du uns erzählt hast. Wenn jetzt die Polizei käme und uns beweisen würde, daß du ein vielfacher und grausamer Mörder wärest – vielleicht müßte ich das als wahr akzeptieren, aber ich könnte es nicht glauben. Würde ich dich weiter lieben können? Oder stellt sich Liebe dann von alleine ab?"

„So ging es uns 1945 mit Hitler, den Nationalsozialisten oder den Offizieren der Wehrmacht. Sie waren unsere Vorbilder; sie eines Verbrechens für fähig zu halten, schien ganz unmöglich. Morden konnten, wie man es uns darstellte, die Bolschewisten, niedrig und gemein sein die Juden – aber wir Deutschen, die wir Würde, Anstand, Ehre in der Welt vertraten, uns auf den Humanismus, das klassische Vorbild der Antike beriefen, wir sollten alles das getan haben, was uns jetzt Russen, Amerikaner, Franzosen und Engländer vorhielten? Den Besiegten – so dachten wir zuerst – kann man alles in die Schuhe schieben, auch das Unglaubwürdigste. Sie dürfen sich ja nicht wehren."

Pio sah mich gespannt an. „Und als du später die Tatsachen anerkennen mußtest, was hast du da empfunden? Wie bist du damit fertig geworden?"

„Ich habe das lange nicht formulieren können. Dann fand ich bei der jüdischen Autorin Alice Miller eine Textstelle, durch die mein Problem sehr gut interpretiert wurde. In ihrem Buch 'Am Anfang war Erziehung' schreibt sie: 'Deutsche, die als Kinder oder als Pubertierende die Siegeszeiten des Dritten Reichs erlebten und sich im späteren Leben um die eigene Redlichkeit bemühten, mußten es mit diesem Anliegen besonders schwer haben. Als Erwachsene erfuhren sie von den schrecklichen Wahrheiten des nationalsozialistischen Systems und haben dieses Wissen intellektuell integriert. Und doch leben in diesen Menschen – von all dem späteren Wissen oft unberührt – die ganz früh empfangenen und mit intensiven Gefühlen der Kindheit verbundenen Stimmen der Lieder, der Reden, der jubelnden Massen fort. In den meisten Fällen waren diese Eindrücke mit Stolz, Begeisterung und beglückender Hoffnung verknüpft.

Wie soll ein Mensch diese zwei Welten – sein emotionales Wissen aus der Kindheit und seine dem widersprechenden späteren Erkenntnisse – miteinander in Einklang bringen, ohne einen wichtigen Teil seines Selbst zu verleugnen? Ein Einfrieren der Gefühle... – und der Verlust der Wurzeln scheinen oft der einzige Ausweg zu sein, um diesen Konflikt und diese tragische Ambivalenz nicht zu spüren.'"

„Bist du auch entwurzelt?" fragte Pia.

„Was das 'Vaterland' angeht – sicher. Die Siegermächte haben uns – und besonders der Jugend – einen großen Dienst erwiesen, wenn sie den Deutschen den Nationalstolz austrieben. So sind wir mehr Europa oder der Welt verbunden, während jene weiter in ihren engen Ländergrenzen denken: wie Angehörige von Fußballvereinen. Aber natürlich gibt es auch da kluge Leute, die solche Albernheiten nicht mehr mitmachen, mit denen Regierungen Jahrtausende lang ihre Völker aufeinander gehetzt haben, oft genug nur, um an der Macht zu bleiben oder noch mächtiger zu werden. Und über Europa und die Welt hinaus sollte man seine Wurzeln noch woanders haben."

„In der Parapsychologie", rief Pia.

„Und in der Religion", ergänzte Pio.

„Ihr habt beide recht. Kosmische Ewigkeiten liegen hinter uns – Ewigkeiten vor uns. Millionen Milchstraßen, Milliarden Sonnen mit noch mehr Planeten umgeben uns. Endlosigkeit überall: in der Zeit – im Raum. Wir wissen nicht – und das sage ich euch ja immer wieder – woher wir kommen, warum wir da sind und wohin wir gehen. Da scheint mir Chauvinismus, ob von rechts oder links, von West oder Ost, aus rassischen oder religiösen Gründen lächerlich. Es ist so, als ob sich Kinder auf einem Buddelplatz um ein paar Förmchen oder die beste Ecke zum Burgenbauen streiten. Nur geht es bei den Politikern blutiger zu.

Eigentlich müßten sich doch alle Leute totlachen, wenn bei einem 'Staatsbesuch' irgend jemand, mit goldenen und silbernen Blechsternchen behängt, stolz vor ein paar still und stumm dastehenden Männern auf- und abspaziert, die sich eine Art Topf auf die Köpfe gestülpt haben und ein Stück Stoff als 'Fahne' in die Luft halten. Uniformen sind ja denn auch von Karnevalskostümen kaum zu unterscheiden.

In einem ganz bestimmten Sinn bin ich also entwurzelt – dafür habe ich auf anderen Ebenen Wurzeln geschlagen."

„Du meinst, man darf wirklich keinem vertrauen?" fragte Pio.

„Vertrauen ist gut – Kontrolle besser, sagte Lenin. Man kann nie wissen, wozu ein Mensch fähig ist, wenn er Macht über andere bekommen hat.

Vor allem darf man sein Gewissen nicht beschwichtigen. So verteidigte sogar der – nach 1945 noch sehr geschätzte – evangelische Bischof Dr. D. Otto Dibelius in seinem Kirchenblatt die Judenverfolgung durch die Nationalsozialisten: 'Was in Amerika, in England und in Frankreich über Greueltaten in Deutschland geredet und geschrieben worden ist, spottet jeder Beschreibung... Schließlich hat sich die Reichsregierung genötigt gesehen, den Boykott jüdischer Geschäfte zu organisieren – in der richtigen Erkenntnis, daß durch die internationalen Verbindungen des Judentums die Auslandshetze dann am ehesten aufhören wird, wenn sie dem deutschen Judentum wirtschaftlich gefährlich wird... Das andere aber ist die Festigkeit der eigenen Art, die einer fremden Rasse nicht erliegt. An dieser Festigkeit hat es im deutschen Volk immer gefehlt. Und es wird auch in Zukunft daran fehlen, wenn nicht christliches Gewissen die Verantwortung für das Volkstum, das Gott gegeben hat, zu einer Kraft im Leben jedes Einzelnen werden läßt.'

So etwas hätte Dibelius als Christ niemals schreiben dürfen. Aber Paulus und Luther befahlen ja, der Obrigkeit in jedem Fall untertan und gehorsam zu sein, da sie von Gott eingesetzt sei – und so erschien das evangelische 'Berliner Sonntagsblatt' 1933 mit Hakenkreuz im Zeitungskopf, und die Evangelische Kirchenkanzlei veröffentlichte nach dem Sieg über Frankreich ein Danktelegramm: 'Der Herr hat Großes an uns getan, des sind wir fröhlich.'"

„Die Deutschen sind schrecklich", flüsterte Pia.

„Sie sind nicht schlechter und nicht besser als alle anderen Völker auch", tröstete ich sie. „Als die amerikanischen Wissenschaftler Präsident Truman vorschlugen, die Atombombe als Warnung zunächst auf einer unbewohnten, dem japanischen Festland vorgelagerten Insel zu zünden und anschließend die Kapitulationsforderung zu stellen – anderenfalls man den zweiten Sprengkörper gegen Menschen einsetzen werde –, soll Truman das mit der Bemerkung abgelehnt haben: 'Soll ich Mr. Stalin sagen, wir hätten mit unserer neuen Waffe nur Fische getötet?' – und befahl die Vernichtung nicht nur von Hiroschima, sondern auch gleich noch die von Nagasaki. Mehr als hunderttausend Zivilisten kamen ums Leben – etwa die gleiche Anzahl wurde verwundet. Viele litten jahrzentelang nicht zu beschreibende Qualen. Seht ihr, niemals hätte jemand von meiner Familie auch nur der Enteignung eines Juden zugestimmt – und keine amerikanische Familie der Tötung von Frauen und Kindern anstelle von Fischen. Das denkt ihr doch sicher auch. Also kann uns in Zukunft nur die größtmögliche Kontrolle der Macht vor solchen Verbrechen retten. Und wenn Religionen mächtig werden, müssen sie genauso kontrolliert werden – und man sollte keinen Luther feiern, sondern der acht Millionen gedenken, die auf den Scheiterhaufen verbrannten."

„Aber darunter waren doch nicht so viele Kinder wie bei den Juden?" versuchte Pia die Morde der Kirchen in einem etwas günstigeren Licht zu sehen.

„Da befindest du dich in einem schrecklichen Irrtum," verbesserte ich sie. „Aber ich möchte euch jetzt nichts weiter vorlesen. Hier" – und damit gab ich ihr eins der Bücher – „ist eine zeitgenössische Aufstellung über 'Brände' in deutschen Städten. Und du", wandte ich mich an Pio, „kannst auch noch eine Schilderung dessen lesen, wozu Menschen fähig sind – und zwar keine Angehörigen von Gestapo, SS, oder irgendwelche anderen Schergen einer Diktatur, sondern Christen."

Es war die Geschichte der Rebekka Lemp in Nördlingen, die für viele Millionen gleicher steht.

Und damit hatte wieder einmal eine unserer Grundsatzdiskussionen, die immer um Politik, Religion, Kunst oder Wissenschaft gingen, ihren Abschluß gefunden. Am nächsten Tag fand ich meine Bücher auf dem Schreibtisch.

Pia und Pio kamen nicht mehr auf das zurück, was sie gelesen hatten: „Im siebenten Brand sieben Personen: ein fremd Mägdlein von zwölf Jahren, ein fremder Mann, ein fremdes Weib, ein fremder Schultheiß, drey fremde Weiber.

Im dreyzehnden Brandt vier Personen: der alte Hof-Schmidt, ein alt Weib, ein klein Mägdlein von neun oder zehn Jahren, ein geringeres, ihr Schwesterlein.

Im vierzehnden Brandt zwey Peronen: der erstgemeldten zwey Mägdlein Mutter, der Lieblerin Tochter von vierundzwanzig Jahren.

Im fünfzehenden Brandt zwey Personen: ein Knab von zwölf Jahren in der ersten Schule, eine Metzgerin.

Im sechzehenden Brandt sechs Frauen: ein Edelknab von Ratzenstein ist morgens um 6 Uhr auf dem Cantzley-Hof gerichtet worden und den gantzen Tag auf der Pahr stehen blieben, dann hernacher den andern Tag mit den hierbeygeschriebenen verbrannt worden. Ein Knab von zehn Jahren, des obgedachten Raths-Vogts zwo Töchter und seine Magd, die dicke Seilerin.

Im achtzehenden Brandt sechs Personen: der Batsch, ein Rothgerber, ein Knab von zwölf Jahren, noch ein Knab von zwölf Jahren, des D. Jungen Tochter, ein Mägdlein von funfzehen Jahren, ein fremd Weib.

Im neunzehenden Brandt sechs Personen: ein Edelknab von Rotenhan ist um 6 Uhr auf dem Cantzley-Hof gerichtet und den anderen Tag verbrannt worden. Die Secretärin Schellharin, noch ein Weib, ein Knab von zehn Jahren, noch ein Knab von zwölf Jahren, die Brüglerin eine Beckin ist lebendig verbrennt worden.

Im zwanzigsten Brandt sechs Personen: das Göbel Badelin, die schönste Jungfrau in Würtzburg. Ein Student in der fünften Schule, so viel Sprachen gekont und ein vortreflicher Musikus vocaliter und instrumentaliter. Zwey Knaben aus dem neuen Münster von zwölf Jahren, der Steppers Babel Tochter, die Huterin auf der Brücken. –

Rebekka Lemp war, in der Abwesenheit ihres Mannes, auf die durch die Folter erpreßten Angaben anderer Angeklagten hin, verhaftet worden. Mit blutendem Herzen hatten es die sechs Kinder mit angesehen, wie die liebe Mutter gepackt und in den schrecklichen Turm abgeführt wurde. Daher schickten sie ihr nicht lange nachher folgenden Trostbrief zu: Unseren freundlichen, kindlichen Gruß, herzliebe Mutter! Wir lassen Dich grüßen, daß wir wohlauf sind. So hast Du uns auch entboten, daß Du wohlauf seiest, und wir vermeinen, der Vater wird heute, will's Gott, auch kommen. So wollen wir Dich's wissen lassen, wann er kommt, der allmächtige Gott verleihe Dir seine Gnade und heiligen Geist, daß Du, Gott woll', wieder mit Freuden und gesundem Leib zu uns kommest. Gott woll', Amen. – Herzliebe Mutter, laß Dir Beer kaufen und laß Dir eine Salfan backen und Schnittlein, und laß Dir kleine Fischlein holen und laß Dir ein Hühnlein holen bei uns, und wenn Du Geld darfst, so laß holen; hast's in Deinem Säckel wohl.

Gehab Dich wohl, herzliebe Mutter. Du darfst nicht sorgen um das Haushalten, bis Du wieder zu uns kommst etc.'

Zu den leiblichen Nöten, unter denen die Unglückliche in dem scheußlichen Gefängnis zu leiden hatte, kam nun auch die ihre Seele folternde Sorge, daß ihr zärtlich geliebter Mann sie für schuldig halten möchte. Daher schrieb sie ihm, als sie seine Rückkehr erfuhr: 'Mein herzlieber Schatz, bis ohne Sorge. Wenn auch ihrer Tausend auf mich bekenneten, so bin ich doch unschluldig; oder es kommen alle Teufel und zerreißen mich. Und ob man mich sollt' strenglich fragen, so könnte ich nichts bekennen, wenn man mich auch zu tausend Stücke zerriß. Vater, wenn ich der Sach' schuldig bin, so laß mich Gott nicht vor sein Angesicht kommen immer und ewig. – Wenn ich in der Noth muß stecken bleiben, so ist kein Gott im Himmel. Verbirg doch Dein Antlitz nicht vor mir; Du hörst ja meine Unschuld, um Gottes Willen, laß mich nicht in der schwülen Noth stecken.'

Indessen nahm der Prozeß gegen Rebekka Lemp in üblicher Weise seinen Anfang.

Zweimal überstand sie die Tortur, ohne sich schuldig zu bekennen; bei der dritten verschärften Folterung begann sie jedoch zu verzagen. Sie bekannte sich zu einigen der geringeren Anschuldigungen; so auch bei der vierten Tortur. Da war es aber, daß sie heimlich an ihren Mann folgenden Brief schrieb: 'Mein auserwählter Schatz, soll ich mich so unschuldig von Dir scheiden müssen, das sei Gott immer und ewig geklagt! Man nöthigt Eins, es muß Eins ausreden, man hat mich so gemartert, ich bin aber so unschuldig als Gott im Himmel. Wenn ich im Wenigsten ein Pünktlein um solche Sache wüßte, so wollte ich, daß mir Gott den Himmel versagte. O Du herzlieber Schatz, wie geschieht meinem Herzen! O weh, o weh meine armen Waisen! Vater, schick mir Etwas, daß ich sterb; ich muß sonst an der Marter verzagen. Kommst heut nicht, so thue es morgen. Schreib mir von Stund an. O Schatz, Deiner unschuldigen Rebekka! Man nimmt mich Dir mit Gewalt! Wie kann's doch Gott leiden! Wenn ich ein Unhold bin, sei mir Gott nicht gnädig. O wie geschieht mir so unrecht. Warum will mich doch Gott nicht hören? Schick mir Etwas, ich möchte sonst erst meine Seele beschweren usw.'

Der Mann aber kannte sein Weib, weshalb sein Glaube an ihre Unschuld durch nichts erschüttert wurde. Daher machte er mit einer Eingabe an den Rat den Versuch, das geliebte Weib aus den Händen der Peiniger zu befreien. Er richtete an den Rat die Bitte, 'meine großgünstigen gebietenden Herrn wollen fürnehmlich und erstlich dahin sehen, daß sie mit allem Ehesten gegen die mißgünstigen Personen, die sie freventlich angegeben habe, möge confrontiert und hierbei Bescheid und Antwort gegeneinander angehört werden. – Ich hoffe und glaube und halte es für gewiß, daß mein Weib Alles, dessen man sie bezüchtigt, – nicht einmal Zeit ihres Lebens in Gedanken gehabt, vielweniger denn, daß sie solches mit Werk und in der That sollte jemals auch nur im Geringsten gethan haben. Denn ich bezeuge es mit meinem Gewissen und mit vielen guten, ehrlichen Leuten, – daß – mein Weib zu allen Zeiten gottesfürchtig, stets züchtig, ehrbar, häuslich und fromm, dem Bösen aber jederzeit abhold und feind gewesen. Ihre lieben Kinder hat sie gleichfalls – neben und samt mir treulich und fleißig nicht allein in ihrem Katechismo, sondern auch in der heil. Bibel, insonderheit aber in den lieben Psalmen Davids unterrichtet und unterwiesen, also daß, Gott sei Dank! ich, ohne Ruhm zu vermelden, kein durch Gottes Segen mit ihr erzeugtes Kind habe, das nicht etliche Psalmen Davids auswendig wüßte und erzählen könnte. Überdieß kann aber auch Niemand, – Niemand sage ich, – mit Grund der Wahrheit darthun und erweisen, daß sie irgendeinmal einem Menschen – auch nur den kleinsten Schaden am Leibe oder sonst hätte zugefügt oder man deßhalb eine Vermuthung auf sie gehabt hätte.'

Daher glaubte der Zahlmeister die Gewährung der Bitte erwarten zu dürfen, daß man sein liebes Weib ihm entweder gleich zurückgeben, oder wenigstens durch Gegenüberstellung mit den Anklägern ihr eine ehrliche Defension gewähren möchte. –

Allein es half alles nichts; vielmehr ging der Rat, um das Material zu einem Todesurteil zu erhalten, jetzt nur noch fürchterlicher mit der Folter gegen das arme Weib vor, bis man die gewünschten Geständnisse hatte. Alsdann wurde sie mit zwei anderen Hexen rasch verbrannt."

Das war – wie so häufig – eine lange und harte Lektion für Pia und Pio. Aber sie sollten unbedingt lernen, nicht Opfer verantwortungsloser politischer, religiöser oder wissenschaftlicher Rattenfänger zu werden, ganz gleich, mit welchen berühmten Namen oder glänzenden Gewändern sie daherkämen.

17.

Pia stand bald vor der Berufswahl. Irgendeine ganz starke Neigung hatte sie nicht. Ein Studium zu beginnen, nur um zu studieren, hielten wir beide für Unsinn. So machte ich ihr den Vorschlag, Krankengymnastin zu werden. Die Vorteile waren: Sie würde freiberuflich arbeiten können – aber auch als Angestellte, zum Beispiel in einem Krankenhaus, ohne daß ihr die Ärzte soviel zu sagen hätten wie etwa einer Schwester. Auch kannte ich einige junge Krankengymnastinnen, die bereits in vielen Ländern tätig waren, weil man zur Ausübung dieses Berufes ja praktisch keine Fremdsprachen brauchte.

Sollte Pia einmal verheiratet sein, vielleicht Kinder haben – könnte sie auch dann diesem Beruf nachgehen, mehr oder weniger intensiv – je nach Wunsch. Das Entscheidende aber war: Pia würde in der Lage sein, hilfsbedürftigen Menschen beizustehen und dabei auch ihre ganze Persönlichkeit einzusetzen.

Andrea, die Tochter eines der besten Chirurgen Berlins, die als Krankengymnastin in einer Klinik angestellt war, wollte Pia die Möglichkeit geben, sich einmal für zwei oder drei Stunden mit dieser Arbeit vertraut zu machen. Meine Tochter ging also eines Tages früh morgens los – und kam erst abends zurück.

Sie hatte der liebenswürdigen Andrea ein bißchen assistieren dürfen, Vormittag und Nachmittag waren wie im Fluge vergangen, und Pia hatte mit Begeisterung beschlossen, sich um einen Ausbildungsplatz zu bemühen.

Dann kam eine kleine Krise: Fast alle Jungen und Mädchen ihrer Klasse, die das Abitur bestanden hatten, ließen sich an Universitäten in Göttingen, Erlangen, Freiburg, Heidelberg oder auch Berlin immatrikulieren – und sie sollte 'Muskelmäuschen' werden, wie sich einer unserer Freunde ausdrückte. Ihre Klassenkameradinnen – so klagte Pia – seien später Juristinnen, Chemikerinnen, Ärztinnen – und sie eine kleine 'KG'. Ob sie nicht vielleicht doch lieber Kunst studieren sollte?

„Um eine unglückliche, weil nicht dazu berufene Lehrerin zu werden?“ fragte ich.

Aber Pia lag diese scheinbare Deklassierung schwer auf der Seele. „Schatz“, tröstete ich sie, „mit deinem humanistischen Abitur hast du eine Bildungsgrundlage, die allen gesellschaftlichen Anforderungen genügt. Dazu bist du bildhübsch. Und wenn du dafür sorgst, daß du geistig und körperlich gesund bleibst und für deine Mitmenschen zum Segen wirst – dann stehst du himmelhoch über allen Akademikerinnen der Welt, die nur aus gesellschaftlichen Gründen studierten.“

„Ach, Pappi“, seufzte sie und legte den Kopf an meine Brust, „wußtest du denn als Junge, was du mal werden wolltest?“

„Ich hätte mich wegen dieser Frage beinahe umgebracht“, erzählte ich ihr.

„Was?“ staunte sie und hob den Kopf, „richtig getötet?“

„Ja, es hat nicht viel gefehlt.“

„Aber Pappi, das ist doch nicht möglich!“

„Bei mir schon, hör zu: Ich war etwa neun Jahre alt, als nach Beginn des Krieges die nächtlichen Fliegerangriffe der Engländer auf Berlin begannen. Viel konnten sie damals noch nicht ausrichten – aber aus dem Bett und in den Luftschutzkeller mußten wir auf jeden Fall. Die Tommies – wie wir sie nannten – kamen vereinzelt und in großer Höhe, ihre Maschinen klangen in der stillen Nacht merkwürdig melodisch, wie der helle, auf- und abschwellende Ton sehr ferner Geigen. Meine hochmusikalische Mutter schloß absolut unlogisch und zu meinem großen Ärger daraus, daß die Flugzeuge der Engländer viel besser sein müßten als unsere, da die deutschen Motoren häßlich ratterten und knatterten. Jeder Junge hatte damals alle gängigen Flugzeugtypen im Kopf, und so versuchte ich, ihre Ansicht durch einen Vergleich der Leistungen zwischen Messerschmitt, Focke-Wulf und Heinkel einerseits – und Lancaster, Vickers-Wellington und Spitfire andererseits zu widerlegen. Sie aber schnippste spöttisch mit ihren

Madonnenfingern und tat mein statistisches Material als deutsche Propaganda ab.

Oft dauerte der Alarm sehr lange – und wenn weder Flak noch Bomber zu hören waren, spazierten wir draußen herum. Wir hatten einen sehr netten Hausmeister, der ein bißchen was von Astronomie verstand und mir die einzelnen Sternbilder zeigte. Besonders fielen mir in diesen schönen und klaren Nächten zwei dicht beieinanderstehende, sehr hell strahlende Sterne auf. Der Hausmeister erklärte mir, das seien die Planeten Jupiter und Saturn, die zur Zeit eine Konjunktion bildeten. Seit jener Zeit war in mir ein unbändiges Interesse an der Himmelskunde geweckt. Weil mir die achtfache Vergrößerung des Feldstechers meines Vaters bald nicht mehr genügte, begann ich, aus allen möglichen gesammelten Linsen riesige Fernrohre zu bauen. Für hochwertige Objektive und Okulare fehlte mir natürlich das Geld – und so zeigten Sternhaufen und Nebel, Mondkrater und Planeten, durch meine Rohre betrachtet, zwar die allerschönste Farbenpracht, die jeden, den ich durch diese 'Refraktore' blicken ließ, hellauf entzückte – nur mich nicht, da ich wußte, daß alles nur optische Fehler waren. Ich las an astronomischer Literatur, was ich kriegen konnte – und als es mir nicht möglich war, auf alle Fragen eine Antwort zu finden, stieg ich eines Tages den bei Potsdam gelegenen Brauhausberg hinauf, auf dem sich das astrophysikalische Observatorium befand. Mit großer Ehrfurcht betrachtete ich die riesigen Kuppeln, die aus der idyllisch gelegenen Parkanlage emporragten. In der größten war der berühmte Doppelrefraktor untergebracht, das wußte ich aus meinen Büchern. Und auch den Einsteinturm, ausschließlich zur Beobachtung der Sonne bestimmt, erkannte ich wieder. Um die Institute herum lagen friedlich die hübschen Häuser der Wissenschaftler – jener Auserwählten und Begnadeten, die Nacht für Nacht mit den damals besten Instrumenten der Welt in die Tiefe des Weltraums sehen durften. Ob sie auch – so wie ich – ihre Rohre bei Fliegeralarm auf die von den Kegeln der Scheinwerfer eingefangenen britischen Bomber richten würden, die mit bloßem Auge auch nur wie leuchtende Sterne erschienen? Mit tausendfacher Vergrößerung, überlegte ich mir, mußten sie ja sehen, ob die englischen Piloten hinter ihren Steuerknüppeln gut rasiert waren...

Aber ich gab diese Gedanken schnell auf – sie schienen mir unwürdig, hier, wo mich Türme und Gebäude in der Stille des Nachmittages an die Observatorien und Tempelanlagen Mesopotamiens, im fruchtbaren Halbmond zwischen Euphrat und Tigris, an die Priester der Chaldäer, die Gelehrten der Sumerer erinnerten. Sonnen- und Mondpyramide in Mexiko erschienen vor meinem geistigen Auge, dann die Sternwarte des alten Tycho Brahe, die Gesichter von Ptolomäus, Kepler, Kopernikus, Galilei – und nicht zuletzt das des besessenen Engländers Lord Ross, der mir durch den Bau von immer riesigeren Spiegelteleskopen besonders imponierte. So lief ich eine Weile herum, und da mir kein Mensch begegnete, dem ich hätte meine Fragen vorlegen können – natürlich, hier mußte ja auch am Tag fast jeder schlafen: Erst nachts, so stellte ich mir vor, begann ein geheimnisvolles Leben, öffneten und drehten sich lautlos die silbernen Kuppeln –, klingelte ich am nächstbesten Hauseingang.

'Prof. Dr. von Klüber', stand auf dem gut geputzten Messingschild. Ich habe den Namen nicht vergessen. Ein Summen ertönte, ich drückte die Tür auf und mußte in den ersten Stock hinaufsteigen. Dort stand eine Hausangestellte, die mich fragte, was ich wolle.

'Herrn Prof. von Klüber sprechen', antwortete ich.

Ob ich angemeldet wäre? Nein, ich sei gerade mal zufällig vorbeigekommen...

Sie verschwand, erschien nach ein paar Minuten wieder und bat mich in das Arbeitszimmer des Astronomen. Da stand ich nun und sah mich um. Aber es gab nichts Besonderes zu entdecken. Und dann kam der Herr Professor auch gleich, wollte dies und das von mir wissen, beantwortete geduldig alle meine Fragen und war unbeschreiblich nett.

Den Brauhausberg hinunter schwebte ich eigentlich mehr, als ich lief.

Acht Tage später, als ich gerade dabei war, mit großer Mühe und völlig unzureichenden Mitteln den Lauf meines Luftgewehres abzusägen, das mir mein Großvater eine Woche zuvor geschenkt hatte, da ich ein passendes Rohr für das Okular eines neuen 'Refraktors' brauchte, kam ziemlich verwirrt meine Mutter ins Zimmer und erzählte mir, sie und ich seien ganz allein zu einer großen Führung durch das Observatorium eingeladen worden. Ein Prof. Dr. von Klüber habe angerufen…

'Ach, der', sagte ich.

'Was heißt: Ach, der…? Kennst du diesen Professor?'

'Ich habe ihn neulich besucht', antwortete ich und trennte mit Kneifzange und letzter Kraft den Lauf des Luftgewehres vom Schaft ab.

Am nächsten Sonntag kamen meine Großeltern.

Du mußt dir vorstellen, erklärte ich Pia, daß mein Großvater leibhaftig wie Bismarck aussah: großer, weißer Schnurrbart, Glatze, dikker Bauch, von dem eine goldene Uhrkette herabhing.

Oft wurde er auf der Straße von Bildhauern und Malern angehalten, denen er als Modell für Büsten und Bilder des 'Eisernen Kanzlers' dienen sollte. Großvater hatte eine Apparatur mitgebracht, durch die Figuren von Hasen, Wölfen und Bären in Bewegung gesetzt werden konnten. Sie liefen eine Schiene entlang – und Großvater wollte mit mir auf sie schießen.

'Das Luftgewehr ist kaputt', sagte ich.

Großvater setzte seinen Kneifer auf und meinte: 'Hol es mal her, mein Junge. An so einer Knallbüchse kann fast nichts kaputtgehen. Und wenn es die Feder oder eine Schraube ist – darauf haben wir Garantie.'

Es blieb mir nichts anderes übrig: Beklommenen Herzens mußte ich die 'Knallbüchse' – oder was davon noch übrig war – herbeibringen. Professor von Klüber hätte sicher Verständnis dafür gehabt, daß für mich der Lauf des Gewehrs als Tubus für mein 20mm-Okular notwendiger war als zum Schießen auf Blechhasen. Ich wollte endlich die Äquatorialstreifen des Jupiters erkennen können. Aber Großvater? Als ich ihm das kastrierte Gewehr hinhielt, schienen ihm die Augäpfel wie Golfbälle aus den Höhlen springen zu wollen. Er starrte stumm auf den zugezwickten Rest des Rohrs, an den Schläfen sah ich in schwellenden Adern den Puls pochen, mit auf- und abwippenden Schnurrbartspitzen nahm er mir das zum Eunuch gewordene Gewehr aus der Hand, drehte es um und um – während in mir ein plötzliches Interesse an den Gläsern seines Kneifers erwachte: Wie viele Minus-Dioptrien sie wohl hatten? Ob sie aus Kron- oder Flintglas waren und ob man mit ihnen chromatische Fehler von einfachen Vergrößerungsgläsern korrigieren könnte? Dann begann Großvater zu brüllen, daß die ganze Familie unter Wehrufen zusammenlief.

,Vater, Vater', rief meine Großmutter, 'beruhige dich doch nur!' Dabei schüttete sie mit zitternden Händen Baldriantropfen in ein Glas Wasser. Großvater stand da, hielt anklagend das Gewehr hoch in die Luft und erinnerte mich an ein Kriegerdenkmal. Nachdem ich eine Weile auf die gröblichste Weise ausgeschimpft worden war, sollte ich eine Erklärung abgeben. Ich stammelte etwas von den Äquatorialstreifen des Jupiter, ob man mit der Garantie nicht auch einen neuen Lauf an das Gewehr montieren lassen könnte, und fragte Großvater, ob die Gläser seines Kneifers aus Kron- oder Flintglas bestünden, ich könnte sie eventuell auch noch in das abmontierte Luftgewehrrohr einbauen.

Die furchtbare Stille, die meinen Worten folgte, und das anschließende Toben meines Großvaters sind nicht zu schildern. Bis endlich meine wundervolle Mutter eingriff. Sie war überhaupt die einzige, die meinen Großvater nicht fürchtete.

'Laß jetzt den Jungen in Ruhe', befahl sie. 'Hättest du ihm ein anständiges astronomisches Fernrohr geschenkt anstelle so eines dummen Gewehrs, wäre er nicht gezwungen gewesen, den Lauf abzumontieren. Ich war selbst dabei und habe es mit angesehen, wie er sich damit abquälen mußte! Du solltest seine wissenschaftlichen Interessen fördern, anstatt ihm ein solch gefährliches Spielzeug in die Hand zu geben, womit er sich und seinen Geschwistern höchstens noch Löcher in den Kopf schießt. Gib ihm sofort deinen Kneifer, wir sind von dem bekannten Prof. Dr. von Klüber ins astronomische Observatorium eingeladen worden, und bis dahin will der Junge sein neues Teleskop fertig gebaut haben.'

Mein Großvater schien an der Grenze seines Fassungsvermögens. Er nahm eilig den Kneifer ab, verbarg ihn sorgfältig in einem Etui aus Wildleder und röchelte: 'Wir reisen sofort ab!' –

Ich schrieb ihm einen langen Brief. Natürlich sei das Luftgewehr ein ganz großer Wunsch von mir – und das Absägen des Laufs eine Dummheit gewesen... Und er verzieh mir umgehend."

Pia unterbrach mich: „Meinst du, durch das Abmontieren des Laufs hättest du dich damals beinahe ums Leben gebracht?“

„Nein, nein“, wehrte ich lachend ab, „Großvater war zwar unheimlich jähzornig, aber geschlagen hat er mich nie. Meinen Tod hätte ich um ein Haar bei anderer Gelegenheit verschuldet. Also: Damals war ich mit meinen Fernrohren noch vollkommen glücklich und hatte nichts anderes vor, als Astronomie zu studieren. Und dann geschah etwas, woran du sehen kannst, daß oft unbedeutende, nebensächliche Geschehnisse ein ganzes Leben ändern können – auch die großen Zukunftspläne eines kleinen Jungen.

Irgendwann kam ich ins Herrenzimmer geschneit, wo ich meine Mutter mit angezogenen Knien in einen der Sessel geschmiegt fand. Neben ihr lagen ein paar Bücher auf dem Boden, in denen sie herumblätterte. Ich wollte nur schnell Vaters Feldstecher aus dem Schreibtisch holen, weil durchs Radio die Meldung gekommen war, daß sich einige feindliche Aufklärer über der Stadt befänden. Ich wollte diese frechen Eindringlinge ausfindig machen und zusehen, wie sie von der Flak beschossen oder durch deutsche Jäger vom Himmel geholt würden. Doch meine Mutter hielt mich am Bein fest und sagte, sie wolle mir drei oder vier Gedichte vorlesen. Gedichte! Solchen Mist, den man hin und wieder für den Deutschunterricht auswendig lernen mußte, und endlose Balladen, bei denen man sich den Mund zuhalten mußte, um nicht laut loszukreischen, wenn sie von den Lehrern vorgetragen wurden! Erst neulich bekam ich wieder einen Tadel.

Da hatte sich Oberstudienrat Dr. Stechbart, ein Lehrer, den ich sonst sehr mochte, weit über den Tisch nach vorne gebeugt, mir tief in die Augen gesehen und die lockenden Worte einer Goetheschen Nixe gerufen: 'Ach wüßtest du, wie's Fischlein ist, so wohlig auf dem Grund, du stiegst hinunter wie du bist...'

Bei 'wohlig' hatte er – um anzudeuten, wie wohlig er sich selbst tatsächlich bei dem Gedanken fühlte – die Augen geschlossen, seine langen Glieder durcheinandergeschlottert und den Kopf geschüttelt, daß seine Hängebäckchen hin und her und auf und nieder wabbelten und schwabbelten. Lange hatte ich Mund und Nase fest zugehalten – aber der idiotische Fischer konnte sich ja ewig nicht entschließen, zur Nixe ins Wasser zu springen, er blieb so lange 'kühl bis ans Herz hinan', und das Wasser hörte nicht auf zu rauschen und schwellen, daß ich endlich am Ersticken war. Sobald ich aber die Hände vom Gesicht nahm, konnte man glauben, ich selbst sei der nunmehr verführte, gurgelnd ertrinkende und prustende Fischer. Und jetzt sollte ich mir hier auch noch Gedichte anhören! Und draußen stürzten sich vielleicht schon ein paar Me 109 auf die britischen Fernaufklärer. Aber meine Mutter winkte mich wortlos neben sich auf den Teppich.

'Hast du schon einmal etwas von Conrad Ferdinand Meyer gehört?'

'Nie', erwiderte ich, zappelte herum und ließ sie meine Ungeduld und mein absolutes Desinteresse erkennen.

'Er hat unter anderem Gedichte über Ulrich von Hutten geschrieben.'

Sie begann, mir aus dem Leben dieses aufrechten Kämpfers für die Reformation zu erzählen, und wie er sich dann todkrank auf die kleine Insel Ufenau zurückzog, um zu sterben. Sogar Paracelsus habe ihn besucht, ihm aber auch nicht helfen können. Darauf las sie mir einige Verse vor, die mich merkwürdig erschütterten.

Es waren ganz einfache Zweizeiler, doch von einer Innigkeit und Schönheit, durch die das Verständigungsmittel Sprache auf einmal zum Kunstwerk wurde. Ohne schwülstig, gekünstelt oder unnatürlich zu werden und die normale Wortfolge zu verdrehen, um Rhythmus und Reim zu erhalten – das waren für mich bisher die Hauptmerkmale von Lyrik –, vermochte Conrad Ferdinand Meyer etwas zu vermitteln, das weit über die bloße Information hinausging. Mir traten Tränen in die Augen, als der Dichter den sterbenskranken Hutten kurz vor seinem Tod sagen ließ:

> ‚Nicht allzu köstlich, reiche Erde, hast
> Du mich bewirtet, deinen armen Gast!
>
> Nun nehm ich Urlaub
> und zur Scheidezeit
> Erweisest du mir alle Lieblichkeit;
>
> Nun geh ich, und du sprichst mit leichtem Sinn:
> Du wanderst, Hutten? Sieh, wie schön ich bin!'

War das überhaupt der Sinn eines Gedichts, etwas auszudrücken, was man in Prosa nicht sagen konnte? Lag darin die Existenzberechtigung der Lyrik überhaupt? Aber was war dann das Geheimnisvolle, was man durch ein Gedicht lebendig lassen werden konnte, durch einen Prosatext aber nicht? Abgesehen von meinen Kindergebeten rührte ich zum erstenmal an die Grenzen der Metaphysik...

Und dann las mir meine Mutter Nachmittag für Nachmittag Gedichte vor. Ich lag mit unter dem Kopf gekreuzten Armen auf dem Teppich, sie saß in ihre Lieblingsecke gekuschelt und suchte immer neue Kostbarkeiten aus den unzähligen Büchern, die wir besaßen. Nach C.F.M., wie wir unseren Lieblingsdichter kurz nannten, machten wir eine neue Entdeckung, die uns den Atem verschlug: Friedrich Nietzsche nahm uns vollständig gefangen. Nicht seine martialischen Reden vom Übermenschen – wir lachten sehr bei der Vorstellung, daß er forderte, man müsse wie 'ein Tänzer in den Krieg ziehen', während er dann selbst an der Front kaum zum Krankenpfleger taugte – nein, seine venezianischen und anderen Gedichte begeisterten uns im ursprünglichen Sinn des Wortes, und wenn wir uns seine Verse gegenseitig vorlasen, entstanden nicht selten große Pausen, weil der Vortragende oft so sehr gerührt war, daß es ihn in der Kehle würgte und er nicht weitersprechen konnte.

Zwangsläufig kam ich so auch mit der Weltanschauung, mit der Philosophie Nietzsches in Berührung – und hier entzückten mich ebenfalls seine brilliante Diktion, sein funkelnder Stil, das flammende Feuerwerk seiner Einfälle. Da er sich oft auf Schopenhauer bezog, mußte natürlich auch nachgesehen werden, was der denn geschrieben hatte. Und auf diese Weise glitt ich mit der Zeit über die Tanzböden der Philosophen – und das Interesse an der Astronomie wurde etwas verdrängt. Das kleinste Fernrohr einer Sternwarte war ja allen meinen selbstgebauten Refraktoren überlegen – und was nützte es mir auch schon, immer detaillierter zu wissen, ob die Atmosphäre auf dem Mars mehr Stickstoff oder Methan enthielt und wie viele Millionen Sonnen und außergalaktische Milchstraßensysteme es gab. Außerdem lernten wir im Physikunterricht, daß der Mensch die Schwerkraft der Erde nie würde überwinden können. Und wenn schon: Überall nur die gleichen Kraterlandschaften, Gase, elektromagnetischen Felder...

Unendlichkeit im Kleinen wie im Großen, Unendlichkeit in der Tiefe des Raums, Unendlichkeit in der Zeit. Aufregend wäre eigentlich nur die Begegnung oder doch wenigstens die Kommunikation mit außerirdischen Lebewesen. Oder wenigstens archäologische Forschung auf dem Mars – dem erdähnlichsten aller Planeten. Auf ihm hatte Äonen lang ein Klima wie bei uns geherrscht: Und bei physikalisch fast gleichen Voraussetzungen – konnte sich da nicht auch ähnliches Leben entwickelt haben, oder vielmehr: Mußte es nicht zwangsläufig entstanden sein? War es vielleicht so, daß die sich verändernde Intensität der Sonnenstrahlung zusammen mit der den Wandelsternen eigenen Wärme die Planeten gewissermaßen der Reihe nach ausbrütete, zum Leben erweckte, um sie dann wieder erkalten und zu Krater übersäten, toten, mondähnlichen Wüsten werden zu lassen? Die Astronomie hatte mich so sehr in ihren Bann gezogen, weil ich von ihr einen Blick in andere, neue Dimensionen erwartete. Und in gewisser Weise wurde diese Erwartung ja auch erfüllt: mit immer mehr physikalischen Daten und phantastisch anmutenden Bildern kosmischer Erscheinungen. Aber es wurde mir klar, daß ich im Grunde gehofft hatte, etwas über die Ursache und den Grund unseres, meines Daseins zu erfahren. Zwar erfüllte mich die Beschäftigung mit dem Weltall stets von neuem mit unendlicher Bewunderung, ergriff mich angesichts dieses gigantischen Universums ein demütiges Staunen – aber was hatte dieses Empfinden mit Wissenschaft, mit Astronomie zu tun? War das nicht vielmehr schon Religion? Und: Registrierten die Astronomen nicht nur, während die Philosophen nach dem Woher, Warum und Wohin fragten?"

„War da mein Daddybüßchen so verzweifelt, daß er sich das Leben nehmen wollte?" fragte Pia.

„Nein, warte doch", antwortete ich, „das kommt noch! –

Um es einmal so zu formulieren: Ich fing an, meine erste Berufswahl in Zweifel zu ziehen, widmete mich mehr und mehr der Philosophie und – das konnte ja nicht ausbleiben – den Theologen. Ich wollte herausfinden, woher die nun ihr Wissen hatten und wie sie ihre Behauptungen beweisen konnten. Dabei stellte ich schnell fest, daß Nietzsche recht hatte, wenn er schrieb, die Theologen seien die ungebildetsten und eingebildetsten aller Akademiker. Das traf aber nicht auf die Religionsgründer zu, wie mir sehr bald klar wurde. 'Geist', das schien etwas Wirkliches zu sein, eine Energie, eine Kraft – nicht etwa zu verwechseln mit Verstand, Intelligenz, Klugheit, Esprit. Geist konnte offensichtlich Einfluß auf Materie nehmen, sie prägen, konnte – wie durch Christus oder Pater Pio – gesund machen oder Berge versetzen. Geist war vielleicht das allen Lebewesen innewohnende persönliche Lebensprinzip, das die Entwicklung vorantrieb, den Stoff durch ein jeweils spezifisch strukturiertes Kraftfeld ganz individuell prägte: 'sich zum Bilde' und damit im übertragenen Sinn zum Bilde Gottes gestaltete, wie es in der Schöpfungsgeschichte heißt. Und dieses energetische Gebilde überdauerte möglicherweise die von ihm geschaffene Form, war die Seele, von der alle Religionen berichteten, und die sich in übersinnlichen Erscheinungen kundtat.

Ich fand endlich heraus, daß sich überall in der Welt ganz kleine Gruppen von Wissenschaftlern ausschließlich mit solchen paranormalen Phänomenen beschäftigten – und diese Forscher nannten sich Parapsychologen."

„Aber wann bist du denn nun beinahe ums Leben gekommen?" unterbrach mich Pia wieder ungeduldig.

„Das kommt jetzt gleich", tröstete ich sie. „Ganz unabhängig von meinen persönlichen Überlegungen war die Familie der Ansicht, ich müsse in die Fußstapfen meines Vaters treten, die Tradition fortsetzen und Medizin studieren.

Mit jugendlichem Ungestüm lehnte ich das ab. Als beim gemeinsamen Abendbrot die Sprache wieder einmal auf dieses Thema kam, fragte mich mein Großvater, was ich denn gegen ein Medizinstudium einzuwenden hätte.

'Seht auf das Radio', forderte ich alle auf. Und wirklich drehte jeder den Kopf nach dem Rundfunkgerät. 'In diesem Apparat befinden sich Röhren, Spulen, Kondensatoren, die mich aber nicht interessieren. Mir wichtig – und ja auch euch – ist das Programm. Und das kommt ganz woanders her. Nun seht euch selbst an: Ihr seid vollgestopft mit Nieren, Lungen, Gedärm, einem Magen, mit Milz, Galle, Herz und Blase – aber von diesen euren ganzen Innereien will ich genausowenig wissen, wie von den Röhren oder Kondensatoren, Widerständen oder Transformatoren. Oder wollt ihr mich zwingen, Techniker zu werden? Ich glaube, auch das, was mich an euch interessiert, kommt woanders her. Vielleicht sind wir alle – jeder für sich – als kleine Sender Gottes auf eine ganz persönliche Frequenz abgestimmt, die unserer geistigen Entwicklungsstufe entspricht.'

Nach einer längeren Pause sagte mein Großvater zu mir: 'Ich hoffe, deine Eltern sorgen dafür, daß du einen anständigen Beruf erlernst, sonst nagst du dein Leben lang am Hungertuch! Wer hat bloß –' und hier sah er meine Mutter scharf an' – dem Jungen solche Raupen in den Kopf gesetzt.'"

Pia nahm meine beiden Hände und küßte sie.

„Mit dem Hungertuch hat ja dein Großvater recht behalten", meinte sie.

„Nur, weil mich Filmproduzenten – die mir buchstäblich alles verdanken: ihren Reichtum, ihre gesellschaftliche Stellung – um den Lohn meiner jahrzehntelangen Tätigkeit als Regisseur wie auch Drehbuchautor brachten und auch noch höchste Auszeichnungen für meine Arbeiten in Empfang nahmen", verteidigte ich mich.

„Ich werde nie verstehen, wie so etwas möglich ist", schüttelte Pia den Kopf. „Hattest du keine Verträge?"

„Natürlich hatte ich die – und zwar von Film zu Film immer umfangreichere. Aber du kannst noch so perfekte Verträge machen –, doch wenn der andere sie brechen will, ist es dir nicht möglich, etwas dagegen zu tun.

Peter Noll, zuletzt Professor für Strafrecht an der Universität Zürich, schrieb in seinem Buch 'Diktate über Sterben und Tod': 'Jede Kreativität hat ihre Parasiten, in der Natur wie in der ganzen menschlichen Kultur: in der Politik, in der Wissenschaft, in der Kunst. Es gehört zum Wesen des Schöpferischen, daß dem Schaffenden das Werk aus den Händen genommen wird von anderen, die nur von der Vermarktung, Vermittlung oder ganz schlicht vom Diebstahl leben. Dem kommt der schöpferische Geist selbst entgegen, indem ihm die Schaffensfreude und die Freude an seinem Werk genügen. Die weiteren Vorteile verachtet er, oder er nimmt sie entgegen, vielleicht achtlos, vielleicht gierig, aber nie mit Maß und Gewicht in der Hand... Ich empöre mich, rufe nach dem Strafrecht und begegne einer müden oder überlegenen Resignation.'

Wenn der Zorn und die Bemühungen eines so bekannten Juristen zu keinem anderen Resultat führen – was kannst du dann von mir erwarten? Oder wie sollte mein hervorragender Anwalt – du kennst ja Hans-Joachim Dombrowski – immer wieder in Erfahrung bringen, ob in irgendwelchen Städten Kanadas, der U.S.A. oder sonst irgendwo in der Welt Filme von mir liefen, an deren Umsatz ich beteiligt war?"

„Ich erwarte, nun endlich zu erfahren, wie du dich beinahe umgebracht hast," rief Pia jetzt wirklich ungnädig.

„Das ist, nachdem du die Vorgeschichte weißt, schnell erzählt.

Ich war völlig verunsichert. Hier die geliebte Astronomie, meine Refraktoren, Prof. Dr. von Klüber – da die Kunst, die Philosophie, Religion und Parapsychologie – dort die Familie mit ihrer Forderung, ich solle das Spintisieren sein lassen und mich mit dem Gedanken vertraut machen, Medizin zu studieren. Eines Tages kam mir der Gedanke, es mit einem Gottesurteil zu versuchen.

Auf dem Hof vor unserem Haus zog ich einen großen Kreis. Vom Mittelpunkt aus teilte ich ihn in drei Sektoren, in die ich mit dem Hakken meines Schuhs jeweils ein 'A' für Astronomie, ein 'M' für Medizin und ein 'P' für Philosophie und Parapsychologie schrieb. Dann suchte ich mir einen etwa faustgroßen Stein und stellte mich in die Mitte des Kreises. Ich hatte vor, den Stein hochzuwerfen und dann abzuwarten, in welchen Sektor er fallen würde. Für diesen Beruf wollte ich mich dann entscheiden und mit ganzer Kraft vorbereiten! Ich nahm also den Stein, schleuderte ihn mit aller Energie in die Luft, schloß die Augen und lauschte aufmerksam, aus welchem Teil das Geräusch des Aufpralls kommen würde. Lange geschah nichts, und ich dachte schon, den Aufschlag überhört zu haben. Vielleicht war der Stein außerhalb meines magischen Kreises in der weichen Wiese gelandet, die den Hof umgab. Da plötzlich krachte es so furchtbar auf meinem Kopf, daß ich sofort in die Knie brach und für einen Augenblick die Besinnung verlor. Der Stein war mir tatsächlich mitten auf den Kopf gefallen. Als ich wieder zu Bewußtsein kam, strömte mir das Blut über Stirn und Augen. Ganz benommen raffte ich mich auf und taumelte ins Haus. Dort schrie meine sonst nicht so leicht zu erschütternde Mutter entsetzt auf – und während sie mich vorsichtig wusch und verband, wollte sie unbedingt wissen, wer mir diese schwere Verletzung beigebracht hätte: Es sei wirklich kein 'Petzen'. Es sei falscher Kameradschaftsgeist – wiederholte sie immer wieder –, wenn ich den Namen des Jungen verschweigen würde, der mir einen so großen Stein auf den Kopf geworfen hätte...

Aber ich sagte gar nichts."

„So dumm kann auch nur mein Büßchen sein", wunderte sich Pia. „Und was für Schlußfolgerungen hast du aus diesem 'Gottesurteil' gezogen?"

„Ich konnte das Orakel damals nicht deuten", erwiderte ich. „Aber das Leben hat es möglicherweise getan. Vielleicht sollte ich einen eigenen, nicht einseitigen und vorgeschriebenen Weg gehen. So habe ich als erster mit magnetischen Feldern zellphysiologische Versuche in einer mikromorphologischen Forschungsgruppe angestellt und später mit Krebsgeweben gearbeitet. Außerdem inszenierte ich viele Filme, schrieb Bücher und Drehbücher, machte parapsychologische Erfahrungen und veröffentlichte sie. Hier und da studierte ich Psychologie und Theologie, habe auch richtig Photographie gelernt und als Kameramann gearbeitet – wohin hätte der arme Stein also fallen sollen? In jedem Sektor wäre er zu einem falschen, zumindest aber sehr unvollkommenen Propheten geworden."

„Nur mit der Astronomie hast du nichts mehr im Sinn?"

„Oh doch, sie interessiert mich weiterhin ganz außerordentlich.

Nur – was kannst du auf diesem Gebiet selbst tun? Und du weißt, ich bin ein 'Macher', ich muß immer kreativ sein. Außerdem begannen mich mehr und mehr die kosmischen Einflüsse auf die Menschen zu faszinieren."

„Also die Astrologie", lachte Pia „von der die Wissenschaftler nichts halten. Dein netter Professor von Klüber wäre sehr enttäuscht von dir."

„Bestimmt nicht", entgegnete ich. „Da er – im Gegensatz zu manchen unserer Fernsehprofessoren – ein weitsichtiger Mann war, würde er neue Forschungsergebnisse sicherlich akzeptieren."

„Gott sei Dank hatte ich es nicht so schwer, einen Beruf zu finden", seufzte Pia, „weil mein Daddybüßchen für mich nachgedacht hat..."

18.

Mein Sohn Pio war für mich ein kleiner Antipode. Nach dem Abitur wollte er Volkswirtschaft studieren... Er würde also, wenigstens zunächst, nicht viel mit dem zu tun haben, was für mich von so großer Bedeutung war: Kunst, Psychologie, Religion.

Doch geriet er, wenn er die Technische Universität besuchen sollte, unweigerlich in die Hände meines unsagbar klugen und durchgeistigten Freundes Hans, der dort eine Professur hatte. Und das war für mich ein großer Trost.

Alles, was ich im Leben erreicht hatte, war mir durch die unwahrscheinlichsten Zufälle, Fügungen und – wie ich behaupte – Führungen gelungen. Mein Dasein vollzog sich in Sprüngen. Meine Leistungen als Schüler waren – im Gegensatz zu denen Pios – in Mathematik, Physik und Chemie absolut ungenügend. Daß ich immer wieder versetzt wurde, hatte ich nur der Sympathie, dem Wohlwollen und der Nachsicht einiger Lehrer zu verdanken.

Ich habe bis heute nicht begriffen, was Sinus und Cosinus ist – geschweige denn Integral und Differential. Fast alles, was ich lernen sollte, interessierte mich nicht: weder die Öffnungen am Bauche des Maikäfers, durch die er atmete – noch wer mit wem in den griechischen Göttersagen Unzucht getrieben hatte.

Die Erzvorkommen in Nordamerika hatten keine Bedeutung für mich – und das Gezänk im römischen Senat war oft genauso würdelos wie das gegenwärtige politische Geschwätz. Lehrer aber, die ein Leben lang ihre Schulklassen immer wieder dieselben unregelmäßigen Verben lehrten und mit wichtigem Getue Zensuren in ihre kleinen, meist grünen Notizbüchlein eintrugen, waren damals in meinen Augen ausgemachte Narren.

Dafür las ich Schopenhauer, Hume, Locke, Schleiermacher, Kierkegaard – und deklamierte laut und entzückt Nietzsches 'Jenseits von Gut und Böse'. Dementsprechend war das Chaos in meinem armen Kopf.

So etwas wäre Pio nie eingefallen. Stunden um Stunden saß er an seinem kleinen Schreibtisch und lernte, was befohlen war. Und in seiner freien Zeit lief er – wie ein Schweizer Präzisionsuhrwerk – zehn, zwanzig oder auch dreißig Kilometer durch den Grunewald, wenn er nicht im Skiff auf der Havel war.

„Oh du Vater des Irrsinns", rief er oft aus, wenn er mit meinen exzentrischen Verhaltensweisen konfrontiert wurde. Trotzdem mußte ich ihm immer wieder von mir und aus meiner Schulzeit erzählen – und Begebenheiten, die zeigten, wie sich sein Vater damals verhielt, faszinierten ihn sehr: Etwa zwei oder drei Jahre nach der Kapitulation 1945 kam eine Militärdelegation zu uns in die Schule, die aus je einem Russen, Engländer, Franzosen und Amerikaner bestand. Man wollte sich über den Bildungsstand der deutschen Gymnasiasten orientieren.

Da standen sie nun in ihren Uniformen – und fragten ausgerechnet mich nach den Geburtsdaten von Goethe, Schiller und Shakespeare. Ich konnte auf keine ihrer Fragen eine Antwort geben, und sie entrüsteten sich über meinen Mangel an Wissen, wiegten vielsagend die Köpfe und machten resignierte Gesichter.

Als ich auch nicht wußte, wo die großen Dichter geboren und gestorben waren, wandten sie sich zum Gehen, indem sie einige Bemerkungen über die 'Nazi-Jugend' fallen ließen.

Mir wäre das gleichgültig gewesen – aber als ich zufällig zu meinem, von mir sehr geliebten Deutschlehrer hinübersah, bemerkte ich mit Bestürzung, wie beschämt er war. Da wurde ich ärgerlich. Irgend etwas stimmte bei solcher Prüfung nicht – und ich konnte mir von diesen Offizieren der Besatzungsmächte auch nicht vorstellen, daß ihre Bildung der unseren so sehr überlegen sein sollte. Vielleicht ging mir damals zum erstenmal eine Ahnung von dieser Art verlangter Kenntnisse auf, die ich später 'College-Girl-Bildung' nannte.

Die Kommission hatte schon die Klassentür erreicht, da rief ich sie zurück. Der Deutschlehrer sah mich äußerst erschrocken an – und die Soldaten drehten sich erstaunt nach mir um.

'Was', fragte ich, 'ist von größerem Wert: die Geburtsdaten Goethes zu wissen oder etwa fünfzig seiner Gedichte und den Faust auswendig zu können?'

Die Offiziere kamen langsam von der Tür in die Klasse zurück.

'Ich weiß nicht', rief ich, 'wann Diderot, der heilige Augustinus, Bacon, Lermontow, Lao-tse, Milton, Spinoza, Voltaire oder die Sappho geboren wurden – aber ich habe sie gelesen.'

Ich zählte die Namen auf, wie sie mir in den Sinn kamen. 'Ich weiß tatsächlich nicht ein einziges Geburtsdatum', sagte ich – und plötzlich mußte ich lachen. 'Glauben sie mir, ich weiß nicht einmal das Jahrzehnt, oft sicher nicht das Jahrhundert...'

Und ich mußte immer mehr lachen. Anscheinend steckte ich meine Mitschüler an, denn auch sie begannen zu lachen, lachten laut, brüllten vor Lachen, schlugen mit den Fäusten auf die Tische, wandten sich einander zu – und endlich lachte auch der Deutschlehrer, rieb sich die Hände und wischte sich die Augen. Bis es auf einmal wieder still wurde, beängstigend still – als ob es allen gleichzeitig eingefallen wäre, daß wir ja die Besiegten waren. Die Gesichter der Kommission waren unbewegt. Es ziemte sich für Deutsche nicht, in Gegenwart eines russischen, amerikanischen, englischen oder französischen Offiziers zu lachen: Wir waren durch Kriegsschuld und KZ's Gezeichnete. Auch für Schüler war es ungehörig, vor den Siegern zu lachen. Schüler? Was mochten sich diese Soldaten denken, wenn sie uns hier in den Schulbänken sitzen sahen?

Erinnerte sich der Engländer daran, daß Montgomery nach der Invasion den wichtigen Knotenpunkt Caen erst einen Monat später als geplant erobern konnte, weil ihm die Teenager-Division 'Hitlerjugend' seine strategische Planung zunichte gemacht hatte? Denn wo sich erfahrene Soldaten zurückzogen, da stürmten die 'Babies', wie sie von den Briten genannt wurden, im Glauben an ihren Führer und die Freiheit und Größe des Reichs, mit tödlicher Entschlossenheit – und bis fast alle von ihnen im Abwehrfeuer liegen blieben, jagten sie die Alliierten vor sich her, zurück zur Küste, zum Meer. Zu Tausenden bedeckten sie in ihren gefleckten Tarnanzügen Felder und Straßen – Grabhügel des in seiner Geschichte letzten Anfalls von Wahnsinn, der das deutsche Volk gepackt hatte; dieses raubmörderischen Wahn-

sinns, dem die Nationen immer wieder anheimfallen, wenn sie sich stark fühlen und meinen, mit wenig oder ganz ohne Risiko über andere Völker herfallen und sie bestehlen zu können, und der sich mit der technischen Entwicklung von Mal zu Mal vernichtender auswirkt. Was mochte den Offizieren durch den Kopf gehen, wenn sie uns betrachteten? 'Bastarde' bezeichnete Montgomery die deutschen Jungen – und als taktisches Zeichen hatte man ihnen eine Milchflasche zudiktiert.

In der Tat bekamen sie täglich dreieinhalb Liter Frischmilch – und anstelle der üblichen Tabak- oder Zigarettenration Bonbons und Schokolade.

Sie waren kaum älter als wir – und ich selbst hatte in meiner schwarzen Uniform im Hof des Potsdamer Stadtschlosses gestanden, als sie dort in einem großen und feierlichen Appell aufgerufen wurden, sich freiwillig zu melden.

‚Eine üble Rotte von Bastarden', sagte Montgomery von ihnen, 'aber Soldaten sind sie. Dagegen sind wir die reinsten Amateure...' Das zweifelhafte Lob eines ehrgeizigen Generals, der später in Arnheim seine Soldaten genauso rücksichtslos opferte, wie es der Kommandeur der Division 'Hitlerjugend' tat, ehemals Angehöriger der Leibstandarte-SS Adolf Hitler und 'Panzermeyer' genannt. Er hielt den Einsatz der Jungen wegen ihrer guten Ausbildung für voll zu verantworten.

Allein in den ersten Tagen waren von zwanzigtausend 'Mann' viertausend gefallen und achttausend vermißt oder verwundet. Über die schnelle Vernichtung einer Kompanie seiner 'Soldaten' schrieb Meyer: Knirschende Panzerketten beenden ihr junges Leben...

Oder dachte der Amerikaner an die Flakhelfer, die mit ihren langrohrigen Acht/acht-Geschützen, deren Salven wie das helle Bellen von Hunden durch die Nächte klang, im Bombenregen und unter Beschuß von Bordfeuerwaffen versuchten, Frauen und Kinder vor Phosphor und Luftminen zu schützen?

Ich wurde aus meinen Überlegungen gerissen. Nach langem Schweigen schien der Russe zu einem Entschluß gekommen zu sein. Er zog die Augenbrauen hoch, lächelte mich freundlich an und sagte:

'Wenn Sie wirklich so viel können, dann fangen sie doch einmal mit dem Faust an...'

Und ich begann mit der 'Zueignung'; zuerst leiernd und trotzig, aber dann wurde ich, wie stets, schnell von den Versen gefangengenommen. Als ich an die Stelle kam:

'Ihr bringt mit euch die Bilder froher Tage,
und manche liebe Schatten steigen auf;
gleich einer alten, halbverklungnen Sage
kommt erste Lieb' und Freundschaft mit herauf.
Der Schmerz wird neu, es wiederholt die Klage
des Lebens labyrinthisch irren Lauf
und nennt die Guten, die, um schöne Stunden
vom Glück getäuscht, vor mir hinweggeschwunden...'

da drängten sich mir unwiderstehlich Erinnerungen an das zerstörte Glück meiner Familie auf. Ich sah unsere weite Wiese hinter dem Haus in der Sonne liegen, von Stachelbeer- und Johannisbeersträuchern eingerahmt.

Die kleinen Schwestern jagten Schmetterlinge, meine Mutter brachte ein Tablett mit farbig gepunkteten Gläsern und einer Karaffe eisgekühlten Safts. Sie ging barfuß und ein fröhliches Sommerkleid wehte um ihre Beine. Es war einer jener wolkenlosen, heißen Sonntagnachmittage. Und die Fronten waren weit weg, verliefen irgendwo in der Tiefe Rußlands, der Wüste Afrikas... Und alle von uns lebten noch.

Vielleicht verriet sich etwas von meiner inneren Bewegung, denn ich bemerkte, daß die Blicke der Offiziere fast träumerisch auf mich gerichtet waren.

Als ich den 'Prolog im Himmel' vortrug, bekam dieser unerwarteterweise eine merkwürdige Bezüglichkeit zur Situation. Ich sah den Russen an, als ich Mephistopheles rezitierte: 'Da du, o Herr, dich einmal wieder nahst und fragst, wie alles sich bei uns befinde...'

Der Offizier schob die Mütze ins Genick, verzog amüsiert den Mund und lehnte sich, halb stehend – halb sitzend, gegen den Lehrertisch.

,Von Sonn und Welten weiß ich nichts zu sagen,' fuhr ich fort,
'ich sehe nur, wie sich die Menschen plagen.

Der kleine Gott der Welt bleibt stets vom gleichen Schlag,
und ist so wunderlich, als wie am ersten Tag.
Ein wenig besser würd er leben,
hätt'st Du ihm nicht den Schein des Himmelslichts gegeben;
er nennt's Vernunft und braucht's allein,
nur tierischer als jedes Tier zu sein...'

Hier unterbrach mich der Sowjetmensch mit einer Handbewegung. Ich bekam einen Schreck: Mißbrauch der Vernunft – konnte das als Kritik am Dialektischen Materialismus ausgelegt werden? Doch der Offizier fiel in den Dialog ein, übernahm die Rolle Gottes und fragte mich mit gutturalem Akzent als 'Der Herr':

'Hast du mir weiter nichts zu sagen?
Kommst du nur immer anzuklagen?
Ist auf der Erde ewig dir nichts recht?'

Und ich antwortete ihm mit voller Überzeugung – schon deshalb, weil ich seit Monaten Hunger hatte:

'Nein, Herr! Ich find es dort, wie immer, herzlich schlecht.
Die Menschen dauern mich in ihren Jammertagen,
ich mag sogar die Armen selbst nicht plagen.'

An sich hätte der Offizier jetzt fortfahren müssen: 'Kennst du den Faust?'

Statt dessen aber fing nun er herzlich an zu lachen, die übrigen Kommissionsmitglieder stimmten ein – und dann glitt der gebildete Rotarmist vom Tisch, kam auf mich zu, legte mir die Hand auf die Schulter und sagte: 'Das Leben ist nicht nur herzlich schlecht, es ist auch herzlich gut.'

Dann neigte er den Kopf zu meinem Ohr und flüsterte: 'Goethe wurde am 28.8.1749 in Frankfurt am Main geboren – aber er beeilte sich, nach Weimar in die sowjetisch besetzte Zone zu kommen, weil er es unter den Frankfurter Kaufmännern – alles Kapitalisten, weiß du? – nicht aushalten konnte.'

Er lachte nochmals laut auf über seinen Scherz und fügte hinzu: 'Aber merk dir das Datum für die nächsten Kommissionen. Jeder Ausländer findet es ganz unverzeihlich, wenn ein deutscher Schüler, der das Gymnasium besucht, Goethes Geburtsdatum nicht weiß.'

Kaum waren die vier gegangen, bestürmten mich alle, doch zu verraten, was der Russe zu mir gesagt habe. Aber ich tat es nicht. Sofort entstanden die wildesten Spekulationen, deren harmloseste war, daß ich mich auf der 'Kommandantura' zu melden hätte.

Doch ich behielt mein Geheimnis – Goethes Geburtstag und seine Flucht aus dem kommerziell orientierten Frankfurt nach Mitteldeutschland – für mich."

Pio zog einen Zettel aus der Tasche. „Nimm!" forderte er mich auf, „ich habe ein Kreuzworträtsel entworfen. Bin gespannt, ob du es lösen kannst."

Rasch verließ er das Zimmer. Ich sah mir die Zeichnung an und begann zu raten. Ein 'affenähnliches Tier' sollte in bestimmte Felder eingetragen werden. 'Pappi' würde hineinpassen... Der 'beste Aufenthaltsort' für das affenähnliche Tier wurde verlangt. Nur drei Buchstaben waren erlaubt – also: Zoo.

Dann kam der 'Beruf des affenähnlichen Tieres' mit einem ziemlich langen Wort. Meine Neugier erwachte – und endlich fand ich, daß hier nur 'Scharlatan' in Pios sorgfältig gezeichnete Kästchen paßte.

Das 'pseudowissenschaftliche Hobby' des affenähnlichen Tieres war schnell gefunden: Astrologie.

„Pio!" brüllte ich mit aller Kraft.

Eilig kam er angerannt. „Ist was?" fragte er scheinheilig.

„Ich fürchte, ich muß dir einen längeren Vortrag halten."

„Um Himmels willen – nein!" schrie Pio und wollte sich wieder davonmachen. Ich hielt ihn zurück.

„Bist selbst schuld. Wenn du deine Unwissenheit so offen zeigst, muß ich mich ihrer erbarmen."

Pio warf sich stöhnend auf die lila Couch.

19.

„Der große Astronom Ptolomäus bezeichnete die Therorie von der Bewegung unserer Erde um die Sonne als völlig lächerlich", fuhr ich meinen Sohn an. „Anaxagoras wurde verfolgt, weil er behauptete, die Sonne sei größer als der Peloponnes. Da ein schäbiges Metall doch nicht den edlen Klang der menschlichen Stimme widergeben könne, wurde der Phonograph Edisons abgelehnt. Und selbst Lavoisier, der als erster die Luft in ihre Bestandteile zerlegte, schrieb einen sehr gelehrten Bericht, in dem er den Beweis lieferte, daß keine Steine vom Himmel fallen könnten. Und erinnere dich an die Suppe für Frau Galvani. Der Arzt hatte ihr Bouillon verordnet – und ihr liebevoller Mann enthäutete auf dem Balkon eine Anzahl Froschschenkel, die er an kleinen Kupferhaken aufhängte.

Plötzlich sah er zu seinem größten Erstaunen, daß die Schenkel in konvulsivische Zuckungen gerieten, so oft sie mit dem Eisen des Balkongitters in zufällige Berührung kamen – wie die Beine deiner Anke," fügte ich boshaft hinzu, „wenn du sie streichelst."

„Schwein!" murrte Pio, „es gibt doch nichts, was du nicht irgendwie mit Sex in Verbindung bringst."

„Die Liebe, die Schönheit und der Tod, es gibt nichts Wichtigeres im Leben," entgegnete ich. „Galvanis Frau war die wegen ihrer Attraktivität berühmte Tochter seines Professors. Wäre Lucie Galeozzi nicht so hübsch und sexy gewesen, hätte Galvani sie nicht geheiratet, hätte ihr folglich auch keine Suppe mit Froschschenkeln gekocht und die elektrischen Phänomene nicht beobachten können. Jedenfalls wurde seine Entdeckung – später unter Galvanismus bekannt – mit ungeheurem Gelächter von der Wissenschaft aufgenommen. Man gab dem jungen Physikprofessor den Spitznamen 'Tanzmeister der Frösche'.

Als die erste Eisenbahn ausprobiert werden sollte, bewiesen kluge Wissenschaftler, daß die Lokomotive unmöglich von der Stelle kommen könne, weil sich die Räder immer nur auf der Stelle um sich selbst drehen würden. Die Trägheit der Materie, die Zähigkeit der Metalle und der Widerstand der Luft seien zu groß. 'Lassen wir also diese Phantasiegebilde', mahnte der große Arago.

Und in Bayern erklärte das Königliche Medizinische Kollegium, daß die Verwirklichung der Eisenbahnen ein großes Verbrechen gegen die öffentliche Gesundheit wäre, denn eine so schnelle Bewegung würde bei den Reisenden Gehirnerschütterung, bei den Zuschauern aber Schwindelanfälle erzeugen. In England verweigerte die Königliche Gesellschaft dem berühmten Joule eine Erinnerungstafel – man nahm seine Thermodynamik nicht ernst. Ohm wurde als Narr verspottet, Franklin ausgelacht. Und Harvey, der den Blutkreislauf entdeckte, erntete nur beißenden Sarkasmus der medizinischen Fakultät. Denke an den erhabenen Virchow, der den unbekannten Robert Koch lächerlich machte. 'Stellen Sie sich vor, meine Herren', so machte er sich vor seinen Studenten über den kleinen Landarzt lustig,' winzige unsichtbare Tierchen sollen die Tuberkulose erzeugen.' Und alles lachte pflichtschuldigst und trampelte Beifall."

„Willst du nicht endlich zur Sache kommen?" forderte mich Pio auf.

„Ich wollte dir demonstrieren, du in jeder Hinsicht angepaßtes Geschöpf", sagte ich, „daß zu einer wissenschaftlichen Tätigkeit absolute Vorurteilsfreiheit gehört."

Pio lachte höhnisch. „Sterndeuterei nennst du wissenschaftliche Tätigkeit?"

Von allen meinen Neigungen schien Pio die Beschäftigung mit der Astrologie am absurdesten.

„Da beginnst du ja schon mit einem Vorurteil," versetzte ich. „Ohne etwas von der Sache zu verstehen, sprichst du der Astrologie von vornherein die Wissenschaftlichkeit ab."

„Das muß man ja wohl auch, wenn man ernstgenommen werden will", beharrte der Sohn. „Sieh sie dir doch an, diese Leute, die sich

Astrologen nennen. Die kannst du doch wohl nicht mit einem Arzt oder Chemiker vergleichen."

„Geliebter", erwiderte ich, „es gibt wirklich viele Narren unter den Sterndeutern – aber unter Ärzten habe ich auch welche gefunden."

„Und was für Berufsbezeichnungen diese Menschen sich neuerdings zulegen – nur, um seriöser oder eben als Wissenschaftler zu erscheinen."

Merkwürdig: Wenn Pio von jemandem in höchstem Grade verächtlich sprechen wollte, dann nannte er denjenigen 'Mensch'. 'Dieser Mensch' – oder 'diese Menschen' – hatte bei ihm eine viel negativere Bedeutung, als wenn er beispielsweise sagen würde: diese Idioten, Schwachköpfe oder Deppen.

„Ja", gab ich ihm recht, „du könntest vielleicht in Verwirrung geraten, wenn dir – zum Beispiel während einer Party – jemand als Kosmologe, Kosmopsychologe, Astrobiologe oder auch Astropsychologe vorgestellt wird. Doch in Wirklichkeit handelt es sich bei allen diesen Leuten nur um Astrologen, die sich neue Namen zugelegt haben, um sich von einer Berufsbezeichnung zu distanzieren, die seit dem Aufkommen der exakten Naturwissenschaften immer mehr in Verruf geriet.

Meyers Großes Handlexikon des gesamten Wissens schreibt unter dem Stichwort 'Astrologie': 'Lehre vom angeblichen Einfluß der Gestirne auf irdisches Geschehen... Naturwissenschaftlich unhaltbar.'

Es sieht so aus, als ob die Autoren des Lexikons diesen Text alsbald revidieren müssen, wenn sie weiterhin den Anspruch erheben wollen, das 'gesamte Wissen' zu repräsentieren.

Vor 160 Jahren wurden die letzten Vorlesungen über Astrologie an einer deutschen Universität gehalten. Der Professor hieß Pfaff, er war Mitglied der Akademien von Petersburg und München, der Physikalisch-medizinischen Gesellschaft in Moskau, unterrichtete in Würzburg und wurde später auch ordentlicher Professor der Universität Erlangen. Dann wurde die Astrologie in die Hinterhöfe, Jahrmarktsbuden und in den Untergrund verbannt.

Ihre glanzvolle Geschichte, die sie im Laufe der Jahrtausende aus den Tempeln der Priester an die Königshöfe, an die Seite von Kaisern und Päpsten geführt hatte, fand ein klägliches Ende – in Deutschland unter anderem in den Konzentrationslagern der Nationalsozialisten.

Denn was die Astrologen behaupteten, war naturwissenschaftlich nicht meßbar – und kosmische Strahlen existierten nur in utopischen Romanen. Außerhalb jeder wissenschaftlichen Kontrolle aber konnte nun jegliche Art von Scharlatanerie üppige Blüten treiben. Und doch: Wie schon Johannes Kepler ein ganzes Buch geschrieben hatte mit dem Titel 'Warnung an die Gegner der Astrologie', wie Isaac Newton einen Mann, der sich darüber belustigte, daß er, der große Newton, sich mit Astrologie beschäftigen würde, kurz abfertigte: 'Ich verstehe etwas von der Sache, Sie nicht!' – So ist, nicht nur bei zahlreichen bedeutenden Persönlichkeiten, der Glaube an den Einfluß der Gestirne erhalten geblieben, sondern auch – nach den jüngsten demoskopischen Ermittlungen in der Bundesrepublik – bei fast der Hälfte der Bevölkerung.

Und nun hat es den Anschein, als ob dieselbe moderne Naturwissenschaft, die einst die Königin der Wissenschaften – eben jene Astrologie – zur Bettelhure gemacht hat, das beweist, was die Sterndeuter seit Jahrtausenden behaupten: daß Sonne, Mond und Planeten Einfluß nehmen auf biologische – und damit verbunden auch psychologische – Vorgänge auf unserer Erde. Schon 1936 hatte ein deutscher Wissenschaftler, Professor Pänz, als Mitarbeiter von Telefunken Radiostrahlen, die von der Sonne kamen, registriert. Aber man schenkte seiner Entdeckung wenig Beachtung. Wie das so oft geschieht, war die Zeit noch nicht reif dafür.

Mehr Aufsehen erregte folgender Vorfall: In der Gegend von Liverpool, es war im Jahr 1942, schien eine englische Radareinheit, die nach deutschen Bombern suchte, Pech zu haben: Immer, wenn die Antenne der Station in eine bestimmte Richtung zeigte, kam es zu Störungen. Endlich erkannte man, daß diese seltsamen Funkzeichen stets in Erscheinung traten, wenn die Antenne direkt auf die Sonne gerichtet war...

Seitdem hat uns die sich entwickelnde Radioastronomie eine geradezu bestürzende Fülle aufregender Erkenntnisse geliefert. Keine Rede mehr von der absoluten interstellaren Leere im Weltraum. In den sich durchdringenden Kraftfeldern des Milchstraßensystems verren des Dialektischen Materialismus nicht vereinbaren. Erst Chruschtschow veranlaßte, daß Tschijewskij wieder nach Moskau zurückkehren durfte. Inzwischen aber kann man sogar in den Mitteilungen der Sowjetischen Akademie der Wissenschaften lesen, daß die Sonnenaktivität auf die Zahl der weißen Blutkörperchen einen starken Einfluß auszuüben vermag. Und Prof. Romenskij beobachtete in der UdSSR, daß mächtige Sonneneruptionen die Zahl der Herzinfarkte emporschnellen ließ.

In Kanada bestätigte Dr. Giordano aufgrund eigener statistischer Untersuchungen die Beobachtung Prof. Romenskij's auf einem weltweiten Kongreß vor Geophysikern und Meteorologen.

Nicht weniger als die Sonne bestimmt auch der Mond körperliche Vorgänge: 'Ich fürchte, ein Medizinmann zu werden', klagt Dr. Andrews aus Tallahassee, 'der nur noch bei Neumond operiert und die Vollmondnächte für romantische Idylle freihält...'

So sehr viel häufiger kommen anscheinend bei ihm und anderen Kollegen nämlich vermehrte postoperative Blutungen um die Zeit des Vollmonds vor. Daß Schwankungen des erdmagnetischen Feldes unter anderem von der Stellung des Mondes abhängen, weiß man schon lange. Neu dagegen ist die Erkenntnis, daß sehr wahrscheinlich das Gehirn ohne Benutzung irgendwelcher Sinnesorgane Schwankungen im magnetischen Umfeld feststellen kann. Hier könnte man dann tatsächlich – fast im parapsychologischen Sinn – von übersinnlichen Fähigkeiten sprechen, da ja die Sinne als Rezeptoren ausgeschaltet sind. Die Schilderung eines Experiments mag das veranschaulichen:

Ein Magnet wurde in die Nähe eines Aquariums gebracht. Gleichzeitig wurde ein Stromstoß durch das Wasser geschickt. Die Fische reagierten auf den Strom mit schnellen Bewegungen. Nach vielen Wiederholungen bewirkte das Magnetfeld allein die schnellen Bewegungen der Fische. Dann durchtrennte man alle sensorischen Nervenbahnen zum Gehirn der Tiere – aber die Reaktion auf das Magnetfeld blieb erhalten. Sie erlosch erst dann, wenn eine bestimmte Hirnregion bei den Fischen zerstört wurde.

In der angesehenen Zeitschrift 'American Scientist' informierte Prof. F.A.Brown seine erstaunten Kollegen, daß viele Pflanzen und Tiere auf geheimnisvolle Weise um die jeweilige Stellung des Mondes am Himmel wüßten. Ihre Stoffwechseltätigkeit, gemessen am Sauerstoffverbrauch, richte sich genau nach dem Mondtag, auch dann, wenn sie das Mondlicht gar nicht sehen könnten. Gibt es innere Uhren, die – wie wir ja auch scherzhaft sagen – nach dem Mond gehen? Prof. Piccardi, Leiter des Institus für physikalische Chemie von Florenz, stellte fest, daß Wasser durch magnetische Einflüsse seine elektrische Leitfähigkeit verändert. Wenn wir nun bedenken, daß das gesamte menschliche neurophysiologische System praktisch in Wasser eingebettet ist, stehen wir vielleicht am Anfang einer Kette bedeutungsvoller physiologischer wie auch psychologischer Erkenntnisse."

Pio lag jetzt auf dem Rücken, hielt die Augen geschlossen und hatte die Hände auf dem Bauch gefaltet. „Süßer", rief ich, „hörst du mich noch oder schläfst du?"

Riebe knurrte etwas Unverständliches – aber ich entnahm daraus doch, daß er wach war. So konnte ich fortfahren: „Zwei Mitarbeiter Piccardis stellten fest, daß die chemische Substanz Naphtalin ihre Erstarrungsgeschwindigkeit rhythmisch ändert: Bei Vollmond ist sie am langsamsten, bei Neumond am schnellsten – natürlich unabhänig vom Licht der verschiedenen Mondphasen.

Ungeheuerlich geradezu aber mutet das Ergebnis der Versuche des Züricher Biologen Friedrich Schneider an, der in der 'Revue Suisse de Zoologie' das Resultat eines Experiments beschreibt, durch das er herausfinden wollte, ob Tiere so etwas wie einen Gravitationssinn haben. Schneider schloß einen Maikäferschwarm in einen Bleibehälter mit undurchsichtigen Wänden ein. Jedesmal, wenn er einen Bleiklotz von mindestens 40 Kilogramm Gewicht in die Nähe dieses Behälters brachte, reagierten die Käfer mit sichtbarer Unruhe.

Am gewaltigsten werden die Gravitationskräfte von Mond und Sonne durch Ebbe und Flut sichtbar. Wenn Mensch und Tier nun tatsächlich eine – uns noch verborgene – Wahrnehmungsfähigkeit für Schwerkraftveränderungen hätten: welche wissenschaftlichen und praktischen Folgerungen könnten sich daraus ergeben! Vorläufig scheint die Forschung jedoch noch mehr am Sammeln von Fakten interessiert zu sein, als an deren Auswertung. Zu neu, zu überraschend – und auch zu viel ist es – was mit Hilfe der modernen technischen Hilfsmittel und statistischen Methoden in allen Teilen der Welt an schworen hatte, daß sich die Erde um die Sonne bewege, um Folterungen und der Hinrichtung auf dem Scheiterhaufen zu entgehen.

Im übrigen berichtet die Kirche selbst im Zusammenhang mit der Geburt Christi Astrologisches: Drei Weise – oder in anderer Formulierung: Könige – aus dem Morgenland entdeckten den Stern des Heilands und kamen nach Bethlehem, um Jesus zu sehen. Im Urtext finden wir aber das Wort 'magoi' für diese drei heidnischen Männer, wörtlich übersetzt: Magier, und solche waren damals in den Ländern zwischen Euphrat und Tigris allesamt Sterndeuter.

So waren es also Astrologen, die der Welt – unter anderem dem König Herodes persönlich – die Ankunft des Erlösers verkündeten, ihm Geschenke brachten und ihn als erste anbeteten. Jahrzehnte später taten das erst seine Jünger. Wer diese Geschichte als wahr hinzunehmen verlangt – wie unsere Theologen –, sollte nicht über die Astrologie als heidnischen Aberglauben herziehen.

Doch zurück zum Thema. Wie steht es mit der noch viel umstritteneren astrologischen Prognose? Ist die Zukunft eines Menschen voraussagbar? Merkwürdigerweise kreidet man es nur der Astrologie als etwas Verdammungswürdiges an, in die Zukunft schauen zu wollen: Was sich fast jede andere Wissenschaft zur selbstverständlichen Aufgabe macht – hier ist es auf einmal etwas Negatives und von religiöser Seite oft genug Gotteslästerliches.

Vom Meteorologen erwartet man die Wettervoraussage. Und wenn sie – häufig genug! – nicht stimmt, geht man mit einem Scherzwort darüber hinweg. Jeder Arzt möchte den Verlauf einer Krankheit so genau wie möglich prognostizieren können.

Nun denn: Wenn 'Charakter Schicksal ist', wie man sagt, dann darf man allein von den Erkenntnissen Gauquelins her Voraussagen wagen, sobald die von ihm als signifikant erkannten Gestirnstellungen vorliegen. Geht Mars bei der Geburt im Osten auf, haben wir eine ganz bestimmte Tendenz, wie sich das Kind beruflich entwickeln wird. Wie gesagt: eine Tendenz und nur eine Tendenz, die von anderen Faktoren, von anderen Gegebenheiten wie Umwelteinflüssen oder genetischem Material überlagert werden kann – die aber eben doch vorhanden ist und sich überdurchschnittlich oft durchsetzt. Daß die Wahl des Berufs mit gewissen charakterlichen Eigenschaften des Betreffenden in Zusammenhang steht, wird niemand bestreiten können. Ist also das Wesen eines Menschen – nicht nur durch die Gauquelinschen Planetenstellungen, aber der Einfluß dieser ist bewiesen – aus seinem Horoskop deutbar? Darf man nicht – um ein anderes Beispiel zu nennen – bei anstehenden Sonnenfleckenmaxima Menschen mit einer bestimmten gesundheitlichen Disponiertheit, mit sehr schlechtem Allgemeinzustand oder Infarktgefährdung eine größere Belastung und damit Gefahr voraussagen? Und Physiologisches ist ja doch immer auch untrennbar mit der Psyche verbunden.

Nach John H. Nelson, Mitarbeiter der RCA-Radio Corporation of America, wird der Rundfunkempfang durch ganz bestimmte Planetenstellungen besonders stark gestört; und zwar dann, wenn die Planeten, auf die Sonne bezogen, entweder im rechten Winkel zueinander stehen, in Opposition oder Konjunktion. Genau solchen Konstellationen wie der 'Quadratur' der Astrologen – einem 90 Grad-Abstand – oder dem 'Gegenschein' wird nun seit Jahrtausenden ein disharmonischer, störender Einfluß nachgesagt.

Der Mensch ist ja nun aber in vieler Hinsicht ein bei weitem empfindlicheres Instrument, als es Rundfunkantenne, Röhren oder Transistoren je darstellen können. Zudem basiert seine Gehirn- und Nerventätigkeit ebenfalls auf elektrischen Vorgängen sensibelster Art. Wäre es nicht denkbar, ja naheliegend, daß auch er bei entsprechenden Planetenstellungen 'gestört' wird und demgemäß reagiert? Dürfen also die Astrologen vor Gereiztheit, vorschneller Handlungsweise etc. warnen und hinweisen auf ein aus solchem Verhalten resultierendes 'Unglück'? Alle zukünftigen Planetenkonstellationen sind ja aber zu berechnen – folglich auch die Zeiten erhöhter Belastung durch kosmische Gegebenheiten. Das gleiche gilt natürlich auch für positive Einflüsse. Wir wissen, daß starke Emanationen von Venus, Jupiter und Saturn ausgehen – Radiowellen, die auch die Erde treffen. Und wenn sogar der Elfjahreszyklus der Sonnenaktivität durch die Planeten beeinflußt wird, wie der Astronom Michel Trellis 1963 vor der Pariser Akademie der Wissenschaften nachwies, wenn Veränderungen unvorstellbaren Ausmaßes auf der Sonnenoberfläche sichtbar werden, bewirkt durch gewisse Planetenstellungen, dann dürfen wir sicher sein, daß der Mensch nicht ganz allein unberührt bleibt von dem, was sich an kosmischen Kräften bewegt.

Ich selbst habe es zu oft erlebt, daß Menschen depressiv oder schwer krank wurden, wenn irgendwann in ihrem Leben der Saturn über den Ort wanderte, an dem während ihrer Geburt der Mond stand. Und Patienten, die von ihren Ärzten als unheilbar bezeichnet wurden, blühten wieder auf, wenn dieser Unglücksplanet nach Monaten weitergezogen war. Dies ist nur ein Beispiel von vielen.

Ich habe Gauquelin darüber einen Bericht geliefert. Wenn er diesen Saturn- Einfluß statistisch ebenso erhärten könnte wie die Dispositionen für bestimmte Berufe, dann wäre das natürlich von unschätzbarem Wert – nicht nur für die Medizin und Psychologie, sondern für alle Bereiche des Lebens. Dies alles spricht nicht dagegen, daß der Mensch durch seine Geistigkeit eine selbständige Persönlichkeit ist, daß er mit Hilfe seines ethischen Empfindens und seines Willens kein 'Ausgelieferter' ist. Aber deshalb muß er sich doch nach Tag und Nacht, Sommer und Winter richten, nach Hitze und Kälte. Deshalb ist doch mancher 'wetterfühlig' – alles das ist ja kosmisch bedingt –, und so sind wir auch, zusammen mit Tieren und Pflanzen, ja sogar mit anorganischem Material, Einflüssen aus dem Weltraum ausgesetzt, die man immer ahnte, die man durch die ernsthafte Astrologie in ein System zu bringen suchte – und die jetzt mit dem modernen Gerät der Naturwissenschaft und neuzeitlichen statistischen Methoden mehr und mehr entdeckt werden.

Fritz Riemann schreibt in dem Vorwort zu seinem oben erwähnten Buch: 'So festigte sich mir aus der wechselseitigen Ergänzung beider Gebiete, der tiefenpsychologischen Therapie und der Astrologie, die Erfahrung, daß die alte Lehre von der Entsprechung zwischen den kosmischen Konstellationen und dem Wesen des Menschen ernst zu nehmen sei.'

Die überzeugendste Formulierung dieser Entsprechung fand ich bei Oskar Adler. In seinem großangelegten Werk 'Das Testament der Astrologie' zitiert er den bekannten Satz von Kant: 'Zwei Dinge erfüllen das Gemüt mit immer neuer und zunehmender Bewunderung und Ehrfurcht, je öfter und anhaltender sich das Nachdenken damit beschäftigt: der gestirnte Himmel über mir und das moralische Gesetz in mir...'"

Als ich eine kleine Pause machte, bemerkte Pio gähnend: „Ich dachte, du wolltest wissenschaftlich bleiben – jetzt wirst du wieder lyrisch."

„Wirkliche Wissenschaft endet immer in Staunen, Demut und Religiosität", erwiderte ich. „Willst du dem Philosophen Kant, der die 'Kritik der reinen Vernunft' schrieb, wissenschaftliches Denken absprechen?"

Pio rollte sich von der Couch. „Das wär's denn also mal wieder. Ich glaube nicht, daß ich etwas davon für den Physikunterricht gebrauchen kann."

„Eines Tages werden deine Studienräte auch mal soweit sein", versicherte ich ihm. „Unser junger, aufgeklärter Physiklehrer hat uns ja auch noch mit langen Formeln, die er an die Tafel schrieb, mathematisch bewiesen, daß der Mensch niemals in der Lage sein würde, die Schwerkraft der Erde zu überwinden. Gut, daß SS-Obersturmführer Wernher Freiherr von Braun während dieser Unterrichtsstunden nicht anwesend war, sonst hätte er vielleicht auf den Bau seiner Raketen verzichtet."

Pio sah mich überrascht an. „Der auch?" fragte er dann unsicher.

„Wer nicht?" erwiderte ich. „Und viele Londoner würden heute noch glücklich und zufrieden leben, wenn sie nicht durch die V1 und V2 umgebracht worden wären," fügte ich hinzu.

„Und wie konnte der dann US-Bürger werden?"

„Wenn du für die politischen Ziele eines Staates wichtig bist", erklärte ich meinem Sohn, „dann kannst du alle Verbrechen der Welt begangen haben – du wirst trotzdem mit Ehrungen überhäuft." –

Seit vielen Jahren setze ich mich für das Lebenswerk des genialen, fast vergessenen deutsch-jüdischen Arztes Max Gerson ein, von dem Albert Schweitzer gesagt hatte: „Eines Tages werden sie ihm Denkmäler errichten..."

So hatte ich einmal die Ärzteschaft eines Krankenhauses für die Krebs-Therapie dieses bewunderungswürdigen Mannes zu gewinnen versucht. Über Wochen fütterte ich die Mediziner mit Material über die Vorgehensweise und – anhand von Krankengeschichten, dokumentiert mit Röntgenaufnahmen und sogar 'Hearings', gehalten vor einem Subcommittee des United States Senate in Washington – die Erfolge des großartigen Wissenschaftlers bei aufgegebenen Kranken, der in den Zwanziger Jahren auch eine Therapie gegen die damals unheilbare Hauttuberkulose entwickelt und segensreich mit Sauerbruch zusammengearbeitet hatte. Vergeblich.

Meist stumm, wie Fische hinter der Glasscheibe eines Aquariums, sahen mich die Ärzte während der alltäglichen Besprechungen an und gingen – ganz selten wurde überhaupt nur eine Frage gestellt – anschließend wieder auf die Stationen.

Mochte mich mein Sohn für exzentrisch halten – aber ich wollte tun, was in meiner Macht stand, daß Pio in seinem Beruf für alles offen, jedoch kritisch, aber immer begeisterungsfähig sein würde.

20.

Meine spirituelle Lebensweise brachte die Kinder in ein Spannungsfeld zwischen ihrem Zuhause und der Umwelt.

Pios analytischer Verstand wollte meine Art zu denken zerpflücken – Pia hingegen wahrte aus Furcht vor dem Unbekannten Distanz.

Daß Verstorbene und andere Geister – die ich 'meine Heiligen' nannte – von mir ganz selbstverständlich in unser Familienleben einbezogen wurden, daß ich mit ihnen sprach und auf sie vertraute, als würden sie wie Mitglieder einer Wohngemeinschaft zu uns gehören, war für Sohn und Tochter schon etwas Erstaunliches.

Damit verbunden war Pias größte Sorge, ich könnte nach meinem Tod die Fähigkeit besitzen, mich bemerkbar zu machen.

Und tatsächlich hatte ich ihr für den Fall, daß sie mit einem Mann schlafen würde, der mir nicht sympathisch sein sollte, gedroht, um sie herum zu klöpfeln – oder auch wütend am Gestell ihres Bettes zu rütteln, seufzende Laute auszustoßen und hin und wieder einen eiskalten Luftzug über den nackten Rücken ihres Liebhabers streichen zu lassen.

Aber so wirklichkeitsfremd den Kindern meine spirituellen Kommunikationen auch scheinen mochten, so waren sie doch gezwungen, die einen oder anderen anscheinend von übernatürlichen Kräften gelenkten Ereignisse in meinem Leben zu akzeptieren, weil sie deren Realität nicht in Zweifel ziehen konnten.

Fleisch und Bein gewordene Wunder umgaben uns in Gestalt meiner Freunde. Manche waren wie die Heiligen Drei Könige zu uns gekommen, jeder mit verschiedenen Gaben – andere schwebten schützend über unserem Zuhause wie die Menge der himmlischen Heerscharen. Freilich drohten uns auch Herodes und seine Häscher – die schon erwähnten Filmproduzenten – an den Rand des Ruins zu bringen.

Warum sollte es uns auch besser gehen, als der Heiligen Familie...

Doch die Zahl der Engel überwog bei weitem.

Nun kann man – wenn ich persönlich auch anderer Meinung bin – sagen, daß an guten Freunden nichts Wunderbares ist. Und so würden auch Pia und Pio gedacht haben, wenn es in Verbindung mit diesen Freundschaften nicht die unglaublichsten Fügungen gegeben hätte, die auch sie anerkennen mußten.

Solch ein Mirakel verkörperte der namhafte Arzt und Psychoanalytiker Dr. Günther Kowalski.

Er manifestierte sich in unserem Dasein auf eine Weise, die man nur mit Hilfe der Parapsychologie oder Religion zu erklären in der Lage ist. Eines Tages, als das Gespräch auf Schutzengel kam, deren Existenz zumindest von Pio energisch bestritten wurde, erzählte ich Sohn und Tochter:

„Ihr und ich – wir waren gerade dabei zu lernen, wie man ohne Mutter und Frau weiterleben kann – da lud mich jemand zu einer Party ein, die von Leuten veranstaltet wurde, die Lampenschirme entwarfen. Was, in Gottes Namen – und wenn ich 'in Gottes Namen' sage, meine ich es ja auch so – sollte ich bei Lampenschirmdesignern...

Es war eine Zeit, in der ich tausend Probleme lösen, noch mehr Pflichten erfüllen – und auch aus seelischen Abgründen herauskommen mußte. Aber dann stand ich doch zwischen den Künstlern und ihren Beleuchtungskörpern, ein Cocktailglas in der Hand, und hielt Ausschau nach einem hübschen Mädchen.

Aber statt dessen sah ich plötzlich und mit Entsetzen zwischen den strahlenden Zylindern, Kugeln, Würfeln und Röhren Albrecht Dürer auf mich zukommen. Genauso hatte ich ihn von seinem Selbstbildnis her in Erinnerung.

Oder doch nicht? Denn als der berühmte Sohn eines Nürnberger Goldschmieds näher kam, erkannte ich, daß sein Gesicht an das eines Schamanen erinnerte und der lange Rumpf mit den kurzen Beinen an die tatarischen Reiter des Generals Budjenny.

Im Gegensatz dazu waren es die Augen eines Mönchs, die mich jetzt anblickten.

'Ein Heiliger', dachte ich, 'aber einer aus einem anderen Himmel – nicht aus meinem.'

Er stellte sich als Günther Kowalski vor – und ich wußte, er war schon seit Ewigkeiten mein Freund."

„Du hast ihn also schon von früher her gekannt?" warf Pio ein.

„Er war mir noch nie begegnet", erwiderte ich.

„Das verstehe ich nicht", erklärte Pio unwillig.

„Wie könntest du auch", versetzte ich, „dazu bist du viel zu intelligent."

„Laß Pappi weitererzählen", unterbrach uns Pia.

„Also", fuhr ich fort, „im Laufe des Gesprächs fragte ich ihn, woher er käme, ob er ein geborener Berliner sei. Ihr wißt ja, die wirklichen Berliner sind Sachsen, Schlesier und Ostpreußen.

'Nein', antwortete er, 'ich bin in Beelitz aufgewachsen.'

Ich kannte dieses kleine Nest in der Mark Brandenburg gut. Außerhalb des Ortes, von Kiefernwäldern und Spargelfeldern umgeben, besaßen meine Großeltern ein Haus. Meine drei Schwestern und ich verbrachten dort regelmäßig die Sommerferien. Großmutter hatte jedem von uns ein eigenes Zimmer zugeteilt und mir als einzigem Enkel das schönste, weil es noch eine große Loggia besaß."

„Natürlich", unterbrach mich Pia, „immer die Jungs!"

„Meine Großmutter", begütigte ich sie sanft, „war zwar eine liebevolle und weise Frau, hatte sich aber wohl trotz ihres hohen Alters noch nicht ganz emanzipiert."

Pia merkte die Ironie und schnitt eine Fratze: „Ha, ha – sehr komisch!"

„Es war während der letzten Monate des Krieges, als ich wieder einmal übers Wochenende nach Beelitz kam. Sofort nach der Begrüßung wollte ich die Treppe zum ersten Stock hinauf in mein Zimmer, um es zu inspizieren; denn ich wachte eifersüchtig darauf, daß es niemand außer mir benutzte. Da hielt mich mein Großvater an der Schulter zurück. Ihr wißt ja: Er sah aus wie Bismarck: spiegelblanke Glatze, weißer Schnurrbart – vorn am dicken Bauch eine schwere goldene Uhrkette.

'Du kannst nicht mehr in dein Zimmer', sagte er. 'Du weißt, die Straßen sind voll von Flüchtlingen aus dem Osten, von Evakuierten und Ausgebombten, die kein Dach über dem Kopf haben. Da erhielten wir nun von der Polizei ein blutjunges Ehepaar zugewiesen – und wir haben es in deinem Zimmer einquartiert.

Unglücklicherweise hat die Frau – eher könnte man sagen: das Mädchen – vor kurzem auch noch ein Baby bekommen.'

Mein Großvater zog seine große goldene Uhr hervor, drückte auf einen Knopf und ließ mir den aufspringenden Deckel gegen die Nase schnappen. Das war für uns sonst immer ein königliches Vergnügen, und wir bettelten stundenlang darum.

Jetzt aber konnte mich die kleine Spielerei über den Verlust meines Zimmers nicht hinwegtrösten. Und ich habe es tatsächlich auch nie wieder betreten. Die Russen kamen, Großmutter und Großvater starben – die Familie wurde zerstreut.

'Wo haben sie denn in Beelitz gewohnt?' fragte ich Kowalski.

'Karl-Marx-Straße 8,' antwortete er.

Ich sah ihn lächelnd an.

'Als ihre Eltern dort einzogen, war das Adolf-Hitler-Straße 8', verbesserte ich ihn, 'und es war das Haus meines Großvaters, es war mein Zimmer, in dem sie als Säugling lagen.'"

Pia und Pio machten ungläubige Gesichter.

„Ja", fuhr ich sie an, „guckt nur dumm, ihr aufgeklärtes Gesindel. Unser Freund Günther war das Baby.

Im Deutschen Reich gab es zu dieser Zeit vielleicht hundert oder auch hundertfünfzig Millionen Betten. Aber meine Heiligen haben schon damals gewußt: In fünfunddreißig Jahren läuft dem Franz die Frau weg, dann ist es ihm nicht mehr möglich, Filme zu inszenieren und den ganzen Tag am Set oder im Atelier zu arbeiten, weil er von morgens bis abends für seine Kinder da sein will und muß. Also legen wir ihm den Säugling Günther Kowalski ins Bett, damit der Franz dann so, wie es ihm zeitlich möglich ist, in dessen Praxis Geld verdienen und Pater Pios Namenskinder ernähren kann."

„Hä?" machte der Sohn, dessen computerorientiertes Gehirn meinen doch einfachen und logischen Ausführungen so schnell nicht folgen konnte oder wollte. In Pia dagegen weckten sie sofort sehr weibliche Vorstellungen.

„Es ist wirklich schwer zu glauben", bemerkte sie, „daß Günther mit kleinen dicken rosa Fäustchen und runden Kugelbäckchen schreiend in deinem Bett gelegen haben soll."

„Wie kommst du denn auf solche absurden Gedanken", erwiderte ich streng. „Günther hatte ganz sicherlich keine kleinen dicken rosa Fäustchen, sondern lange schmale Priesterhändchen von der Farbe alten Elfenbeins. Auch von Pausbacken kann keine Rede sein – wahrscheinlich besaß sein Antlitz schon damals die Züge eines uralten Einsiedlers aus dem Himalaja oder die eines verehrungswürdigen Fakirs: mit eingefallenen Wangen und hohlen Augen, aus denen weltentrückte Entsagung sprach. Auch ist es undenkbar, daß er schrie.

Wahrscheinlich wird er – wenn seine Seele nicht gerade im Paradiese weilte – geheimnisvolle magische Worte, indische und tibetische Mantras gemurmelt haben. Zuweilen meditierte er sicher auch und brummte dazu in tiefem Baß die heilige Ursilbe Om..."

Pia schüttelte sich: „Ein gräßliches Baby – so eins würde ich nicht haben wollen."

„Hast du nicht auch gehört," fiel Pio ironisch ein, „daß bei Günthers Geburt ein Stern über dem Haus deines Großvaters stand?"

„Da Günthers Eltern während dieser Notzeiten in der Loggia und auf dem Balkon Hühner, Kaninchen und eine Ziege hielten", sagte ich, „ist es durchaus möglich, daß – wie über dem Stall von Bethlehem – auch ein Stern über dem Haus meines Großvaters stand. Vielleicht aber nur ein ganz kleiner, nicht so ein strahlender – Beelitz ist schließlich nicht Bethlehem.

Für mich war es jedenfalls ein guter Stern – wenn auch, wie ich mich später erinnerte, mein Großvater damals oft mit erhobenen Fäusten in der Diele seines mit aller Sorgfalt gepflegten Hauses stand und unter dem lauten Gegacker der Hühner, dem schmetternden Krähen des Hahns und dem durchdringenden Gemecker der Ziege schrie: „Oh, diese verdammten Kowalskis!"

„Und als irgendwann die Soldaten der Roten Armee in diesen Stall zu Beelitz stürmten", lachte Pio, „wichen sie, von strahlendem Licht geblendet, zurück, fielen auf die Knie – und ihre Maschinenpistolen verwandelten sich in Rosenzweige. War es nicht so?"

„Pio, du phantasieloses Geschöpf," staunte ich, auf seinen Scherz eingehend, „ist denn plötzlich Pfingsten über dich gekommen? Ich bin sicher, daß die Rotarmisten – nachdem sie das Baby in seinem Glanz erblickt hatten – nicht mehr weiterkämpfen konnten. Sie kamen vermutlich vor ein Kriegsgericht der 1. Ukrainischen Front unter General Konjew. Dort redeten sie während des Verhörs in allen nur möglichen Sprachen wirr durcheinander, wurden zum Tode verurteilt, dann aber wegen ihres gestörten Geisteszustandes begnadigt und zur Umerziehung in ein Arbeitslager hinter den Ural geschickt, wo man versuchte, aus ihnen wieder echte Stachanowzi zu machen."

„Aber den Russen, die das Haus deines Großvaters besetzt hatten", meinte Pio, „ging es gut."

„Warum glaubst du das?" fragte ich mißtrauisch, „weil sie in der Gegenwart eines gerade wiedergeborenen Avatars, einer göttlichen Inkarnation, leben durften?"

„Deshalb nicht", wehrte Pio ab. „Aber stell dir vor: Immer, wenn ihnen bei ihren Siegesfeiern der Alkohol ausging, brauchten sie die leeren Flaschen nur mit Wasser zu füllen, neben Günthers Bett zu stellen – und wenn das Baby ein paar Mantras gesummt hatte, war das Wasser zu bestem Wodka geworden."

„Lästere nicht", tadelte ich, „wenn du das nächste Mal krank bist, werde ich Günther bitten, dir eine Spritze mit der dicksten Nadel irgendwohin zu jagen..."

21.

Heute waren die Kinder ganz besonders früh ins Bett gegangen. Das bedeutete für mich einen langen Erzählabend.

„Und wie hat Sternthaler den Krieg überlebt“, begann Pio auch gleich.

„Ach“, erwiderte ich, „wahrscheinlich irgendwo versteckt, auf einem Dachboden oder in einem Kellerloch – wie wir alle.“

„Du brauchtest dich doch nicht zu verstecken“, mischte sich Pia ein.

„Bis die Russen kamen, mußte sich Sternthaler verstecken – dann durfte ich mich möglichst wenig sehen lassen. So war das. Es kam auf die Eltern an, die man hatte.“

„Armer Nazijunge – armer Judenjunge“, meinte Pia bedauernd.

Die Tatsache, daß mein Vater – ihr Großvater – zwar Arzt, aber auch in der SS gewesen war, rief bei ihr immer wieder ungläubiges Staunen hervor. Ihr Unbewußtes schien sich zu weigern, diese Tatsache zu akzeptieren. Als Pio zum erstenmal davon hörte, hatte er seinen Großvater kurzerhand für verrückt erklärt. Nun fragte er:

„Wie war denn das, als die Russen zu euch kamen? Sind sie auf einmal dagewesen – oder gab es vorher eine Schlacht?“

„Von einer Schlacht um Potsdam konnte keine Rede sein“, erzählte ich. „Es war alles wie sonst auch bei Fliegeralarm. Noch während die Sirenen tönten, war man mit Sack und Pack die kalten, im Licht der Taschenlampe düster wirkenden Treppen hinuntergepoltert und hatte sich auf die muffigen, nach Keller riechenden Betten gelagert. Andere machten es sich in alten Gartenstühlen so bequem wie möglich. Gedrungen wölbten sich die Backsteinbogen der Kellerdecke, feuchte Luft wehte aus dunklen Ecken über unsere Gesichter.

Der alte aus Riga geflohene Schuldirektor begann – wie gewöhnlich – seinen Sohn französische unregelmäßige Verben abzufragen, meine kleinen Schwestern bettelten um ein Märchen – und zwei alte Frauen strickten still vor sich hin.

Diese Kelleratmosphäre hatte für mich etwas Faszinierendes, fast Anheimelndes.

Vielleicht nur deshalb, weil sich Menschen zusammenfanden und gegenseitig halfen, die sonst kaum einen Blick für einander hatten. Oder war es eine Art rudimentäres Gefühl, das sich als Erinnerung aus der Steinzeit, als Erbe von den Höhlen bewohnenden Urvätern her in meiner Seele erhalten hatte? Im stillen rechnete ich aus, ob unter den wegen des Alarms ausfallenden Schulstunden eine griechische oder lateinische war.

Durch die schmutzigen Kellerfenster sah ich auf die davor gestapelten Sandsäcke. Und dann fiel mir auf, daß die Sirenen noch immer heulten. Ich wunderte mich, daß es viel mehr Sirenen waren, als man sonst hörte. Unbemerkt lief ich zum Ausgang des Kellers, mit ein paar Sätzen war ich die Treppe hinauf und stand im Hauseingang. Vorsichtig öffnete ich die Tür und trat ins Freie.

Es mochte so gegen 3 Uhr früh sein. Der Himmel war von blaugrauen tiefhängenden Wolken bedeckt. Dunkel hoben sich die Silhouetten unserer Obstbäume gegen ihn ab, schwarz und regungslos. Trotzdem wehte ein leiser Wind, der an den Frühling erinnerte. Es war ein linder Wind, ein Wind, der einen die Nase hochheben und tief atmen ließ. Frühjahr 1945.

Ich stand allein mitten auf dem weiten Hof vor unserem Haus – hatte den Kopf nach hinten gebogen und starrte in die Wolken. Sie hingen wirklich sehr tief.

Und immer noch heulten die Sirenen. Laut und aufdringlich – aber viele, unendlich viele tönten auch von weither, von allen Seiten. Über Felder und Bäume, über die rings verstreuten Hügel, über die unter der schweren Wolkendecke stumm liegenden Häuser – über das ganze Land hin klangen die Sirenen. Ich stand da, gepackt von etwas Überwältigendem. Das waren nicht die Sirenen, wie ich sie von unzähligen Luftangriffen her gewohnt war – es waren andere Sirenen, fremde waren darunter, nie gehörte, auch der Klang der entferntesten wurde immer wieder von dem linden Wind durch die Apfelbäume getragen. Und ihr klagendes, wehmütig klingendes Lied nahm kein Ende.

Vielleicht fühlte ich, daß es ein Abgesang war, ein Abgesang für die Toten und ein Abgesang für die noch Lebenden, die in Kellern saßen, in Splittergräben, unter brennenden Mauern, in Panzerlöchern...

Panzer! Natürlich – in den Nachrichten war es bekannt gegeben worden: Fliegeralarm, der eine halbe Stunde lang andauerte, bedeutete: Panzerspitzen des Feindes in unmittelbarer Nähe! Etwas schüttelte mich, ich fror auf einmal.

So sah es also aus – das Ende.

Aber es war ja noch gar nicht da, es begann ja erst.

Es würgte mich in der Kehle, meine Schultern begannen zu zittern – langsam stiegen mir Tränen in die Augen, und mich überkam eine nie empfundene Traurigkeit. Mit meinen dreizehn Jahren fühlte ich, daß sich etwas Gewaltiges vollzog – daß meine Kindheit zu Ende war, daß ich vielleicht nie mehr etwas haben würde, für das ich eine heilige, selbstlose Begeisterung empfinden könnte. Ich fühlte mich eins mit den Leiden des deutschen Volkes, ich weinte um die Opfer der deutschen Soldaten, ich weinte als Hitlerjunge um den Führer, von dem ich glaubte, daß er jetzt sehr allein sei – er, der das Gute, das Recht und das Reich verkörperte, der plumpen Mehrzahl einer überwältigenden Masse Mensch und Material erlegen."

„Mann, warst du bescheuert", schüttelte Pio den Kopf. „Wie konntest du bloß so beschränkt sein."

„Ach, Sohn", erwiderte ich, „sicher war ich beschränkt – so beschränkt wie auch heute noch Millionen, die sich nach entsprechender Erziehung im falschen Glauben für etwas begeistern.

Ich sah damals, während die Sirenen, eine nach der anderen, ihren Klagegesang beendeten, auf die Erde, auf der ich stand. Ich würde zum letztenmal auf dieser Erde stehen, wie jetzt – noch umgeben von deutschen Soldaten, noch als Angehöriger eines Großdeutschland. Die Zukunft nahte wie ein Gespenst in den fremden Uniformen unserer vielen Feinde. Und natürlich hatte ich Angst. Von Greueltaten der Rotarmisten und des NKWD, des russischen Geheimdienstes, waren Presse und Wochenschauen in den Kinos ja seit Jahren voll. Was hätte ich aber erst für Angst gehabt, wenn mir etwas von den ungeheuerlichen Verbrechen bekannt gewesen wäre, die von den Deutschen im Osten begangen worden waren...

Ich wandte mich wieder dem Haus zu. Der Morgen dämmerte. Von Berlin her donnerte leise der einsetzende Artilleriebeschuß. Und in diesem Inferno kämpfte der Führer. Der Krieg war verloren, das Reich zerstört – er würde mit ihm untergehen..."

„Gott sei Dank", unterbrach mich Pia.

„Ich lag wieder auf meinen feuchten, buntgewürfelten Bettbezügen und sah in die Kerze, die man angezündet hatte, als das elektrische Licht ausging. Der Tag war angebrochen – aber das war nur der Uhr nach feststellbar. Hin und wieder hörte man den kurzen, trockenen Knall eines Gewehrschusses. Wie häßlich war dieses Geräusch. Eine große Sehnsucht packte mich plötzlich nach dem Feuer unserer Flak, das mir während der Bombenangriffe vertraut geworden war, nach deutschen Soldaten, nach Deutschland, nach Beschütztsein, nach Heimat..."

„Ehrlich hirnrissig", kommentierte Pio völlig verständnislos.

„Der Direktor aus dem Baltenland fragte keine Vokabeln mehr ab – leise murmelte er das Vater Unser vor sich hin. Den übrigen hielt die Furcht den Mund verschlossen. Mutter trug meinen kleinen Bruder auf dem Arm – er war drei Wochen alt.

Mir fiel ein, daß sie nach dem Anhören des Wehrmachtsberichtes manchmal geseufzt hatte: 'Gott gnade uns, wenn wir den Krieg verlieren!' Sie hatte 'den schreienden Mann mit dem kleinen Bärtchen' – wie sie sich auszudrücken pflegte – nie leiden können. Trotzdem war sie der Ansicht, ein verlorener Krieg sei schlimmer als die schlimmste Diktatur."

„Wenigstens deine Mutter scheint etwas Verstand gehabt zu haben", sagte Pia.

22.

Pia berichtete von einer Katastrophe: eine Mitschülerin aus der Parallelklasse bekäme ein Kind. Das Mädchen müsse die Schule verlassen und würde nach Süddeutschland geschickt, wo das Baby zur Welt kommen solle. Mit dem Abitur sei es vorbei – die Eltern wären außer sich. Das Kind sollte später von irgend jemandem adoptiert werden.

„Was würdest du machen, Daddybüßchen, wenn ich jetzt ein Kind bekäme?" In ihren Augen lag etwas Herausforderndes.

„Zunächst möchte ich dich nicht darüber im Unklaren lassen, meine kleine Schönheit", antwortete ich, „daß ich – wenn nicht medizinische Gründe dagegen sprächen – nie einer Abtreibung zustimmen würde. Solange ich dein Vormund bin, müßtest du das Kind austragen."

„Aber Büß", entgegnete Pia, „was sollte ich mit einem Baby anfangen?"

„Das Baby könntest du nach der Geburt mir geben. Dann würdest du eine Klasse wiederholen und das Abitur machen. Es gibt sicher kaum etwas Entzückenderes auf der Welt, als ein Baby von dir. Habe ich euch großgezogen, würde mir das mit deinem Kind auch noch einmal gelingen. Wenn es dann vielleicht sechs Jahre alt wäre, würde ich dir einen wundervollen Jungen – oder ein zauberhaftes kleines Mädchen übergeben."

Ich dachte an Elisabeth, eine junge Medizinerin, der man nur unter der Bedingung, daß sie Abtreibungen ausführen würde, die Möglichkeit gegeben hatte, Frauenärztin zu werden. Als modernes emanzipiertes Mädchen hatte sie diese Kondition leichten Herzens akzeptiert. Aber kürzlich berichtete sie mir, daß ihr Abteibungen von Mal zu Mal schwerer fielen. Ja, sie habe sogar einen furchtbaren Haß gegen die Frauen entwickelt, bei denen sie einen Abort einleiten müßte. Oft könne sie diesen werdenden Müttern gegenüber nur mühsam die Form wahren. Häufig sei sie tagelang bedrückt. Neulich habe sie sogar ein lebendes Baby zur Welt bringen müssen. Hätte man es haben wollen, wäre es sofort in den Brutkasten gekommen. So aber wurde es einfach liegengelassen. Es schnappte noch eine ganze Zeitlang nach Luft, lief dann blau an – und starb.

Ich küßte Pia auf die Stirn.

„Eine Abtreibung", fuhr ich fort, „würde dich dein ganzes Leben lang belasten – und abgesehen davon, kommt es auch heute noch vor, daß Frauen nach einem solchen Eingriff keine Kinder mehr kriegen können. Außerdem passiert bei einer Abtreibung sicher nicht nur etwas Materielles: Zellen aus dem Bauch kratzen und ein paar werdende Ärmchen und Beinchen in eine Blechschüssel werfen – das ist nicht alles. Man unterbricht und stört einen geistigen Vorgang."

„Jetzt kommt er wieder mit seiner Parapsychologie", fiel Pio ein.

„Daddybüßchen hat ja recht", stand Pia mir bei, „trotzdem will ich jetzt endlich mit Würzelchen schlafen!"

Sofort erhob ich mein übliches Geschrei und zeterte wie ein ägyptisches Klageweib beim Tod des Pharao.

„Ja, ich weiß", stöhnte Pia und verdrehte ergeben die Augen, „erst Abitur machen und achtzehn werden! Scheiße..."

„Geliebte", besänftigte ich sie, „dann schenke ich dir eine Reise nach Florenz und Rom – dazu eine Klinikpackung Pillen, damit du dich voll und ohne Ängste in die Sache reinschmeißen kannst. Also: Halte aus! Halte aus!"

„Reinschmeißen...", rümpfte sie die Nase, „aber ich nehm dich beim Wort. Immer mußt du uns erpressen!"

„Von Erpressung kann nur dann die Rede sein", versetzte ich, „wenn es sich um das Ausnützen einer Notlage handelt..."

„Also doch Erpressung!" rief Pia. „Was hast du für eine Ahnung von meiner Notlage!" –

„Denk ich an dieses 'Würzelchen' in der Nacht, dann bin ich um den Schlaf gebracht..."

Zwar fließen – wie bei Heine – 'meine heißen Tränen' nicht, aber ich werde von ähnlicher Ruhelosigkeit ergriffen wie der Dichter im Exil, wenn er sich Sorgen um Deutschland machte.

Den von Pia so liebevoll mit dem Kosenamen 'Würzelchen' bedachten Jungen – ich kann ihn einfach nicht ertragen. Viele unserer Freunde – und auch Pia – sagen nun natürlich, ich sei eifersüchtig; aber diesen Vorwurf kann ich leicht entkräften. Würzelchens Vorgänger war Valerio, ein stiller, ernster Junge aus einem Dorf an der Riviera. Den mochte ich sehr: Er war ein Mann – das sagt alles. Meine Tochter schien ihn grenzenlos zu lieben – jedenfalls gebärdete sie sich hysterisch genug, wenn sie mit mir nur ein einziges Mal während der großen Ferien in ein Konzert gehen sollte. Alle Abende der sechs Wochen mußten ausnahmslos mit Valerio verbracht werden. Beim letzten Abschied lag sie schluchzend in seinen Armen – und auch Valerios Augen standen voller Tränen. Die Schaffner liefen den Bahnsteig auf und ab, schrien: „Alles einsteigen!" – und warfen die Türen zu. Aus den Fenstern des Zugs sahen die Reisenden gerührt auf das junge Paar, das nicht von einander lassen konnte. Endlich kam ein Bahnbeamter, trennte die beiden mit sanfter Gewalt, hob Pia die Treppen hoch, schob sie in den Wagen und schloß hinter ihr die Tür. Dabei belehrte er seine Umgebung, ihm sei es früher genauso gegangen – aber seit langem schon sei alles finito, vorbei, passato, was er mit energischen Gesten seiner großen Hände unterstrich, als wolle er bei niemandem den geringsten Zweifel darüber bestehen lassen.

Angesichts so gewaltigen Schmerzes beschloß ich in diesem Augenblick, Pia die Freude zu bereiten und Valerio bei nächster Gelegenheit nach Berlin einzuladen. In den folgenden Herbstferien war es dann auch soweit: Auf Bahnsteig B des Bahnhofs Zoo fand eine jubelnde Begrüßung statt. Ich versuchte während der folgenden Tage meinen Teil zu dem Glück beizutragen, brachte Valerio das Frühstück ans Bett, lud die beiden nach Nikolskoe zum Essen ein – doch nach zwei Wochen verwandelte sich Pias große Zuneigung plötzlich in eine noch größere Gleichgültigkeit.

Valerio fuhr nach Hause, schrieb zahllose Briefe, die aber nicht mehr mit roten Schleifchen zusammengebunden ihren Platz unter Pias Kopfkissen fanden, sondern ungeöffnet in Flur und Küche herumlagen – und alles war vorbei. Mit der Unbeständigkeit weiblicher

Gefühle in Dingen Liebe hatte ich genügend eigene Erfahrungen gemacht – aber bei meiner Tochter überraschte mich dieses Verhalten doch außerordentlich.

Bei einem abendlichen Glas Bier gab ich Sternthaler gegenüber meiner Bestürzung Ausdruck.

„Was willst du, Baake", krächzte Samuel ganz ungerührt. „Wenn du im Urwald lebst, ist der Häuptling der Buschmänner für dich eine große und bedeutende Gestalt. Holst du ihn aber nach Berlin und stellst ihn auf den Kurfürstendamm, wirkt er lächerlich."

„Du bist widerlich", rief ich wütend, „Valerio ist kein Buschmann! Mit seinem schwarzen, kurzgelockten Haar und charaktervollen Profil könnte er jedem Maler für einen Römerkopf Modell sitzen."

„Sieh es, wie du willst, Baake", ächzte Sternthaler, „die Verhältnisse bleiben so, wie sie sind. Pia hat dir ja den Beweis geliefert.!"

Daß Sternthaler meine treulose und gemütsarme Tochter – wenigstens erschien sie mir in diesem Augenblick so – auch noch verteidigte, reichte aus, um mich das Gespräch sofort abbrechen zu lassen. Jedenfalls konnte ich den Vorwurf der Eifersucht entkräften, indem ich daran erinnerte, wie ich mich Pias letztem Freund gegenüber verhalten hatte.

Wenn Valerio ein Buschmann war, so konnte man das Würzelchen nur als hochgradigen Neurotiker bezeichnen. Für mich glich es einem riesigen Weizenhalm, auf dessen Ähre man eine klitzekleine Nickelbrille gesetzt hatte. Das Würzelchen war unendlich lang, dürr und weißhäutig, das Haar kurz, kraus und gelblich hell.

Die Augen standen ganz eng zusammen und weit vor, wie etwa bei einem Hummer. Sie blickten wässrig durch die kleinen, kreisrunden plankonkaven Gläser. Endlose Arme reichten von den engen Schultern bis zu den Knien.

Als der Junge zum erstenmal auf mich zukam, hatte ich das Gefühl, es bedürfe seiner allergrößten Anstrengung, die riesigen Füße mit dem mächtigen Schuhwerk Schritt für Schritt anzuheben, vorwärts zu bewegen und wieder auf den Boden zu setzen.

Ich hielt mich von Pias neuem Freund nach Möglichkeit fern. Doch spürte ich es, wenn er in der Wohnung war: Auf meiner Brust lastete dann eine nie zuvor empfundene Schwere, der Atem ging röchelnd, die Gedanken verwirrten sich, und die Wände der Zimmer strömten eine intensive Kühle aus. Mit Schaudern denke ich auch daran, wie ich das Würzelchen zum erstenmal lachen hörte. So muß – dabei beziehe ich mich auf die Informationen Kara Ben Nemsi's, und der Leser wird meine gelehrte Anspielung verstehen – den Eingeborenen in ihren Hütten das Blut in den Adern gefroren sein, wenn sich das Gebrüll des Löwen mit dem Geheul der Hyäne vermischte. Derart erstarrt und von angstvollem Entsetzen in Bann geschlagen, saß ich in meinem Zimmer, wenn das Würzelchen mit meiner Tochter scherzte. Als Pia langsam bewußt wurde, welch mich vernichtende Kräfte von ihrem neuen Freund ausgingen, sagte sie amüsiert: „Das hättest du wohl auch nicht gedacht, Daddybüßchen, daß ich dir mal einen Jungen ins Haus bringen würde, den du nicht leiden kannst!"

...nicht leiden kannst! Welch verniedlichende Formulierung für etwas so Fremdartiges, das in unsere Familie eingebrochen war! Dabei war Pias Freund sicher ein sehr anständiger Kerl.

Wenn ich die beiden wenigstens noch zusammen hätte lernen sehen! Denn Pia tat noch nie so wenig für die Schule wie gerade in diesem letzten Jahr vor dem Abitur. Stereotyp wurde meine Frage: „Was machst du heute noch?" von ihr beantwortet: „Mit Würzelchen was." Tag und Nacht wurde 'was' mit Würzelchen gemacht – auch während der schriftlichen Prüfung und in den Wochen danach.

Eines Abends – ich arbeitete in der Praxis – riefen mich Monika und Kostas aus dem Terzo Mondo an.

„Was hat Pia geschrieben?" wollten sie wissen.

„Die Arbeiten wurden noch nicht zurückgegeben", erklärte ich ihnen.

Monika lachte. „Schon längst", rief sie, „frag deine Tochter mal!" Sofort rief ich zu Hause an. Pia war am Apparat: „Wie geht's meinem Tschitschlung?" schmeichelte sie.

„Danke, gut. Und dir? Gibt's was Neues?" fragte ich gespannt.

„Nee, mein Büßchen."

„Ach nein, nichts Neues!" rief ich. „Und wie steht es mit den Arbeiten vom Schriftlichen? Monika erzählte mir, ihr hättet sie schon lange zurück! Darf ich vielleicht auch mal erfahren, was meine Tochter für Zensuren hat?"

Auf der anderen Seite lange und tiefe Stille. Dann trotzig: „Ich habe dir nicht erzählt, daß wir die Arbeiten zurückbekommen haben, weil du es ja doch nicht verstehst."

„Wie?" Mein Erstaunen war in diesem Augenblick wirklich grenzenlos. „Ich soll nicht verstehen, was du für Zensuren bekommen hast?"

„Na, von dem neuen Punktsystem und so hast du doch keine Ahnung!"

„Pia", schrie ich, „wenn ich richtig informiert bin, werden eure Arbeiten mit den üblichen Noten bewertet! Und von eins bis sechs kann ich noch zählen. Also: Was hast du in Latein?"

Pause.

„Los, sag!"

„Fünf."

„Und in deinem Leistungsfach, in Biologie?"

„Fünf."

„Und Politische Weltkunde?"

„Zwei minus." Jetzt Schweigen auf beiden Seiten.

Endlich erholte ich mich und fragte: „Und was hast du heute noch vor?"

„Ich mache mit Würzelchen was."

„Nichts, gar nichts mehr machst du mit Würzelchen", wütete ich jetzt, „du bleibst zu Hause bis ich komme, und dann werden wir sehen, wie wir die Zeit bis zum Mündlichen am besten nützen können, verstanden?" Und damit warf ich den Hörer in die Gabel.

Das war doch gar nicht vorstellbar: Plötzlich bestand die Aussicht, daß Pia durchs Abitur fallen könnte! Jahrelang hatte sie kontinuierliche Leistungen zwischen einer Zwei und einer Drei und damit also die Sicherheit, das humanistische Gymnasium zumindest mit „befriedigend" abzuschließen. Plötzlich bestand die Möglichkeit, das Abitur nicht zu bestehen und ein ganzes Jahr wiederholen zu müssen!

Sofort wurde ein intensives Lernprogramm entwickelt, und das Würzelchen erhielt Haus-, Pia aber Ausgehverbot. Natürlich gab es Tränen, Gezeter und häufiges Sich-verzeifelt-aufs-Bett-Werfen. Aber ich war von wildester Entschlossenheit, und Pias Tränen, die sonst meine härtesten Beschlüsse wegspülten, machten mich nur noch unnachgiebiger.

Die Tatsache aber, daß das Würzelchen in allen Prüfungsfächern 'sehr gut' geschrieben hatte, erhöhte meinen Zorn ins Unermeßliche. Selbstverständlich lag mir Pia ständig in den Ohren, ihr Freund könne nichts für ihre Fünfen, aber für mich war und blieb er allein der wahre Schuldige, der sich anschickte, einen Teil meines Lebenswerkes – und als solches sah ich die Erziehung meiner Kinder an – zu zerstören. Darüber hinaus hatte er seit Beginn seiner unseligen Freundschaft mit meiner Tochter getan, was er konnte, um meine Antipathie gegen ihn zu verstärken. So brachte er Pia Monat für Monat am Hals die blutigsten Knutschflecke bei. Ich ließ ihn durch sie bitten, davon Abstand zu nehmen – umsonst. Ich ließ ihn zu mir kommen und machte darauf aufmerksam, daß Pia doch sicher auch noch andere reizvolle Körperteile habe, an denen er seine Drakula-Gelüste befriedigen könne – vergeblich. Pia mußte in der Schule, bei Konzerten, Besuchen, Parties – ganz gleich, bei welchem Wetter und wo – weiter mit einem bis unters Kinn gewickelten Schal herumlaufen.

Dann hatte ich ihm gesagt, meine Tochter dürfe abends bis zweiundzwanzig Uhr alleine nach Hause kommen – wenn es aber später würde, möchte er sie bitte bis an die Wohnungstür begleiten. Wer aber lief mir bald darauf scheu wie eine kleine Katze gegen zwei Uhr nachts über den Weg? Pia. Sie hatte ihren Freund zum Bus gebracht! Sofort verteidigte sie ihn gleich wieder: es sei ihr Wunsch gewesen, ihn zur Haltestelle zu bringen.

Ich konnte Pia natürlich nicht begreiflich machen, daß der Junge sich von ihr nicht hätte bringen lassen dürfen...

Ehe sie achtzehn wurde, war meine Tochter einige Tage vorher zu mir gekommen und hatte mir gesagt, sie wolle diesen Geburtstag ganz allein mit mir verbringen. „Pialein", hatte ich sie gewarnt, „ich fürchte, das wirst du bereuen. Sicher willst du dann doch irgendwann 'was mit Würzelchen machen', und wenn ich mir mit dir etwas vorgenommen habe, ist es dafür vielleicht zu spät. Vielen Dank für deinen Vorschlag, aber es ist besser, du verabredest dich mit der Wurzel."

Doch sie meinte, es sei alles mit Würzelchen abgesprochen und blieb bei ihrem Angebot. So bekam sie – Pio war verreist – ihren

Geburtstagstisch, dann gingen wir ausgezeichnet essen, anschließend bummelten wir durch viele Läden, und sie kaufte sich noch ein Paar Schuhe. Es war ein schöner und milder Herbsttag. Für den Abend waren wir zu einem großen Empfang eingeladen, der ein sogenanntes gesellschaftliches Ereignis zu werden versprach. Aber im Laufe des Nachmittags verdüsterte sich Pias Miene immer mehr, und es stellte sich heraus, daß sie sich überschätzt hatte. Ich stellte ihr frei, das Würzelchen nach dem Empfang noch zu sehen – und sie stürzte zum Telefon, um ihm zu sagen, daß sie ihn anrufen würde, wenn wir nach Hause gekommen seien.

Wir waren viel früher zurück, als ich erwartet hatte. Es war nicht einmal zehn Uhr. Eine Flasche Sekt wurde in den Kühlschrank gestellt, dann griff sich Pia das Telefon und ging damit ins Bad, was sie immer tat, wenn sie ihren Freund anrief. Ich nahm natürlich an, daß sie ihm nur kurz mitteilen würde, er könne jetzt kommen.

Aber die Zeit verging: fünfzehn Minuten, eine halbe Stunde, eine Stunde, ohne daß ich meine Tochter wiedersah. Sollte das Würzelchen schon – durch den Hintereingang der Wohnung – gekommen sein? Vorsichtig sah ich in den Flur, alles war still. Aber im Bad brannte Licht – und dort fand ich denn auch meine Tochter: auf dem Boden hingestreckt und bitterlich weinend. Was war geschehen? Das Würzelchen hatte ihr mit vielen Vorwürfen erklärt, es habe zu lange warten müssen, jetzt sei es zu spät, es käme nicht mehr. Es ginge ins Bett. Abends um zehn! – wobei der Kerl sich sonst mit Pia bis zum Morgengrauen in den Diskos herumtrieb.

Aber am nächsten Tag, als sie aus der Schule kam, war für meine Tochter die Welt wieder in Ordnung. Würzelchen habe nach dem Telefongespräch bittere Reue empfunden und dann doch noch kommen wollen. Leider hätte es aber die letzte U-Bahn verpaßt. Darauf sei es in den Grunewald gegangen und habe dort, auf einem umgestürzten Baume sitzend und schmerzlicher Selbstvorwürfe voll, die Nacht verbracht mit der Absicht, in aller Frühe zu uns zu fahren. Leider wäre Würzelchen dann aber eingeschlafen, habe so auch die erste U-Bahn versäumt, und sei dann nach Hause gegangen, um sich in sein Bett zu legen...

„Ist es nicht süß?“ schloß Pia ihren Bericht mit verklärtem Augenaufschlag. Ich legte ihr dar, daß ich Würzelchens Handlungsweise für eine neuerliche hysterische Ausgeburt seines kranken Hirns hielte – bekam aber für meine detailliert vorgetragene Diagnose nur ein mitleidiges „Pfui, Pappi!“ zu hören. –

Gott sei Dank hatten Pia und ich die Flasche Sekt noch bei einem sehr humorvollen Fernsehfilm ausgetrunken...

Der Junge wäre für mich sicher akzeptabler gewesen, wenn ich Pia nicht immer wieder hätte leiden sehen müssen.

Ich haßte ihn, wenn Pia seinetwegen weinte.

So war er für zwei Wochen zu seinem Großvater nach Westdeutschland gefahren – und Pia wartete Tag um Tag, oder richtiger: Stunde um Stunde auf einen Anruf – vergeblich.

Nach seiner Rückkehr begegnete ich ihm zufällig vor unserer Haustür, und ich fragte ihn, warum er denn nicht ein einziges Mal von sich habe hören lassen.

„Mein Großvater hat nicht gewünscht, daß ich Pia anrufe,“ erklärte er.

Ich war außer mir, beherrschte mich aber und hatte später Gelegenheit, eine süße Rache zu üben: Pia und Würzelchen waren zusammen weggefahren – und nun stand ich mit Pio im Bahnhof Zoo, das zurückkehrende Paar erwartend. Der Zug lief ein, und um uns herum gab es strahlende, von Wiedersehensfreude glänzende Gesichter. Dann tauchten Pia und ihr Würzelchen auf. Wenn ich nun erwartet hätte, zwei junge Menschen müßten doch fröhlich von einer schönen Reise zurückkommen, so wäre ich jetzt sehr enttäuscht worden. Doch – dem Himmel sei Dank – von den beiden erwartete ich gar nichts mehr. Trotzdem aber war ich erschrocken, als ich Pia mit ihrem Freund heranschleichen sah. Es sah aus, als geleite sie ihn zur Hinrichtung. Auch Pio, der mich von der Seite her fragend ansah, war irritiert. Und dann standen sie vor uns, er: wirklich ein vom Sturm geknickter Weizenhalm, sie: unmittelbar vor Ausbruch einer Tränenflut. Was war geschehen?

Während ich heftiger und heftiger in die beiden drang, mir doch zu sagen, was los sei, sank Würzelchens Haupt tiefer und tiefer, bis sein Kinn schwer auf der Brust lag – und mir schossen alle nur denkbaren bösen Vermutungen durch den Kopf. Endlich bequemte sich Pia zu einer Erklärung: „Es ist nur, weil die Reise jetzt zu Ende ist."

Ich öffnete schon den Mund, um einen lauten Fluch auszustoßen, schloß ihn aber wieder, als ich von Pio einen Stoß in die Seite erhielt und ihn den Kopf schütteln und die Augen rollen sah. Wortlos nahm ich etwas von dem Gepäck und strebte dem Ausgang des Bahnhofs zu. Als mir die anderen nachgekommen waren, fragte ich Pias Freund, ob ich ihn nach Hause bringen könne. Er verneinte. Ob er mit zu uns kommen wolle? Auch nicht.

„Na", sagte ich teilnahmsvoll, „dann fahre ich dich am besten in den Grunewald, und du suchst dir für die Nacht wieder einen schönen Baumstamm."

Da ließ Pia einen heiseren, erstickten Schrei hören, das Würzelchen aber machte einen gewaltigen Satz und sprang aus dem Stand mindestens einen halben Meter hoch: vor Wut, wie mir Pia später vorwurfsvoll erklärte.

23.

'Laßt die Toten ihre Toten begraben', steht im Evangelium. Mir dient dieser Satz immer wieder als Rechtfertigung dafür, nur ganz selten zu Beerdigungen zu gehen.

Das ganze Zeremoniell, die oft heuchlerischen Reden, das Gehabe der Erben – alles ist mir in der Regel zuwider: Daß 'der Herr' den lieben Verstorbenen 'zu sich geholt' habe, glaubt kaum einer der Beteiligten. Daß der 'Heimgegangene' im Zweifelsfall ein Gauner war oder sich zur Verzweiflung seiner Angehörigen zu Tode trank, wird nie gesagt – und 'in seinem Sinne weiterleben' will ich schon gar nicht.

Es müßte denn ein fast Vollkommener gestorben sein, was man häufiger erlebt, als man annehmen möchte. Wir durften einem solchen Menschen sogar in unserem Haus begegnen: dem Musikwissenschaftler Franz Lorenz.

Aber heute ging ich durch die sonnenbeschienenen Wiesen des Zehlendorfer Waldfriedhofs, weil unser 'alter Mann' beigesetzt werden sollte. –

Wenn jemand unangemeldet bei uns klingelte, kam es jedesmal zu einer Panik.

Keiner war richtig angezogen und wollte aufmachen. Jeder schrie: „Für mich kann es nicht sein, ich erwarte niemanden." Und endlich wurde Pio an die Wohnungstür gejagt. Wütend rannte er dann durch unseren langen Flur und rief erbost: „Immer ich!"

Aber schließlich machte es bei ihm am wenigsten aus, wenn er nur eine Turnhose anhatte. Pia und ich flohen inzwischen ins Bad oder in unsere Zimmer und fragten durch die verschlossenen Türen, wer denn geklingelt habe. Meistens war es jemand, der Zeitschriften-

Abonnements verkaufen wollte. Aber einmal meldete mir Pio, ein alter Mann wolle mich sprechen. Eilig fuhr ich nun in Hemd und Hose. Es war ein Bettler, der eine Kleinigkeit erhielt und von da an öfter und öfter kam. Einige Freunde, die Zeugen dieser Besuche wurden, machten mir Vorwürfe – und auch die Kinder waren manchmal ungehalten: „...der alte Mann schon wieder!"

Aber ich erinnerte sie an das Christus-Wort: „Was ihr getan habt einem meiner geringsten Brüder, das habt ihr mir getan", und der alte Mann verließ uns nie mit leeren Händen.

So vergingen Jahre – bis wir eines Tages in der Post einen Brief fanden, dessen kurzer Inhalt lautete: „Liege im Krankenhaus, man hat mir ein Bein abgenommen, Gruß, Erwin Schmiljun."

Die Schrift war ungelenk, groß und zittrig. Niemand kannte einen Erwin Schmiljun. Aber als wir uns am nächsten Sonntag auf den Weg in das angegebene Krankenhaus machten, fanden wir unseren alten Mann, der bereits mit einer Prothese das Laufen übte. Von da an wurde er von uns betreut und, als er in ein Männerwohnheim gebracht worden war, etwa alle zwei Wochen besucht. Nun, da er nicht mehr zu uns kommen konnte, rief er ab und zu an und äußerte seine Wünsche, die meist in der Bitte um etwas Wurst, Kaffee, Schokolade und Geld bestanden. „Wenn sie etwas übrig haben..." meinte er. Immer häufiger fügte ich ein kleines Buch – etwa von der Elisabeth Kübler-Ross oder ähnliches – bei, und zu meiner Freude las er auch alles.

Wir lernten in ihm einen ruhigen, oft humorigen und charaktervollen Mann kennen, der völlig allein war. Er schloß besonders Pio in sein Herz.

Ganz unvorhergesehen, aber sehr selten, hatte der alte Mann das heftige Verlangen, auszugehen und vornehm zu speisen. Dann begleitete ihn Pio zu den Wannsee-Terrassen und nahm dort das Dinner mit ihm ein.

Ich freute mich sehr, von Pio kein Wort des Unmuts oder der Klage darüber zu hören, mit jemandem, dem man das Elend der Armut so sehr ansah, in einem derartigen Restaurant essen gehen zu müssen.

Befragt, was er denn zu Weihnachten haben wolle, bat der alte Mann nur um einen Bunten Teller, wie ihn die Kinder bekämen.

So zählte ich auch für ihn genau ab, was Pia und Pio erhielten: Marzipankartoffeln, Schokoladenherzen, Pfeffernüsse, Dominosteine, eine Apfelsine...

Irgendwann äußerte der alte Mann, daß er jeden Tag für uns beten würde. Ich mußte an die vergangenen Zeiten der Ostkirche und ihre Heiligen denken, an Starez Seraphim von Sarow, den Eremiten von Wischinsk Theophanos oder an Johannes Sergijew von Kronstadt, den Priester, Beter und großen sozialen Helfer.

Wahrscheinlich war nirgendwo in der Welt die Person Christi so innig in der Gestalt von Bettlern verehrt worden wie damals in den Weiten Rußlands.

Wir erhielten Hilfen von vielen Seiten – die Gebete des alten Mannes waren sicher nicht die unwichtigsten.

Für Pia und Pio aber war allein schon seine Existenz von unschätzbarem Wert: Denn so wurden mehrere wichtige Jahre ihrer Entwicklung von der steten Sorge um einen hilflosen und einsamen Menschen begleitet.

Der alte Mann besaß ganz sicher eine gewisse Würde. Als er achtzig Jahre alt wurde, erhielten wir eine Einladungskarte, die uns zum Nachmittagskaffee bat.

Nachdem wir, vorbei an abenteuerlichen, oft durch Alkohol debil gewordenen Gestalten, durch die uns immer ungelüftet scheinenden Flure des Heims in sein Zimmer gelangt waren, fanden wir ihn wie einen König vor einem festlich gedeckten Tisch sitzen. Wohlwollend lächelte er uns mit seinem zahnlosen, eingefallenen Mund zu und winkte mit der Krücke, die er wie ein Zepter hielt, an seiner Tafel Platz zu nehmen.

Wenig später erfuhren wir, daß er Krebs habe. Zusammengeschnurrt wie eine Uhrfeder lag er, nach Luft ringend, in seinem Bett.

„Daß mir das noch passieren mußte!" stieß er immer wieder mühsam hervor. Dann hob er die Hand, hielt – wie die römischen Cäsaren, wenn sie im Circus einen Gladiator zum Tode verurteilten – den Daumen nach unten und murmelte: „Nur noch dahin, nur noch dahin..." Unsere Bemühungen, es ihm ein wenig bequemer zu machen, waren vergeblich. So saßen wir meist stumm an seinem Bett und wischten ihm hin und wieder den Schweiß von der Stirn.

Der Frühling kündigte sich an, Fenster und Tür waren weit geöffnet, und der Wind ließ die Vorhänge wehen.

Der alte Mann war sehr tapfer und sah dem Ende seines Lebens ohne die geringste Furcht entgegen.

„Ich hoffe sehr", schrie ich, denn er hörte schwer, „Sie werden nach ihrem Tod unser Schutzengel sein."

Erwin Schmiljun lächelte und nickte mehrmals heftig mit dem Kopf. „Werd ich, werd ich", stieß er hervor und kämpfte weiter hustend und keuchend um ein bißchen Luft.

Er starb allein. Ich wäre gern bei ihm gewesen. Deshalb hatte ich immer wieder eindringlich darum gebeten, mir doch rechtzeitig Bescheid zu geben. –

Die Tür der Friedhofskapelle war verschlossen, kein Mensch zu sehen. Endlich gelangte ich in ein kleines Nebengebäude, in dem ein paar Stühle standen, eine Kerze brannte – und auf einem kleinen Tisch unter einem schwarzen Tuch schien sich eine Urne zu befinden. Wie aus dem Nichts gekommen war plötzlich ein kräftiger älterer Mann da, der mich mit rollender Stimme – später erfuhr ich, daß es ein Türke war – fragte, ob ich der einzige Leidtragende im Trauerfall Schmiljun sei. „Es scheint fast so", antwortete ich.

„Dann wollen wir zur Bestattung schreiten," forderte mich der Mann auf, „laufen sie hinter mir her!"

Er packte die Urne mitsamt dem Tuch, hielt sie feierlich vor seinen Bauch und marschierte gemessenen Schritts – wie ihm das seine deutschen Vorgesetzten eingebleut haben mochten – aus dem dämmrigen Raum hinaus in die strahlende Sonne.

„Ich werde neben ihnen gehen", sagte ich und begab mich an seine Seite.

Es war ein weiter Weg durch blühende Büsche, an vielen prachtvollen Gräbern vorbei, bis mein Begleiter auf einer Wiese haltmachte, in die drei kreisrunde Löcher gestanzt waren.

Er setzte seine Last ab, entfernte das Tuch, griff nach einer Art sehr langer Kohlenzange, packte damit die Urne und versenkte sie in eines der Löcher.

Ich bedauerte, bei Pia und Pio nicht energischer darauf gedrungen zu haben, mit zu dieser Beisetzung zu kommen, und blickte in das

Loch. Eine solche Urne hatte ich noch nicht gesehen, sie unterschied sich sehr von denen, die in den Schaufenstern der Begräbnisinstitute standen. Die Urne des alten Mannes sah eher wie die Kartusche eines Artillerie-Geschosses aus. Und genau wie der Lauf eines Geschützes mit einer solchen grauen Pulverladung, so wurde auch das Loch in der Erde mit der Urne geladen. Daneben warteten die beiden anderen Rohre auf ihre Munition. Woher würde sie kommen? Den Rest welcher traurigen Schicksale mochte sie bergen?

Der grauhaarige Türke schob mich etwas zur Seite, beugte sich tief über das Loch, in dem Erwin Schmiljun seine letzte ihm vom Staat zugewiesene Bleibe gefunden hatte, und rief mit Donnerstimme hinein: „Der Herr sei mit dir!" Dann griff er nach einem Spaten und schaufelte es zu.

Für diese christliche Geste gab ich ihm zehn Mark. Er faltete das schwarze Tuch sorgfältig zusammen – wie eine Hausfrau, die ihre Tischdecke immer behutsam in dieselben Falten legt –, nickte mir noch einmal zu und stapfte, weit weniger würdevoll, als er gekommen war, davon.

Ich hatte immer angenommen, daß solche Gräber wenigstens eine Nummer bekämen – aber auch die gab es nicht. So räumte ich die liegengebliebene Schaufel und Kohlenzange etwas weiter weg, nahm mir eine in der Nähe herumliegende Vase, ordnete den mitgebrachten Strauß und stellte ihn zusammen mit einem Foto des alten Mannes – ich hatte es aufgenommen, als er einen neuen, seinen letzten Personalausweis beantragen mußte – in den frischen Sand. Ich war überrascht, wie hübsch das aussah: eher wie ein Geburtstagstisch als ein Grab.

Bild und Blumen würden nur ein paar Tage bleiben – aber was machte das hier für einen Unterschied: ein paar Wochen, ein paar Jahre oder Jahrhunderte...

24.

Ich sitze am Flügel und spiele. Ein Zuhörer könnte mit etwas gutem Willen herausfinden, daß es Chopin ist. Wenn ich ein Problem lösen muß, etwas zu überlegen habe, besonders traurig oder fröhlich bin und niemand da ist, dem ich mich mitteilen kann, wenn mich ein Ärger oder eine Wut gepackt hat – ich setze mich sofort hin und improvisiere, was mir in den Kopf kommt. Oft weiß ich nicht, was ich spiele, doch im Augenblick ist es ein Prélude.

Als wenn jemand beharrlich ans Fenster klopft: so beständig und von den Harmonien der anderen Töne unberührt, behauptet sich das Gis – zuerst von der linken, dann von der rechten Hand angeschlagen. Gis, gis, gis – hartnäckig macht es seinen Anspruch geltend und läßt sich nicht verführen, die Rolle des Metronoms aufzugeben. Weder das Locken der hellen, noch das Drohen der tieferen Passagen können es aus dem Takt bringen: Gis, gis, gis – höchstens, daß es einmal – gleichsam verdrängt von den wechselnden Einfällen des Komponisten – zur nächsten Oktave springt.

Als ein Freund seinen Besuch angesagt hatte und nicht kam, habe Chopin während des Wartens sein Regentropfen-Prélude geschrieben; so las ich es einmal. Gis, gis, gis...

Plötzlich wird die Tür aufgerissen. Pio stürzt ins Zimmer und stellt das Fernsehgerät an. Im Dröhnen der Abschüsse schwerer Artillerie, im Heulen der Granaten und im Bersten der Einschläge sehe ich, wie meine Finger über die Tasten gleiten, die Saiten von den Hämmerchen angeschlagen werden – zu hören ist nichts mehr.

Ich drehe mich nach meinem Sohn um, der sich in einen der Bauhaus-Sessel geworfen hat. „Entschuldige“, brummt Pio, „wir haben in Geschichte gerade den Zweiten Weltkrieg, und ich muß mir diese alte Wochenschau ansehen."

Gelangweilt – eben als Schulaufgabe – betrachtet er vorgehende deutsche Infanterie, ausgebrannte Panzer, zerstörte Dörfer, gefallene Rotarmisten. Napoleonische Soldaten in einem Hollywoodfilm würden ihn wahrscheinlich mehr fesseln. Doch: ob die Grande Armée des Kaisers in Farbe oder die Wehrmacht des Führers in Schwarz/Weiß – für Pio sind beide Rußlandfeldzüge nur Geschichte. Und die sich mit heldischem Pathos überschlagende Stimme des Kommentators läßt seinen nüchternen Verstand die Stirn runzeln.

Vier Jahrzehnte vor Pio habe ich – damals so alt wie er – diese Bilder gesehen: von der vordersten Stuhlreihe eines kleinen muffigen Potsdamer Kinos aus, ganz links in eine Ecke gedrückt. Den Kopf weit ins Genick zurückgelegt, nahm ich die Geschehnisse an der Ostfront in schattenhaften, riesigen, durch die Perspektive ins Groteske verzerrten und verkürzten Dimensionen wahr. An jedem Montag reservierte mir eine alte freundliche Platzanweiserin diesen Sitz. Vor Beginn des Hauptfilms mußte ich durch den Notausgang wieder verschwinden. –

Ich schließe den Flügel. Auf der Innenseite des Deckels steht – in goldener Schrift eingelegt – C. Bechstein, Hof-Lieferant Sr. Majestät d. Königs, Berlin. Zwei Männer stützen sich auf ein Wappen mit Krone. Im Inneren trägt das Instrument die ProduktionsNummer 1594. Und darunter ist mit schwarzer Schrift noch der Name Sr. K. Hoheit des Prinzen Friedrich Carl von Preußen eingedruckt. Wer mochte vor mehr als hundert Jahren das Instrument benutzt haben? Kleine Kommerzienrattöchter mit großen Schleifen im Haar? Junge Damen mit Krinolinen? Oder hatte der Hausherr nach der französischen Kriegserklärung 1870, nach der Schlacht bei Sedan und der Gefangennahme Napoleons III. patriotische Lieder gehämmert? Vielleicht einige Takte aus Wagners gerade entstandenem 'Siegfried' probiert? Das zur gleichen Zeit komponierte Kampflied der Internationalen 'Wacht auf, Verdammte dieser Erde' war auf meinem Flügel sicher nicht gespielt worden... Oder übte damals, als Wladimir Iljitsch Lenin und Rosa Luxemburg auf die Welt kamen, das Dogma von der Unfehlbarkeit des Papstes verkündet und Bismarck Reichskanzler wurde, eine der ersten Medizinstudentinnen Etüden? In welchem Salon stand mein Bechstein während des Ersten Weltkrieges? Wo während der frechen Zwanziger Jahre? Ein Riß in seinem Resonanzboden – war er im Bombenhagel des letzten Krieges entstanden? Auf dem Bildschirm rannten jetzt deutsche Infanteristen durch ein brennendes Dorf. –

Vor acht Tagen hatte uns ein ehemaliger, damals sehr junger Freund meines Vaters, Dr. Brettschneider, besucht. Er war ein beleibter, erfolgreicher Anwalt geworden – politisch aber der begeisterte Wehrmachtsoffizier von einst geblieben. Er war offen und herzlich, und wenn er nach Berlin kam, besuchte er mich.

Als ich ihm aber erzählte, daß Pia und Pio vor einigen Jahren die großen Ferien in Israel verbracht hätten, rief er entsetzt aus: „Aber das sind doch unsere Feinde! Wie kamst du denn dazu, deine Kinder ausgerechnet da hinzuschicken?"

Ja, wie war ich dazu gekommen? Vor Jahren hatte ich einmal einen Fotoladen betreten, dessen Besitzer spontan auf mich zugeeilt war und mit ausländischem Akzent gerufen hatte: „Wer bist du?"

Mir war sofort klar, worum es ging. Ich trug damals meine dunklen Haare ganz kurz geschnitten, dazu eine schwarze Hornbrille und ähnelte einem bestimmten Typ New Yorker Juden, wie man sie häufig auf dem Broadway sieht. Als ich dem Geschäftsinhaber antwortete, daß ich Deutscher, ein ganz gewöhnlicher Berliner sei, stieß er mich zurück und rief: „Schade!" Dann verschwand er in den hinteren Räumen des Ladens, ohne sich weiter um mich zu kümmern.

Während ich überlegte, ob mich wohl noch jemand bedienen würde, bemerkte ich einen zweiten Mann, der auf mich aber nicht den Eindruck eines Verkäufers machte. Er sah mich aufmerksam an und sagte dann unvermittelt: „Mir gefällt es hier auch nicht – ich bin froh, morgen nach Israel zurückfliegen zu können."

Ärger wollte in mir hochsteigen. Ich hatte das Geschäft betreten, um Filme zu kaufen – nicht, um mich beschimpfen zu lassen. Aber dann kam mir der Gedanke, daß die beiden Männer vielleicht ein schweres Schicksal gehabt hatten. Wer weiß, was ihnen wohl durch Deutsche widerfahren war. So fragte ich freundlich: „Kennen sie das Mifgash Israel hier in Berlin?"

Mein Gegenüber schien überrascht. „Gibt es denn so etwas in dieser Stadt?"

Mifgash ist Iwrith und heißt Treffpunkt. Dany, ein schwarzbärtiger, immer gutmütig dreinschauender Israeli, hatte vor kurzer Zeit ein Lokal dieses Namens aufgemacht. Ich ging mit Pia und Pio oft zum Abendessen hin: Es gab Tachina – einen wundervollen Brei aus Kichererbsen und Sesam-Öl – dazu frische warme Pita. Vor allem aber sprang Dany, sobald er mich mit den Kindern kommen sah, auf einen Hocker, um den kleinen Filmprojektor zum Laufen zu bringen, der oben unter der Decke stand. Und während die Kinder ihren Kichererbsenbrei mit der Pita löffelten, gab es gratis einen herrlichen Chaplin-Slapstick nach dem anderen. –

„Wenn Sie möchten", sagte ich zu dem Mann, „kommen Sie doch heute abend so um zehn Uhr hin – vielleicht verlassen Sie Berlin dann mit weniger unguten Gefühlen." Ich teilte ihm die Adresse mit und ging.

Josef Spiro, so hieß mein enttäuschter Berlin-Besucher, erschien tatsächlich, und wir unterhielten uns, bis Dany seinen Laden um zwei Uhr zumachte. Dann kam Joske – er bat mich, ihn so anzureden, denn alle seine Freunde würden ihn so nennen – noch zu mir nach Hause.

Und meine Befürchtungen bestätigten sich: Seine Familie hatte in Berlin gelebt, bis Hitler an die Macht kam. Dann wurden seine Eltern diskriminiert und arbeitslos – er in der Schule verspottet, beschimpft und verprügelt. Man beschloß die Auswanderung nach Palästina, was damals ein Weg in die Wüste bedeutete. Dort verliebte sich der stämmige, aus einfachen Verhältnissen kommende Berliner Junge später in die zarte Iluska, Tochter eines sensiblen Gelehrten, der mit seiner Familie vor der deutschen Wehrmacht geflohen war. Und in Zukunft beschützte Joske das Mädchen – während sie ihn erzog.

Als ich Iluska später kennenlernte, drängte sich mir die Vorstellung auf, daß Anne Frank wie sie geworden wäre, wenn man ihr die Chance zu leben gelassen hätte. Wo ich auch in Zukunft mit Joske eingeladen war: Es verging kaum eine halbe Stunde, ohne daß er eine Bemerkung darüber machte, daß er alles, was er geworden sei, seiner Frau zu verdanken habe.

Leider starb dieser treue Freund wenige Jahre, nachdem ich ihn kennengelernt hatte. Nur um für ein paar Stunden bei uns hereinzuschauen – wie oft hatte er deshalb auf dem Rückflug von Los Angeles nach Israel einen Umweg über Berlin gemacht: die Arme stets voller Geschenke – für die Kinder gleich kiloweise Schokolade, für mich Kostbarkeiten wie eine Jahrtausende alte phönizische Vase...

Um die Zeit seines Todes war ich den ersten Sommer mit den Kindern allein, und die großen Ferien kamen. Es war mir diesmal ganz unmöglich, mit Pia und Pio in Urlaub zu fahren. Aber ich hielt es für ganz besonders wichtig, daß sie gerade in diesem Jahr verreisen sollten. Zum einen, weil sie sich, nun ohne Mutter, nicht noch mehr benachteiligt fühlen – zum anderen, weil sie durch neue Eindrücke von unserem traurigen familiären Geschehen abgelenkt werden sollten. Aber wohin mit ihnen? Um die Ferien irgendwo alleine zu verbringen, dazu waren sie noch nicht groß genug. Immer wieder fiel mir Iluska ein. Israel – das wäre für die beiden eine tolle Sache. Aber Iluska hatte gerade ihren Mann verloren, war in wirtschaftlichen Schwierigkeiten, mußte selbst für drei Söhne sorgen... Es schien mir unmöglich, sie zu fragen, ob Pia und Pio zu ihr kommen könnten.

Endlich faßte ich mir aber doch ein Herz und griff zum Telefon.

Nachdem ich zögernd gewagt hatte, mein Anliegen vorzubringen, entstand eine kleine Pause. Dann rief Iluska – und eine Mischung von Gekränktsein und Empörung schwang in ihrer Stimme: „Franz! Was rufst du mich aus Berlin an? Du kannst mir deine Kinder schikken, wann du willst, so oft du willst und solange du willst! Warum telefonierst du deshalb..."

Das also waren unsere Feinde.

Und die Geschwister erlebten ihre 'echt tierischsten' Ferien – ein größeres Kompliment für Iluska war im Wortschatz von Pia und Pio nicht zu finden.

Sollte ich Dr. Brettschneider diese Geschichte erzählen? Es hätte keinen Zweck. Ihm, dem einstmals hübschen jungen Soldaten, dem blonden Schwarm der Potsdamer Mädchen, waren seine großdeutschen Jugendträume viel zu lieb, als daß er einer vernünftigen Argumentation zugänglich gewesen wäre.

Verdrießlich sah er uns an. Dann fragte er die Kinder: „Ihr glaubt wohl auch, daß Deutschland schuld am Zweiten Weltkrieg ist?"

„Natürlich!" riefen Pia und Pio wie aus einem Mund.

Ich wußte alles, was nun kommen würde: eine endlose Verteidigung der Politik des Dritten Reiches. Aber sollte er nur drauflos reden, die Kinder würden ja in Zukunft noch oft mit Leuten, die solche Ansichten vertraten, konfrontiert werden. Ich wollte ihnen die Chance geben, sich mit diesen ewig gleichen Argumenten auseinanderzusetzen.

Brettschneider schlug die Beine übereinander, rückte umständlich seinen Stuhl für das zu erwartende lange Gespräch zurecht und räusperte sich. „Also", begann er, „nun sagt mir doch einmal, warum die westlichen Länder, zu denen wir ja Gott sei Dank auch gehören, Milliarden und Abermilliarden für die Rüstung ausgeben."

„Um sich vor einem eventuellen Angriff der Warschauer-Pakt-Staaten zu schützen", erwiderte Pia.

„Aha", sagte Brettschneider zufrieden und strich sich über das Kinn. „Ihr seid also der Ansicht, der Osten würde, wenn wir uns nicht verteidigen könnten, über uns herfallen. Und genau das hat Hitler auch gefürchtet. Deshalb wollte er nach Rußland, um den Bolschewismus zu vernichten, solange das noch möglich war. Hitler vertrat die Überzeugung, daß, wenn es ihm nicht gelänge, den Kommunismus aus der Welt zu schaffen, es nach ihm keinem mehr möglich wäre. Dann würde sich der Kommunismus über die Welt ausbreiten. Aber die Engländer, Franzosen und Amerikaner haben ihm nicht erlaubt, nach Rußland zu marschieren, sie haben ihm den Krieg erklärt."

„Nachdem er erst die Tschechoslowakei und dann Polen überfallen hat!" unterbrach ihn Pio.

„Zunächst einmal nahmen sich auch die Polen einen Teil der Tschechoslowakei", lachte Brettschneider, „sie bekamen von den außenpolitischen Erfolgen Hitlers etwas ab."

Die Kinder sahen mich fragend an. „Leider wurden die Polen bei der Teilung des Nachbarlandes zum Komplizen der Deutschen", mußte ich bestätigen.

„Und dann", fuhr Brettschneider fort, „dachten sie daran, sich nun einen langgehegten Traum zu erfüllen und ihre Westgrenze an die Oder zu verlegen – dahin, wo sie heute ist. Sie verhöhnten das Reich und ermordeten Tausende der in Polen lebenden deutschen Minderheit aufs grausamste.

Lange vor Hitler führten sie die Mobilmachung ihrer Truppen durch und stellten in Warschau der internationalen Presse die als Besatzungstruppen für Berlin gedachten Regimenter vor. Der Führer aber saß in der Reichskanzlei und war tagelang bereit, mit ihnen zu verhandeln. Sie aber weigerten sich."

Wieder trafen mich die fragenden Blicke der Kinder.

„Von den für Berlin vorgesehenen Besatzungstruppen weiß ich nichts", erklärte ich. „Aber wenn die Polen vor den Deutschen mobil gemacht haben, dann hatten sie wegen der Erfahrungen, die die Welt mit Hitler bereits gemacht hatte, jedenfalls alle Veranlassung."

„Was heißt: alle Veranlassung?" fuhr Brettschneider auf. „Hitler hatte, ohne einen Schuß zu tun, den schändlichen Vertrag von Versailles revidiert, durch den Deutschland schon damals geteilt worden war. Er hatte endlich das Großdeutsche Reich geschaffen – Bismarck war nur die kleindeutsche Lösung ohne Österreich gelungen.

Er hatte mit England ein Flottenabkommen geschlossen und sich freiwillig verpflichtet, nur eine begrenzte Anzahl von Schiffen zu bauen – ganz anders als der verrückte Kaiser, der ohne jede Rücksicht auf die Interessen Großbritanniens eine riesige Kriegsmarine schaffen wollte. Hitler strebte nichts als Frieden an..."

„Nur im Westen", fiel ich ihm jetzt doch ärgerlich ins Wort.

„Na und?" blieb Brettschneider hartnäckig, „England und Frankreich haben uns den Krieg erklärt, um Polen zu retten – und nach fünf Jahren eines furchtbaren Kampfes haben sie Stalin nicht nur Polen, sondern Ungarn, Rumänien, Bulgarien: ganz Osteuropa überlassen. Und wenn die Engländer dann nicht doch eingegriffen hätten, beinahe noch Griechenland. Wo liegt da der Sinn?"

„Es war wohl die Frage, wen sie für gefährlicher hielten", mischte sich Pia ein.

„Hitler war überhaupt nicht gefährlich", fuhr Brettschneider meine Tochter an. „Er machte auch nach dem Sieg in Polen Friedensangebot auf Friedensangebot. Den Angriff auf Frankreich verschob er nicht weniger als neunundzwanzigmal! Mit Lautsprechern ließ er den Franzosen und Engländern über die Front zurufen: Wir schießen nicht! Wenn ihr nicht schießt, schießen wir auch nicht! – Bis er endlich losschlagen mußte, weil Franzosen und Engländer immer stärker und stärker wurden und uns schon bei weitem überlegen waren. Nach seinem Sieg dann verzichtete er auf die Besetzung großer Teile Frankreichs und machte England wieder Friedensangebote. Um dem geschlagenen Gegner seine Referenz zu erweisen, ließ er den Sarkophag des jüngsten Sohns von Napoleon mit allen militärischen Ehren von Wien nach Paris überführen und neben seinem Vater im Invalidendom beisetzen.

Und denkt an Dünkirchen. Da erlaubte er der britischen Armee über den Kanal zu entkommen, um sich England nicht zum ewigen Feind zu machen. Seine Generale waren entsetzt und haben das nicht begriffen – ähnlich wie Bismarck von den Militärs nicht verstanden wurde, als er aus dem gleichen Grund nach dem Sieg über Österreich den Einmarsch in Wien verhinderte. Der Eiserne Kanzler weinte damals vor dem Reichstag…"

Ich wollte Brettschneider gerade unterbrechen, als Pia ihm ins Wort fiel: „Und was ist mit den anderen Völkern, die von Hitler überfallen wurden?" Damit gab sie ihm Gelegenheit, seinen Redefluß fortzusetzen.

„Wir haben keine anderen Völker überfallen", wehrte er mit einer großartigen Geste ab und fuhr lehrerhaft fort: „Also noch einmal von vorne. Hitler erkannte die Notwendigkeit, gegen den Kommunismus vorzugehen, wie auch heute die Amerikaner seine Ausbreitung zu verhindern suchen – in Korea, Vietnam, Grenada und vielen anderen Staaten. Da marschieren sie dann auch ein, ohne lange zu fragen. Hitler hätte Polen sehr gern als Bündnispartner gehabt. Als ihm das nicht gelang, Polen sich im Gegenteil zum Angriff auf Deutschland rüstete, war er gezwungen, Gegenmaßnahmen zu ergreifen. Vielleicht wäre alles anders gekommen, wenn Hitler und die Stärke des Deutschen Reichs von den Polen nicht völlig falsch eingeschätzt worden wären. Als den Deutschen während der Systemzeit keine…"

„Was ist denn das?" fragte Pio.

seiner sachlichen Art. „Aus diesem Unrecht ging alles weitere Unrecht hervor, das deshalb nur scheinbar notwendig gewesen ist.“

Ich war überrascht. Natürlich hatte ich mit den Kindern oft über die Ursachen des Zweiten Weltkrieges gesprochen. Aber sie hatten dabei stets einen so gelangweilten Eindruck gemacht, daß ich der Überzeugung war, sie würden von diesen Unterhaltungen wenig profitieren.

Es schien Brettschneider offensichtlich leichter, auf Pias Spott als auf Pios nüchterne Argumentation einzugehen.

„Frauen und Kinder!“ schnaubte er sie böse an. „Wer hat denn unsere Städte in Trümmer gelegt und Hunderttausende von Frauen und Kindern darin verbrannt und begraben? Und wer hat, wenn sie sich aus dem Feuermeer retten konnten, im Tiefflug Jagd auf sie gemacht wie in Dresden auf den Elbwiesen? Aber ihr glaubt ja auch sicher an die Lügen, daß Deutschland den Luftkrieg gegen die Zivilbevölkerung angefangen hat! Ich will euch sagen, wie es war: Wir griffen nur Rüstungsindustrie, militärische Anlagen und Häfen an. Wenn ein Pilot versehentlich ein paar Bomben auf Wohngebiete fallen ließ, zum Beispiel um schneller zu werden, weil er sich vor einem feindlichen Jäger retten wollte, dann wurde sein Kommandant nach Berlin bestellt, und man drohte ihm mit Absetzung, wenn so etwas noch einmal vorkäme. Bis zum Juni 1940 fiel überhaupt keine Bombe auf die britische Insel! Aber Churchill bombardierte, soweit er das in den ersten Kriegsjahren mit seinen wenigen Flugzeugen konnte, fortwährend und wahllos deutsche Städte. Hitler ist ständig dafür eingetreten, den Bombenkrieg nicht auf die Zivilbevölkerung auszudehnen.

Sicher haltet ihr auch den Unsinn für wahr, er habe geschrien: 'Ich werde ihre Städte ausradieren‘. Da zitiert man ihn leider nur halb. In Wirklichkeit sagte er im Reichstag: Wenn sie nicht aufhören, unsere Städte zu bombardieren, dann werde ich ihre Städte ausradieren! – Churchill aber setzte die Angriffe fort, und zwar deshalb, weil er Hitler auch dazu bringen wollte, Wohngebiete zu bombardieren. Das hört sich verrückt an, war aber ein genau berechneter Plan. England besaß damals nämlich sehr wenige Flugzeugfabriken, und auch die Flotte war natürlich wichtig. Wenn es Churchill gelänge, Hitler zur Rache zu bewegen, dann würde jede Bombe, die auf ein Wohngebiet niederginge, nicht auf eine seiner kostbaren Flugzeugfabriken oder Hafenanlagen fallen. Und Churchill kalkulierte richtig: Eines Tages begann Hitler, Vergeltung zu üben und befahl die Großangriffe auf Coventry und London. Ein Großteil der Schlagkraft der Luftwaffe war somit von Englands Kriegsindustrie abgelenkt. Und damals hing für England das Überleben ja ganz besonders von der Royal Air Force ab, denkt an die Schlacht um England." Brettschneider richtete sich zu einer wichtigtuerischen Pose auf: „So begann der Luftkrieg gegen die Zivilbevölkerung in Wirklichkeit", schloß er.

Pio kniff ganz unmerklich die Augen zusammen, für jemand, der ihn kannte, ein Zeichen seiner inneren Erregung. „Wenn es wirklich so war", erwiderte er, „dann hat sich Churchill aus einer großen Not heraus entschlossen, in dieser Weise zu handeln. Sie sagen ja selbst, es ging für England ums Überleben. Es wird ihm nicht gerade leicht gefallen sein, die deutschen Bomben auf die eigenen Städte, die eigene Bevölkerung zu lenken. Hitler aber ließ Millionen ohne jede Veranlassung umbringen. Manchmal wurde doch sogar die Front geschwächt, weil man Lastkraftwagen und Züge für Judentransporte brauchte: für Menschen, die niemandem gefährlich waren und keinem ein Leid taten. Das und ähnliche Verhaltensweisen, die den Charakter dieses Mannes schon vor dem Krieg sichtbar werden ließen, machten ihn indiskutabel und für die Welt untragbar. Kein anständiger Mensch konnte mit ihm kooperieren – auch nicht, wenn Hitler ihm seine Freundschaft antrug, wie er das im Fall Englands getan haben mag."

Ich hätte dem verbohrten Jurist, für den 1945 der Traum von einer glänzenden Karriere im deutschen Heer zu Ende gegangen war, nicht besser antworten können. Der aber wurde jetzt richtig wütend: „Weißt du, was gerade Churchill vor dem Krieg über Hitler schrieb – und zwar sogar in der Times?"

Pio zuckte mit den Schultern.

„Churchill schrieb", schrie Brettschneider meinen klugen Blonden an, „daß er den Himmel auf Knien bitten würde, England einen Mann wie Adolf Hitler zu schicken, wenn es je in Zeiten der Not sei! Er hat sich auch eine ganze Weile sehr um die Freundschaft Hitlers bemüht! Und in Italien ist gerade der herzliche Briefwechsel zwischen Chur-

Meine Tochter verfolgte die Diskussion zufrieden lächelnd auf der großen lila Couch vor dem Flügel, auf der ich mit den Kindern so viele Male, wenn sie aus der Schule gekommen waren, Mittagsschlaf gehalten hatte: Pio rechts, Pia links im Arm.

Wie zwei Engel an mich geschmiegt, schliefen sie immer sofort ein, atmeten in tiefen, ruhigen Zügen und rochen sehr gut.

Aber nach zwanzig Minuten, wenn ich eingeschlafen war, bekam ich die ersten Rippenstöße: „Pappi, schnarch nicht, immer mußt du uns aufwecken!“

Endlich schien die beste Pille gefunden, welche die größte Sicherheit und die geringsten Nebenwirkungen verbürgte. –

Ein paar Tage später brachte ich Pia zum Bahnhof Zoo. Dort wartete schon das schreckliche Würzelchen. Es sollte tatsächlich zuerst nach Florenz, dann nach Rom gehen.

Hier wurde sie einmal wahr, die abgedroschene Phrase von der 'glücklichen Jugend': Liebe, tausend Mark in der Tasche, Italien... Als ich achtzehn Jahre alt war, lag der verwüstete Bahnhof Zoo in einem Trümmermeer, und ich besaß nur, was ich auf dem Leib trug.

So standen wir da und warteten auf den Zug. Ich hing meinen Gedanken nach, als das riesige Würzelchen – vielleicht bedrückte es mein Schweigen – glaubte, etwas sagen zu müssen. Der junge Mann legte den Arm um Pias Schultern und bemerkte wohlwollend: „Ich werde gut auf sie aufpassen.“

„Ha“, dachte ich, „wie ein Wolf auf ein Lämmchen!“ und wurde wütend, weil ich fühlte, daß ich gerührt war. „Pio“, fuhr ich den Sohn an, „betrachte deine Schwester noch einmal genau!“

Riebili blickte verwundert von mir zu Pia und machte Huhnaugen.
„Warum?“ fragte er dann gelangweilt.
„Weil du sie zum letztenmal als Mädchen siehst.“

Pia lehnt sich weit aus dem Abteilfenster, ich stelle mich auf die Zehenspitzen, ein letzter Kuß – ihre Hand halten und noch einige Schritte neben dem anfahrenden Zug herlaufen, langes Winken über die Köpfe der anderen Zurückbleibenden hinweg.